モンゴル語オノマトペ用法辞典

МОНГОЛ ХЭЛНИЙ
ДҮРСЛЭХ ҮГ БА АВИА ДУУРАЙХ ҮГИЙН
ТОВЧ ТАЙЛБАР ТОЛЬ

塩谷 茂樹 監修

Ya. バダムハンド 著

大学書林

前書き

　本書『モンゴル語オノマトペ用法辞典』は、モンゴル語のオノマトペに関する、日本語で書かれた最初の本格的な用法辞典である。

　実はモンゴル語は、世界の言語の中でも、数多くのオノマトペを有する言語であるにもかかわらず、その実態はこれまでほとんど紹介されることもなく、完全に見過ごされてきた感がある。

　しかも、モンゴル語学習においては、オノマトペの正しい理解なくして、モンゴル語を正しく理解することは不可能と言っても過言ではない。なぜならば、モンゴル語のオノマトペの総数（ただし、擬音語は除く）は、見出し語となる動詞の数だけでも、およそ 900 語近くにも及び、その派生語となる名詞の数まで含めると、あくまでも推定だが、優に 3000 語を超える可能性がある。

　本書で言うモンゴル語のオノマトペとは、狭義では、モンゴル語の「形状語」（дүрслэх үг あるいは дүр байдал заасан үг）、すなわち、人や物の形や状態を表す一群の「形状動詞」、及びそれらからほぼ規則的に派生される「形状名詞」の両方の概念を含むものを指し、概ね日本語の「擬態語」と同義であるが、一方、広義では、形状語にさらに「擬音語」（авиа дуурайх үг）を含めた意味を指すものとする。

　本書の特徴は、次の五点である。

1. モンゴル語の 900 語近くの形状語のうち、特に頻度の高い 663 語の形状動詞を見出し語として抽出し、モンゴル語キリル文字表記のアルファベット順に配列した。

2. モンゴル語の形状語の意味記述に関しては、まず何に対して用い、またどのような意味成分から成るかをそれぞれ簡潔に記述したほか、さらに原義と転義を区別し、特に転義に対しては（転）と記し、頻度の高いものに限定した。

3. モンゴル語の形状語に対する日本語訳に関しては、できる限り日本語のオノマトペ（擬態語）や対応表現を当てるようにし、意味成分の直後に、かっこ付きで記載した。

4. モンゴル語の形状語の例文は、できる限りモンゴルの現代文学作品や辞書類、ネット記事などより抽出することを心がけ、直後にかっこ付

きの略語で出典を明示したが、その他の例文は、原則自分で作成した。

5. モンゴル語の「擬音語」に関しては、特に頻度の高い 168 語を取り上げ、項目別に 6 つに分類して記載した。

　本書は、そもそも 2005 年、当時大阪外国語大学、大学院博士前期課程在籍時に開始し、2010 年大阪大学、大学院博士後期課程を修了までの主たる研究テーマであった「モンゴル語の形状語に関する研究」の集大成として出版するものである。

　現在に至るまで本研究を支えてくださった大阪大淀ロータリークラブ、公益財団法人三島海雲記念財団、さらには日本学術振興会の三団体には、いくら感謝してもしきれない思いである。

　最後に、本書の出版を快諾してくださった大学書林社長、佐藤歩武氏に対し、心から感謝の意を表したい。

　モンゴル国の最近の童謡 Гүзээлзгэнэ（いちご）の一節より、

Бумбайсан бундгар Булцайсан ягаан

Бондгорхон жимс минь *Багсайтал* ургаарай

Боловсорч гүйцэхээр нь Багачууд минь идээрэй

ふっくらした丸っこい、ぽっちゃりした桃色の

ころころした果物よ、もじゃもじゃに実ってね

すっかり熟したら、みなさん食べてね

　モンゴル語のオノマトペ（形状語）は、モンゴル語の日常会話から文学作品に至る幅広いジャンルで、普段からごく自然に使用され、人や物の形状のイメージをより生き生きと鮮明に描写するため、モンゴル語の語彙全体の中で、非常に重要な地位を占めていると言えよう。

　2022 年 11 月 20 日

　　　　　　　　Ya. バダムハンド（Yamaakhuu BADAMKHAND）

目　次

モンゴル語オノマトペ使用例 その1

Бөмбөгөр худалдааны төв "ブンブグル（丸天井）・ショッピングセンター"
注）現在は "四角い建物" だが、元来は "丸屋根型（ドーム型）" であった。

Цэмцгэр "ツェムツゲル（エレガント）" ショップ

第一章
モンゴル語の形状語とは

1. 形状語の定義 − 意味と形式の点から −

　モンゴル語（ここでは、モンゴル国の公用語であるモンゴル語ハルハ方言を指す）で「形状語」とは、一般に(1)(C)V(C)・CVй-(C は子音、V は母音、Vй は二重母音、一部長母音を含む）の形式をもち、(2)人や物の形や状態を表す意味をもつ一群の「形状動詞」及び、それらからほぼ規則的に(C)V(C)・C(V) гVp の形式で派生される「形状名詞」の両者の概念を含むものである。

　本書では、この定義をさらに具体化させるために、ある動詞語幹が「形状語」であるためには、以下の2つの判定基準の両方とも必ず満たさなければならないものと規定する。

<判定基準1>

　動詞の語幹末は、(C)V(C)・CVй-、つまり必ず二重母音（一部長母音を含む）でなければならない。

<判定基準2>

　もし当該動詞語幹が「形状語」であるためには、形状名詞派生接尾辞 -гар、一部 -гай, -p, -н(г) など（動作の結果の状態表示《～した状態の》）か、あるいは、形状動詞派生接尾辞 -лза- や -гана-（反復アスペクト表示《何度も～する》）の、少なくともいずれか1つを必ず接続できなければならない。

	判定基準1	判定基準2		形状語の判定
	(C)V(C)・CVй-	形状名詞派生接辞 -гар (-гай, -p, -н(г))	形状動詞派生接辞 -лза- (-гана-)	
A	+	+	+	+
B	+	+	−	+
B'	+	−	+	+
C	+	−	−	−
D	−	+	+	−
E	−	+	−	−
E'	−	−	+	−
F	−	−	−	−

<＜例＞

A	ангай-	口を開ける	ангагар	ангалза-	＋
	тонгой-	前にかがむ	тонгогор	тонголзо-	＋
B	цонхий-	顔が青ざめる	цонхигор	－	＋
B'	сиймий-	物が透ける	сиймгэр	－	＋
	улай-	赤くなる	－	улалза-	＋
	цай-	白くなる	－	цайлза-	＋
C	шагай-	のぞく	－	－	－
	харай-	跳ぶ	－	－	－
D	гуйва-	よろめく	гуйвгар	гуйвалза-	－
	гунха-	しなやかに歩く	гунхгар	гунхалза-	－
E		該当例なし	－	－	－
E'	найга-	揺れる	－	найгалза-	－
	сэвэ-	風であおぐ	－	сэвэлзэ-	－
F	завила-	あぐらをかく	－	－	－
	сөгд-	ひざまずく	－	－	－

2. 形状語の下位分類

　上表の A もしくは B、B' の 3 つのグループに属する語のみを、「形状語」と呼び、C 以下、F までの語は「形状語」とは呼ばない立場を一貫してとりたい。

　しかも、「形状語」（дүрслэх үг）のうち、プラス（＋）が 3 つの A グループを「完全形状語」（бүрэн дүрслэх үг）、プラス（＋）が 2 つの B または B' のグループを「不完全形状語」（бүрэн бус дүрслэх үг）と呼んで、両者を下位分類して区別したい。

　また、D または E、E' のグループは、「擬似形状語」（дуураймал дүрслэх үг）とでも言うべきものであるが、これらは形状語ではなく、C、F グループを含め、実際のところ「非形状語」（дүрслэх үгэнд орохгүй үг）であると判断する。

　＜モンゴル語の「形状語」（дүрслэх үг）の下位分類＞

　　a. A グループ …………「完全形状語」（бүрэн дүрслэх үг）

　　b. B、B' グループ ……「不完全形状語」（бүрэн бус дүрслэх үг）

　　c. C － F グループ ……「非形状語」（дүрслэх үгэнд орохгүй үг）

　つまり、本書で取り扱うモンゴル語の形状語とは、上記 A グループの「完全形状語」（бүрэн дүрслэх үг）と B、B' グループの「不完全形状語」（бүрэн бус дүрслэх үг）の二種のグループである。

3. 形状語の派生接尾辞

　形状語の派生方法には、形状名詞派生接尾辞と形状動詞派生接尾辞の二つがある。まず、形状名詞派生接尾辞には、1) -гар^4, 2) -гай^3, 3) -p, 4) -н(г), -г の 4 種があり、一般に 1) -гар^4, 2) -гай^3 は生産的、3) -p, 4) -н(г), -г は非生産的である。

1) -гар^4

最も生産的な接尾辞であり、形状動詞からほぼ規則的に派生される。

чөрдгөр がりがり（< чөрдий- やせこける）

2) -гай^3

一般に -гар^4 に比べると生産性に欠け、環境がやや限定される。

жайжгий ぐらぐら（< жайжий- 変形する）

3) -p

派生接尾辞 -гар^4, -гай^3 に比べると、その環境は極めて限定されている。

бөгтөр 猫背の（< бөгтий- 前かがむ）

4) -н(г), -г

形状名詞派生接尾辞のうちで、最も非生産的である。

бүлтэн ぱっちり（< бүлтий- 目が突き出る）

мойног ごつごつ（< мойний- 関節が曲がる）

　次に、形状動詞派生接尾辞には、5) -лза^4-, 6) -гана^4- の 2 種があり、いずれも反復アスペクト（《何度も～する》）の意を表示する。

5) -лза^4-

ангалза- 口をぱくぱくする（< ангай- 口を開ける）

6) -гана^4-

гялтгана- きらきらする（< гялтай- 輝く）

　両者には、前者 5) が形状動詞以外の動詞にも接続されるが、後者 6) が特に形状動詞に多く接続されるという若干の違いがある。

　また形状動詞と形状名詞が同一形式で現れる場合も若干見られる。

モンゴル語オノマトペ使用例 その2

Сэгсгэр цуйван "もじゃもじゃツォイワン（蒸し焼き麺）"

Хөвсгөр бууз "ふわふわボーズ（羊肉の蒸しまん）"

モンゴル語オノマトペ使用例 その3

Цүдгэр хээр "ぽってり栗毛"

Цодгор хул "ぽっこり葦毛"

注）モンゴル国の某民族料理店のメニューより。ここでは、ともにホーショール（羊肉の包み揚げ）を指すが、馬のお腹の形状と毛色になぞらえて表現している点がいかにもモンゴルらしい。

第二章
モンゴル語の形状語

A

1．ААДАЙ-

1. ［物（服など）：短い、合わない］
（「ちんちくりん」、「つんつるてん」、「寸足らず」）
2. ［人や動物の体：低い、小柄な］（「ちんちくりん」、「ちび」）

1. Хүүгийн дээл нь бүр аадайчихсан байна лээ шүү.
息子のデールは、すっかりちんちくりんになってしまったよ。

2. Намхан давжаа биетэй аадгар морь байв. (С.Ж)
背が低くて体の小さなちんちくりんの馬だった。

2．ААЗАЙ-

1. ［人や動物の体：低い、小柄な］（「ちんちくりん」、「ちび」）
2. （転）［人の感覚：寒い、震える］（「ぞくぞく」、「悪寒がする」）

1. Эхэндээ хөрш айлынхаа хээ шаагүй, аазгар тарган шар хүүхнийг нэг
нүдээрээ ч тоож хардаггүй байснаа ... (Г.С)
最初は、隣家の遠慮のない、ちんちくりんで太った黄色い顔の女性を、
一瞥もせず全く相手にしていなかったが…。

2. Ханиад хүрчихэв бололтой, гэнэтхэн бие аазайгаад явчихлаа.
風邪を引いてしまったようで、急に体がぞくぞくしてしまった。

3．ААТАЙ-

1. ［人や動物の体：低い、小柄な］（「ちんちくりん」、「ちび」）
2. ［人や動物の足：短い、非常に］
（「短足」、「短足でずんぐり」、「ダックスフントのよう」）

1. Аатан биетэй залуу морины наймаа хийж байлаа.
ちんちくりんな体をした若者が馬の商売をしていた。

2. Одой морины нэг онцлог гэвэл хөл нь аатгар.
ポニーの一つの特徴と言えば、短足でずんぐりしたことだ。

4．АГДАЙ-

1. ［人や動物の体：低い、やや太い］（「ずんぐり」、「ずんぐりむっくり」）
2. (転)［人の肩など（агдганах, агдалзах という動詞で）：揺らす、上下、小刻みに］（「肩を震わす」）

1. Горхиноос нэг агдгар даага ус ууж харагдлаа.
   小川の所で、一頭のずんぐりした二歳の子馬が水を飲んでいるのが見えた。
2. Бадарч агдганан инээв. (Б.Р)
   バダルチは、肩を震わせて笑った。

5．АГЗАЙ-

1. ［人や動物の体：縮まる、丸まる、小さい］
   （「ぎゅっと縮める」、「縮こめる」）
2. (転)［人の感覚：寒い、震える］（「ぞくぞく」、「悪寒がする」）

1. Сувд авгай агзайн өндийж суув. (З.Б)
   ソブド夫人は、体をぎゅっと縮めながら起き上がって座った。
2. ... бүх бие нь халуурч байгаа мэт чичрүүдэс хүрэн агзалзаад жаахан
   хөлөрчихвөл гайгүй болмоор шиг. (Н.Н)
   …全身熱があるようで寒気がしてぞくぞくするが、少し汗をかいてし
   まえば良くなりそうな感じだ。

6．АЖИЙ- → АРЖИЙ-

7．АЛЦАЙ-

1. ［物の脚（机など）：曲がる、外側へ、短い］
   （「短くてO脚」、「脚の曲がった」）
2. ［人や動物の足：広がる、外側へ］（「O脚」、「がに股」、「股が広がる」）

1. Гэрийн хойморт алцгар намхан ширээ тавьсан байлаа.
   ゲルの上座に、脚の曲がった低い机が置いてあった。
2. Алцганан Болдын дэргэд ирж би үүнийг маргааш ална гэж маузер
   буугаар чичих нь инээдтэй ийм өлөгчин бас явалцана. (Д.Н)
   がに股で歩いてボルドのそばにやって来て、「私はこいつを明日殺す
   わ」とモーゼル銃で突くのがこっけいな、こんな女も同行している。

8．АМСАЙ-

［人の口元（年寄りに対して）：歯のない、歯茎の見える、しわのでき
る、くぼむ］（「くしゃくしゃ」、「へこんだ」）

Хөгшин эх нь хааяа шүдгүй буйлаа гарган амсайн инээж сууна. (Цог)
年老いた母親は、時折歯のない歯茎を見せ、口元をくしゃくしゃにし
て笑っている。

9．АНГАЙ-

1. ［人や動物の口：大きく開ける］（「ぱくり」、「あんぐり」、「ぱくぱく」）
2. ［物の接合部（ハサミの開閉部分など）：（二枚刃が）開閉する］
  （「ちょきちょき」）
3. (転) ［硬い物（地面、壁など）：割れる、すき間ができる］
  （「裂ける」、「切れ目が入る」）
4. (転) ［柔らかい物（服、靴など）：開く、破れる、見かけの悪い］
  （「ぱかっ」、「ぱくぱく」）
5. (転) ［人の感覚：口を開ける、驚く］（「ぽかん」）
6. (転) ［人の行為（ангалзах という動詞で）：（皮肉を込めて）しゃべる、
  無駄話］（「ぺちゃくちゃ」）

1. Тасгийн дарга юм хэлж чадсангүй. Ам нь ангалзаад таг болов. (Д.Э)
  軍曹は何も言えなかった。口をぱくぱくさせて黙り込んだ。
2. Эмээ маань "Хайч бүү ангалзуул" гэж үргэлж хэлдэгсэн.
  お婆ちゃんは、「ハサミを意味もなくちょきちょきさせるな」と
  いつも言っていたなあ。
3. Байшингийн хана хагарч ангайв. (И.Д)
  建物の壁がひび割れして裂けた。
4. Дээлийн чинь суга ангайчихжээ. (МУШУА)
  君のデールの脇の下の縫い目が破れ、ぱかっと開いてしまったね。
5. Үүнийг нь харсан эгэл мань мэтийн хүмүүсийн нүд орой дээр гарч
  ангайдаг юм билээ. (М.Б)
  そのことを見た私ごとき者の目が点になり、ぽかんとしてしまうのだ。
6. Чи ажил хийхгүй битгий дэмий ангалзаад бай. (И.Д)
  おまえは、仕事もせずにぺちゃくちゃしゃべるな。

10. АНДАЙ-

［人の尻：大きい、丸い、柔らかい］(「ぴちぴち」、「ぷりぷり」)

Ямар андгар бөгстэй хүн бэ.

何とぴちぴちしたお尻の人なんだろう。

11. АНИЙ-

1. ［人の目：細い、小さい、著しい］(「目を細める」、「薄目」)
2. (転) ［星などの光（анивалзах という動詞で）：弱い、光る、連続的に］
   (「きらきら」、「ちかちか」)

1. Харин бидний дэргэд суусан нэг Америк хүн, Монгол гэж хаана ямар
   орон байхыг мэдэхгүй, толгойгоо барьж нүдээ анийлгаад "Аа, Уралд
   байдаг биз" гэж байх нь гайхалтай байлаа. (Ц.Д)
   ところが、私たちのそばに座った一人のアメリカ人が、モンゴルとい
   うのはどこのどんな国であるのか知らず、頭をかかえ目を細めて、「あ
   あ、ウラルにあるんだろうね」と言っているのが不思議だった。

2. Анивалзах түмэн оддыг ширтэн зогслоо. (Л.Т)
   きらきら輝くたくさんの星をじっと見つめながら立っていた。

12. АРВАЙ-

1. ［人の手足の指（特に子供に対して）：(親愛の意で) 突き出る、広げる、
   四方八方へ］(「ばたばた」、「にぎにぎ」)
2. ［細長い物（木、枝など）：突き出る、四方八方へ、分かれる］
   (「あちこちに」、「てんでんばらばら」)

1. Хүү нь арвагар жижигхэн хуруунуудаа арвалзуулан суниана. (Цог)
   彼の息子は、四方に広げた小さな指をにぎにぎさせながら伸びをして
   いる。

2. Унасан модныхоо мөчрийг арвайлгаж овоолсон үзэгдэнэ. (Цог)
   落ちた木の枝をあちこちばらばらに山積みにしたのが見える。

13. АРЖИЙ-

1. ［人や動物の毛髪：曲がる、短い、細かい］(「くるくる」、「縮れ毛の」)
2. (転) ［物の表面：平らでない、凹凸、手触りの粗い］(「でこぼこ」)

1. Хурга л <u>аржгар</u> үстэй.

   子羊だけくるくる縮れ毛だ。

2. Суутнуудын тархины бор давхарга энгийн хүнийхээс илүү <u>аржгар</u>, атираа ихтэй байдаг байна. (Д.Ө)

   天才たちの大脳皮質は、普通の人よりもっとでこぼこで、しわが多いのである。

14. **АРЗАЙ-**

1. [物の表面：なめらかでない、粒のある、多い]（「ざらざら」）

2. [人や動物の毛：乱れる、逆立つ、多い]（「ぼさぼさ」）

3. [並ぶもの（歯、くしの歯など）：（マイナスイメージで）不ぞろい、隙間のある]（「がたがた」、「ぎざぎざ」、「歯並びが悪い」）

4. (転) [布地：きめの粗い、薄い、凹凸のある]（「粗悪な」）

5. (転) [人の感覚：熱のある、震える]（「ぞくぞく」、「ぞくっ」）

6. (転) [人の感覚：恐い、震える]（「ぞくぞく」、「身の毛がよだつ」）

1. Сонин дээр <u>арзайсан</u> өвлийн дугуй зарна гэсэн зар олон байлаа.

   新聞紙上に、表面がざらざらしたスノータイヤを売るといった広告がたくさんあった。

2. <u>Арзайсан</u> сойзоор шүдээ угаах нь буйланд муу.

   ぼさぼさの歯ブラシで歯磨きするのは、歯茎に悪い。

3. ... Чин И сайд ямбаныхаа хувцсыг өмсөөд үүдэн дээрээ хүлээж аваад, <u>арзгар</u> урт шүдээ ярзайлган, нүдээ жартайлган инээж ... (Ч.Л)

   …チン・イー高官は、特権階級の服を着て門の前で出迎えて、がたがたの長い歯をむき出しにし目を細めながら笑って…。

4. Ширээний алчуурыг <u>арзгардуу</u> даавуугаар л хийвэл зүгээр байх даа.

   テーブル拭きは、もっぱら目の粗っぽい布で作ればいいだろうね。

5. Бие <u>арзайгаад</u> байна. Нэлээн халуунтай юм шиг.

   体がぞくぞくしている。かなり熱があるようだ。

6. Энэ дууг дуулахтай зэрэг миний үстэй толгой <u>арзайх</u> шиг болоод явчих юм. (Ц.Д)

   この音を耳にするや、身の毛がよだつ思いがしてしまうんだ。

15. АРСАЙ-

［物の表面（岩山など）：凹凸、切り立つ、険しい］（「ごつごつ」）

Нэгэн арсгар чулуу харагдана. (Б.Б)

ごつごつした岩が一つ見える。

16. АРХАЙ-

1. ［物：大きい、雄大、圧倒］（「巨大な」、「ばかでかい」）
2. ［人の体：大きい、骨太、見かけの悪い］（「図体の大きな」）

1. Архагар хар чулуун гэр дотор нь аягын чинээ улаан цог бадраад байж гэнэ. (Ж)

   巨大な黒い石でできた家の中で、茶碗大の赤い炭火が燃え上がっていたそうだ。

2. Тэд уяанаас зайдуухан газар бөөгнөрөөд гундсан морьдынхоо зоон дээр архайлдан сууна. (Б.Н)

   彼らは、馬のつなぎひもから幾分離れた所で群がり、憔悴した馬たちの背中の上で大きな図体をして座っている。

17. АРЧИЙ-

［物（皮など）：（マイナスイメージで）なめらかでない、しわが寄る、乾く］（「しわくちゃ」）

Хайрцагнаас хэдэн арчгар арьс гаргаж ирлээ.

箱の中から何枚かのしわくちゃの皮を取り出してきた。

18. АТИЙ-

1. ［人の体：小さい、低い、やせる］（「背が低い」、「ちび」）
2. （転）［人の行為：かがむ、腰を曲げる、自発的に］
   （「前かがみになる」、「身をかがめる」、「縮こまる」）

1. Би хэдий атигар боловч муу Степаныгаа сургаж лав чадна. (Б.Н)

   私はいくらちびでも、ステファンを手懐けることがきっとできる。

2. Арандал зэвхий царайлж, чилгэр өндөр биеэ атийлган байлаа. (Б.Н)

   アランダルは顔が青ざめ、すらっとした背の高い体を縮こめていた。

Б

19. БААРАЙ- → ПААРАЙ-

20. БААЦАЙ-

［人や動物の子の手足：太い、小さい、かわいい］

（「むちむち」、「むっちり」、「ぽちゃぽちゃ」、「ぽっちゃり」）

Баацгар хөлний танил мөр тааралдав. (С.Даш 3)

ぽっちゃりした馴染みのある足跡に出会った。

21. БАВАЙ-

［毛、髭など：密生する、濃い、乱れる］（「ぼうぼう」、「毛むくじゃら」）

Бавгар сахалтай бадриун хижээл хүн хавтас сугавчилан дагана. (Б.Ѳ)

毛むくじゃらの髭を生やした、がっちりした体の初老の人が、書類入れ
を脇にはさんでついて行く。

22. БАГВАЙ-

1. ［入れ物（容器、瓶など）：底の浅い、下部の大きい、丸い、安定］
（「ずんぐり」、「ずんぐり丸い」、「寸胴」）

2. (転)［人や動物の子の姿（主に座る状態に対して）：（親愛の意で）
小さい、太い、安定］（「ぽてっ」、「どっしり」）

1. Багвагар шилэн сав сонгож авлаа.
ずんぐり丸い形のガラス容器を選んだ。

2. ... пагвайсан бүдүүн цагаан муур нарлан унтаж байснаа сэрж, намайг
хараад босч, байшингийнхаа суурь доогуур орчихлоо. (Б.Б 6)
…どっしりした太った白猫は、日向ぼっこをして寝ていたが、目を覚
まし私を見て起き上がり、建物の土台の下に入ってしまった。

23. БАГЛАЙ-

［毛、草木など：密生する、ひと所に］（「もじゃもじゃ」、「こんもり」）

Баглагар бургасны салаа мөчир бүрд үр суужээ. (Н.Б)

こんもりとした柳の枝々に実がなっていた。

24. БАГСАЙ-

［草木、果実など：密生する、上方に、乱雑］

（「もじゃもじゃ」、「こんもり」、「房になる」）

Самар жимс сагсайн багсайн ургаад ... (Ц.Д)

松の実や果物がこんもりと房になって生い茂り…。

25. БАЖИЙ- → БАРЖИЙ-

26. БАЛТАЙ-

1. ［人や動物の体：大きい、太い、低い］（「ずんぐり」）

2. ［物の高さ（天井など）：低い、広い、横に］（「低く横たわる」）

1. Балтгар залуу морь хөтөлж ирэв.

   ずんぐりした青年が馬を引いてきた。

2. Байшингийн дээвэр нь маш балтгар. (Д.Н)

   その建物の屋根はとても低く覆われている。

27. БАЛХАЙ-

［人や動物の体：太い、脂肪の多い、低い］（「ぶくぶく」）

Тэр балхгар тарган царайтай ажээ. (Ц.У)

彼はぶくぶくと肥えた顔をしていた。

28. БАЛЦАЙ-

［人の体、体の一部（手足など）：太い、短い、かわいい］

（「むちむち」、「むっちり」）

Мятав мах мариатай балцгар тарган хүү ажээ. (Б.Б)

ミャタブはぽっちゃりして、むっちりと太った子だった。

Гэсгүй палцгар тарган гараараа эрүүнээс нь өргөж, нүд рүү нь ширтэн ...
(Л.С 3)

修行僧は、むっちりした太った手で彼女のあごを持ち上げ、目をじっと

見つめ…。

29. БАМБАЙ-
1. ［人の体、体の一部（顔、唇など）：大きい、厚い、柔らかい、膨らむ］
（「ふっくら」、「ぶくぶく」、「ぽてぽて」）
2. ［物（ソファーなど）：厚い、膨らむ、柔らかい］（「ふわふわ」）

1. Мөнгөлөг өнгө уруулыг гэрэлтүүлж бамбагар зузаан харагдуулна.
銀の光沢ある色は、唇を輝かせ、ふっくらと厚く見せます。
Урт монхор хамар, хөдөлгөөн багатай дүрлэгэр нүд, памбагар улаан
уруул, саруул магнайтай хүн байлаа. (И.С.Т)
長いわし鼻、落ち着いたぱっちりした目、ふっくらした赤い唇、額の
広い人だった。
2. Бамбагар сандлыг тэнийлгээд нүдээ анин зүүрмэглэж байна. (Ц.Д)
ふわふわした椅子を広げて、目を閉じうとうとしている。

30. БАНДАЙ-
1. ［人や動物の体：太い、肉付きのよい、大きい］（「ぽってり」、「ぽてぽて」）
2. ［物：厚い、膨らむ、一杯］（「ぱんぱん」、「満杯」）

1. Сахлаг өвсөн дундаас тарган тарвага бандаганан гүйж яваа нь харагдав.
(Н.Б)
生い茂った草の中から、太ったタルバガがぽってりとした体を揺らし
ながら走っているのが見えた。
2. Өглөө ажилд очтол Оюун гуай, пандайсан хавтастай юм сугавчилчихсан
тосоод зогсож байна. (Х.З)
朝仕事に行くと、オユンさんは、ぱんぱんに詰まったファイルを脇に
はさんだまま（私を）迎えに立っている。

31. БАНТАЙ-
［人や動物の体：太い、肉付きのよい、大きい］（「ぶくぶく」）
Батын танихын аргагүй бантайсныг уулзсан бүхэн нь гайхаж байв。
バトが見分けがつかないほどぶくぶく肥えたことに、会ったみんなが驚
いていた。

16

32. БАНХАЙ-

1. ［人や動物の体、体の一部（鼻づらなど）：太い、大きい、膨らむ］
　（「腫れぼったい」、「火照る」、「ぽてっ」）
2. （転）［物の先（靴など）：大きい、膨らむ、見かけの悪い］（「ぽてっ」）

1. Наранд шарагдсаар бие нь банхайн хавджээ. (Б.Б)
　ずっと日焼けし続けて、体が腫れぽったくなった。
2. Банхайсан ямар муухай гутал вэ.
　先がぽてっとした、何とみっともない靴なんだろう。

33. БАРАЙ-

1. ［天気：暗い、曇る、はっきりしない］（「どんより」、「ぼんやり」）
2. （転）［物の色：黒みを帯びた、好ましくない、不快］（「黒っぽい」）
3. （転）［人の顔色：（怒り、痛みなどで）暗い、不機嫌］
　　（「顔が曇る」、「顔をしかめる」、「顔をゆがめる」）
4. （転）［人の気持ち：暗い、沈む、憂うつ］
　　（「すっきりしない」、「晴れない」、「陰気な」）

1. Өнөөдөр тэнгэр их баргар байна. Лав хүйтэрч магадгүй. (И.Д)
　今日は天気がとてもどんよりしている。きっと寒くなるかもしれない。
2. ... баргар байшин барилгадын нэгэн хэвийн загвартай, нэгэн өнгийн
　будагтай, төмөр дээврүүд сэтгэл гунихруулна. (Д.У)
　…黒っぽい建物群の同じタイプのデザインで、同じ色のペンキで塗ら
　れた鉄の屋根が憂うつな気分にさせている。
3. Базарсад царайгаа барайлгаж: Энэ юун хялгас вэ? гэж асуув. (Ц.Д)
　バザルサドは顔を曇らせて、「これは何の剛毛か」と尋ねた。
4. Хэдэн өдөр дотор минь баргар байлаа шүү. (МУШУА)
　数日間、私の心はすっきりしなかったよ。

34. БАРВАЙ-

　［細長い物（主に手など）：大きい、太い、見かけの悪い］
　（「ごつい」、「分厚い」）

　Хүрэл аян жинд ихэд эвдэрсэн барвагар гараараа дохин дуудлаа. (Д.Нам)
　フレルは、隊商のせいでひどく形の崩れた、ごつい手で合図して呼んだ。

Зузаан барвигар уруултай ам нь их ангайж, том шар ногоон шүднүүд дорсойлгоод ... (Ж.Д)

ぼてっと分厚い唇をした口が大きく開き、大きな黄緑色の出っ歯を見せて…。

Оньсыг атган татаж байгаа парвигар хар гар ... харагдана. (Л.Т 2)

かんぬきをつかんで引いているごつい黒い手が…見える。

35. БАРВИЙ- → БАРВАЙ-

36. БАРЖИЙ-

1. ［自然（岩、山など）：ゆるやかでない、角張る、大きい］（「ごつごつ」）
2. ［物の表面（皮、布など）：なめらかでない、粒の小さい、密集］
   （「ざらざら」、「ごわごわ」）

1. Гэвч тэнгэрийн дор үрчгэр Алтайн баржгар хад арзайж миний сэтгэлийг гунихруулж байв. (Ц.Д)
   だが、空の下、しわくちゃのアルタイ山脈のごつごつした岩がでこぼこし、私の心を悲しませていた。

2. Дорж баржгар дурдан бүс гэж хуруу даран тоолов. (С.У)
   ドルジは、ざらざらのちりめん帯だと指を折って数えた。

   Бажгар дурдан бүс бүсэлж, чахлуур хэт хутга зүүжээ. (Ж.Д)
   ざらざらのちりめん帯を締めて、火打ち金とナイフを身につけていた。

37. БАРЗАЙ-

1. ［自然（岩、山など）：ゆるやかでない、角張る、大きい］（「ごつごつ」）
2. ［物の表面：（マイナスイメージで）なめらかでない、粒の大きい］
   （「ざらざら」、「でこぼこ」、「凹凸」）
3. （転）［人の顔色：暗い、しわが寄る］（「顔が曇る」）

1. Энд барзгар нүцгэн уул олон байна шүү.
   ここでは、ごつごつした裸山がたくさんあるよ。

2. Шавраар хийсэн болохоор гадаргуу нь барзгар болсон байлаа.
   泥で作ったので、表面がざらざらになっていた。

3. Төмөр дэмийрэхдээ догшин биш бөгөөд гагцхүү Дулмаагийн нэрийг

дурдаж "эр хүн дээ хөө" гэж давтан хэлдэг бөгөөд энэ үгээ хэлж байхдаа халуундаа <u>барзайсан</u> нүүр нь үлэмж баяраар дүүрдэг ажээ. (Ч.Л)
トゥムルは、うわごとを言う時は荒々しくなく、ただ（妻の）ドルマーの名前だけを呼び、また（息子には）「おまえは、男だぞ」とだけ繰り返し言うが、この言葉を言っている時は、熱のせいで曇った彼の顔は、大喜びで一杯になるのである。

38. БАРСАЙ-

1. [自然（岩、山など）：ゆるやかでない、角張る、大きい]（「ごつごつ」）
2. [物や人の体の表面（顔、手足など）：（マイナスイメージで）なめらかでない、粒の大きい]（「ざらざら」、「ごわごわ」）

1. Баян бараат уулын арсгар <u>барсгар</u> дүрс хоногийн газраас харагдана. (Ж.Д)
バヤン・バラート山の凹凸のごつごつした姿が、一日くらい離れた所から見える。

2. Бас нүцгэн гар хөл дээр нь арсайж <u>барсайсан</u> хээ байна. (Ц.Д)
また彼の素手と素足に、ごわごわざらざらした模様がある。

39. БАРЧИЙ-

1. [自然（岩、山など）：ゆるやかでない、角張る、大きい]（「ごつごつ」）
2. (転) [人の顔の表情：しわを寄せる、見かけの悪い]
　　　（「しわくちゃ」、「顔をしかめる」、「しかめっ面をする」）

1. Тэртээ баруун өмнө харагдсан <u>барчгар</u> уулнаас урагш өнгөрсөн бололтой. (Б.Ч)
ずっと向こうの南西に見えたごつごつした山から前方へ通り過ぎたようだ。

2. Долгор минь, чи юунд нүүрээ <u>барчийлгана</u> вэ? (Ч.Л)
ドルゴルよ、あなたは何で顔をしかめているのか。

40. БИЖИЙ-

[物の表面：なめらかでない、粒が最小、密集]（「ぶつぶつ」、「発疹が出る」）
Нуруун дээгүүр нь юм <u>бижийжээ</u>. (МУШУА)

彼の背中にぶつぶつができている。

41. БИНДИЙ- → БЭНДИЙ-

42. БИРЖИЙ-

［物の表面：なめらかでない、粒が最小、密集］（「ぶつぶつ」、「発疹が出る」）
Гарт минь ямар нэгэн биржгэр гадаргуут зүйл тэмтрэгдэв. (Цог)
私の手に何か表面がぶつぶつした感触があった。

43. БИРЧИЙ- → БИРЖИЙ-

44. БОЖИЙ-

［人の体の一部（特に子供の腹、手など）：膨らむ、小さい、かわいい］
（「ふっくら」、「腹一杯」）
За гэвш минь, бор ходоодоо <u>божийтол</u> цохиод байдаг хэрэг ээ гэдэгсэн ...
(Ч.Л)
さあゲブシよ、腹一杯になるまで食べるんだよとおっしゃっていたなあ…。

45. БОЛЦОЙ-

［人の体の一部（特に子供や女性の頬、手足など）：丸い、小さい、柔ら
かい、かわいい］（「ぽちゃぽちゃ」、「ぽっちゃり」）
... 8 орчим настай хөөрхөн <u>болцгор</u> хүүг ойртон ирэхэд нь байг ээ, миний
хүү хогны савнаас хол бай ... (Х.Т)
…八歳くらいのかわいらしいぽっちゃりした男の子が近づいてくると、
「おやめ、おまえはごみ箱から離れていろ」…。

46. БОМБОЙ-

［人の体の一部（頬など）：丸い、膨らむ、かわいい］
（「ぽちゃっ」、「ふっくら」）
Харь айлын хаяа дэрлээд ягаан хацраа <u>бомбойлгон</u> нойрсож гэнэ. (Б.Н)
よその家の側壁の下部を枕にして、ピンクの頬をふっくらさせて眠って
しまったそうだ。

47. БОНДОЙ-

1. ［人や動物の体（子供、ウサギなど）：丸い、膨らむ、小さい、かわい
   い］（「ぽちゃっ」、「ふっくら」）

2. ［物（できもの、こぶなど）：丸い、膨らむ、突き出る］（「ぽこん」）

1. ... гэзгий нь олон салаа болгож сүлжсэн, оготор өмд цамцтай бондойсон
   бор охин гэрийн сүүдэрт тоглож суув. (Б.Н)
   …髪を何重にも編み込んで垂らし、丈の短いズボンとセーターを着た、
   ぽっちゃりした顔の浅黒い娘が、ゲルの日陰で遊んでいた。

2. Яагаад духаа бондойлгочихоо вэ, юм мөргөсөн үү?
   なぜ額にたんこぶができたの、物にぶつかったのか。

48. БОХИЙ-

［人の行為：かがむ、腰を曲げる、低い］

（「ぺこぺこ」、「おじぎする」、「頭を下げる」）

Гадаадын эмэгтэйчүүдийг харвал сүрхий бохигонон наймаа хийж байдаг.
(Б.Р 4)

外国の女性たちを見ると、ひどくぺこぺこしながら商売をしているのだ。

49. БӨГВИЙ-

［人の姿：かがむ、弱々しい、元気のない］

（「腰の曲がった」、「腰の丸まった」）

Хэдэн хөгшин сандал дээр бөгвийлдөн сууж харагдав.

何人かの老人が、椅子の上で腰を丸めて座っているのが見えた。

50. БӨГДИЙ-

［人の姿：かがむ、弱い、力のない］（「よぼよぼ」）

Эмгэн ухаан зүггүй сандарч учир зүггүй бөгдгөнөж гүйхээс өөр бүтээсэн
юмгүй. (Ц.Д)

お婆さんはひどくあわてふためき、必死によぼよぼ走る以外、やったこ
とは何もない。

51. БӨГТИЙ-

［人や動物の姿：かがむ、背が曲がる］（「猫背の」、「腰の曲がった」）

Хөлийн чимээ ойртох сонсдоод гадны хүн урцны намхан хаалгаар бөгтийн орж ирэв. (Б.Н)

足音が近づくのが聞こえ、外の人が円錐型天幕の低い入口から腰を丸めて入って来た。

52. БӨГЦИЙ-

［人の姿：かがむ、背が曲がる、弱々しい］

（「猫背の」、「腰の曲がった」）

Бөгцгөр нуруутай, туранхай биетэй, зантгар толгойтой ажээ. (Б.Р 2)

腰の曲がったほっそりした体の、頭でっかちの人だった。

53. БӨЛБИЙ-

1. ［飲食物：味のない、薄い、食欲をそぐ］（「水っぽい」、「まずい」）
2. （転）［人の体調：衰弱する、気持ちの悪い、吐き気のする］
   （「むかむか」、「具合が悪い」、「気分がすぐれない」）

1. Ийм бөлбөгөр хоолыг хэн ч идэхгүй байх.
   こんなまずい料理を誰も食べないだろう。
2. Дотор нь бөлбийгөөд нэг л эвгүй. (Н.Б)
   彼はむかむか吐き気がして、どうも気分がすぐれない。

54. БӨЛТИЙ- → БҮЛТИЙ-

55. БӨЛЦИЙ-

1. ［人の目（特に瞼に対して）：突き出る、膨らむ、柔らかい］
   （「腫れぼったい」）
2. （転）［人の目：一重、小さい、生来］（「一重瞼」、「腫れぼったい」）

1. Олон хоног уйлснаас нүд нь хавагнан бөлцийж ... (Ч.Л)
   何日間も泣いたせいで、彼女の目は腫れぼったくなって…。
2. Зүүн талын нүд нь давхраагүй бөлцгөрдүү. (Д.Д)
   左側の目が一重で、やや腫れぼったい。

56. БӨМБИЙ-

1. [物の表面：膨らむ、丸い、上に]
   (「ふっくら」、「半球形の」、「ドーム型の」)
2. (転) [人や動物の体：丸い、膨らむ、脂肪のついた]
   (「ころころ」、「丸っこい」)
3. (転) [人や動物の感覚 (бөмбөлзөх, бөмбөгнөх という動詞で)：凍える、
   震える、体をすくめる] (「ぶるぶる」)
4. (転) [人や動物の行為 (бөмбөлзөх, бөмбөгнөх という動詞で)：あわてる、
   恐がる] (「びくびく」)

1. Орчин тойрны байдлыг харж байтал уулан дээр бөмбөгөр оройтой хэдэн
   гоёмсог байшин харагдав. (Ц.Д)
   周辺の様子を見ていると、山の上にドーム型の屋根をした、いくつか
   のおしゃれな建物が見えた。
2. Тарга тэвээрэг сайтай хонинууд нь бөмбийлдөөд улам ч олон болчихсон
   юм шиг харагдана. (Ч.Л)
   ころころに肥えた羊たちは、丸々としてさらに数が増えたように見える。
3. Өчүүхэн ууль, авралт наран уулын цаанаас цухуйхыг хүлээж модны
   оройд бөмбөлзөн суухад ... (Б.Н)
   無能なフクロウは、恵みのある太陽が山の向こうから顔をのぞかせる
   のを待って、木の天辺でぶるぶる震えながら止まっていると…。
4. ... бөжин шиг бөмбөлзөж байсан биз дээ? (Б.Н)
   …子ウサギのようにびくびくしていたんでしょうね。

57. БӨНДИЙ-

1. [物：丸い、膨らむ、硬い] (「ころころ」、「ころっ」)
2. [人の頭 (特に男の子に対して)：丸い、膨らむ、小さい、かわいい]
   (「いがぐり頭」、「坊主頭」)
3. (転) [人の行為 (бөндгөнөх, бөндөлзөх という動詞で)：機嫌を取る、
   こびる] (「ぺこぺこ」、「ごまをする」)
4. (転) [物 (бөндгөр という名詞で)：丸い、不明瞭] (「真ん丸」)

1. Ногооны талбайд төмснүүд бөндийтөл ургасан байлаа.
   野菜畑に、ジャガイモがころころと植わっていた。

2. Өлзий: Эвий хөөрхий цөмөөрөө бөндийлцөөд миний л хүү шиг залуучууд юмаа даа. (МШЖ)

ウルズィー：あれまあ、かわいい。みんないがぐり頭で、まるで私の息子のような若者たちですね。

3. Лувсандорж жигтэйхэн сайхан ааштай болж өөрөө бөндөлзөн гүйгээд л байлаа. (Ж.Д)

ロブサンドルジは、ひどく愛想よくなって、自らぺこぺこしながら駆け回っていた。

4. Нөгөө нэг бөндгөр нь? (Б.Н)

もう一つの真ん丸のものは？

58. БӨНЖИЙ-

1. [物（滴など）：丸い、小さい、垂れる、不安定]
   (「ころころ」、「ゆらゆら」、「ぶらぶら」)

2. (転) [人の行為（бөнжгөнөх という動詞で）：機嫌を取る、こびる]
   (「ぺこぺこ」、「ごまをする」)

1. Зүйл бүрийн жимс бөнжгөнөсөн сайхан үнэр анхилсан ой модны цэцэрлэг байна. (Ц.Д)

様々な種類の果物がころころと実った、良い香りが漂う森林公園だね。

2. Чи бол багш захирал нарын өмнө бялдуучлан бөнжгөнөн гүйдэг. (Ц.У)

おまえは、先生や校長らの前でこびへつらい、ぺこぺこしながら駆け回っている。

59. БӨӨВИЙ-

[人や動物の姿：弱々しい、体を丸める、動きの鈍い]
(「縮こまる」、「よぼよぼ」、「とぼとぼ」)

... ижий шиг нь нэг эмгэн бөөвгөнөн явж харагдана. (Д.Мө)

…彼の母親に似た一人のお婆さんが体を丸め、よぼよぼ歩いているのが見える。

60. БӨӨДИЙ-

1. [動物の姿（子羊など）：弱々しい、小さい、丸い、見かけの悪い]

（「みすぼらしい」、「貧弱な」）

2.［人の姿（бөөдий という名詞で）：体力のない、無能］（「だらしない」）

1. ... адуучин эр адуунынхаа захад сарлагийн тугал шиг бөөдийсөн хар юм хэвтэж байхыг үзвээс ... (Б.Но)

 …馬飼いの男は、馬の群れの端っこにヤクの子に似たみすぼらしい黒いものが横たわっているのを見ると…。

2. Надтай зам нийлэх гэж очоод хатгалгаа тусчихсан нөгөө бөөдий эрээс нутгийн сониныг сонсоод сайн итгэхгүй байсан юм. (Б.Н)

 おれと一緒に行動を共にしようとやって来て、肺炎になってしまったあのだらしない男に地元の興味深い出来事を聞いて、にわかに信じられなかったのだ。

61. БӨӨНИЙ-

1.［人や動物の姿：弱々しい、小さい、見かけの悪い］

 （「みすぼらしい」、「貧相な」）

2.［服（デールなど）：分厚い、膨らむ、見かけの悪い］（「もこもこ」）

1. Чингис хаан бөөнийсөн муусайн морьдоо унаад ... (В.Я)

 チンギス・ハーンは、自分のみすぼらしい貧相な馬らに乗って…

2. Тэр өвөл нэг тааралдахад өөрөө оёсон болов уу гэмээр мурий сарий оёдолтой лам захтай төө үстэй пөөнөгөр улаан дээлтэй ... (Д.Но 3)

 その冬一度出会った時、自分で縫ったのかと思われるような縫い目が曲がり、襟の形が交差した、一あたの毛でもこもこした赤いデールをまとった…。

62. БӨӨЦИЙ-

［人の姿（子供、年寄りなど）：小さい、弱々しい、体を丸める、哀れ］
（「へなへな」、「へたへた」、「よぼよぼ」）

Буниа гуай гал тогоогоо янзлан бөөцгөнөнө. (МШЖ)

ボニャーさんは台所を片付けながら、よぼよぼ動いている。

63. БӨРЗИЙ- → БҮРЗИЙ-

64. БӨРСИЙ-

1. ［編み物の表面：小さな玉、丸まる、古い］（「毛玉ができる」）
2. ［物の色：光沢のない、不鮮明、暗い］（「つやがない」）
3. (転)［人の顔色：暗い、元気のない］（「顔色がさえない」）
4. (転)［天気：曇る、暗い］（「どんより」）

1. Ноосон цамц нь бөрсийгөөд нэг л муухай харагдаж байлаа.
   彼のセーターは毛玉ができて、多少みっともなく見えていた。

2. Юм болгон нь бүрсийж харлаад ... (Б.Н)
   その家の物すべてがつやがなく黒っぽくなって…。

3. Царай чинь бөрсийгөөд яагаа вэ?
   あなたの顔色がさえないが、どうしたのか。

4. Бороотой бүрсгэр өдөр болон нь дээ.
   雨の降ったどんよりした日になりそうだね。

65. БӨРТИЙ- → БҮРТИЙ-

66. БӨХИЙ-

1. ［人や動物の行為：かがむ、腰を曲げる、頭を下げる］
   （「おじぎする」、「前かがみになる」）
2. (転)［旗：斜めにする、敬意を表する］（「斜めに掲げる」）
3. (転)［人の行為（бөхөлзөх という動詞で）：機嫌を取る、こびる］
   （「ぺこぺこ」、「ごまをする」）

1. Уушгиараа нэвт буудуулсан Хонгор бөхөлзөн найгаснаа түргэн явсан хурдан морины эрчинд шидэгдэн тэртээ хол харуулдан унаад хөдөлсөнгүй. (Ч.Л)
   肺の所を撃ち抜かれたホンゴルは、何度も前かがみにふらふら揺れてから、速く走っていた速足の馬の惰性で投げられ、はるか遠くうつぶせに落ちて動かなかった。

2. Гурван хоног үндэсний гашуудал зарлаж, төрийн туг бөхийлгөлөө. (Б.П)
   三日間、国民の追悼を宣言し、国旗を斜めに掲げた。

3. Өөрөө хүнд бөхөлзөж байсан болохоос бусдыг бөхөлзүүлж үзээгүй энэ хүндэтгэл тун ч эвгүй байв. (Б.Н)

自分は、これまで人にぺこぺこしていただけで、他人にぺこぺこされ
たことがなかったので、この敬意はとても不愉快だった。

67. БӨХТИЙ- → БӨГТИЙ-

68. БУВАЙ-

1. ［人の頬（歯のない者に対して）：膨らむ、突き出る、食べる］
   （「むしゃむしゃ」、「くしゃくしゃ」）
2. ［人の毛、髭など：膨らむ、密生、乱れる］
   （「もじゃもじゃ」、「毛むくじゃら」、「髭もじゃ」、「カイゼル髭」）

1. Ангаахайн чинээ амандаа алим үмхээд бувалзана. (Ц.Д 3)
   ひなのような口にリンゴを含んで、むしゃむしゃ食べている。
2. Түүнээн бага багаар өмтлөн бувгар буурал сахлаан хөдөлгөн амтархана.
   (Б.Э)
   それを少しずつかみ砕き、白髭混じりのカイゼル髭を動かしながら賞
   味している。

69. БУЖИЙ- → БУРЖИЙ-

70. БУЛТАЙ-

1. ［人の体の一部（頭、舌など）：出る（見える）、一部、外に］（「のぞく」）
2. (転)［人や動物の子の体：丸い、小さい、かわいい］
   （「ぽっちゃり」、「ふっくら」）
3. (転)［草、芽など：生える、始める、一部］（「顔をのぞかせる」）

1. Бяцхан хүүгийн нүдээ дүрлийлгэн хэлээ бултазуулах нь эгдүүтэй агаад
   өхөөрдөлтэй. (Д.Ц)
   幼い男の子が目をぱっちりさせ、舌を何度ものぞかせるのが愛くるし
   くて、かわいいものだ。
2. Бултгар үр минь нойрсоорой. (Б.Я)
   私のぽっちゃりちゃん、おやすみなさい。
3. Нов ногоон нахиа бултайгаад ... (Б.Бр)
   新緑の芽が顔をのぞかせて…。

27

71. БУЛЦАЙ-

[人の体の一部（頬、手足など）：柔らかい、丸い、やや太い、かわいい]
（「ぽっちゃり」、「ぽちゃぽちゃ」）

Соль бол хатсан борц шиг хүүхэн, энэ чинь түүхий сүүний бяслаг шиг булцайсан цагаан хүүхэн байна. (Ц.Д)

ソリは、乾燥牛肉のようなやせた女性だが、この人は、生乳でできたチーズのようにぽっちゃりした色白の女性である。

72. БУМБАЙ-

1. ［人の体の一部（頬など）：丸い、膨らむ、かわいい］
（「ふっくら」、「ぽちゃっ」）

2. （転）［容器など：胴体の丸い、口の狭い、小さい］（「丸くて小さな」）

1. Бумбайсан хоёр хацар нь намрын дутуу болсон алим санаанд оруулна. (С.Б)

ふっくらした両頬は、秋のまだ熟していないりんごを思い出させる。

2. Бурман амттай архийг бумбагар жүнзэнд дүүргэлээ. (Ч.Лх)

黒砂糖の味のした酒を、丸くて小さな杯になみなみと注いだ。

73. БУНДАЙ-

[人の体の一部（主に子供や女性の頬など）：丸い、膨らむ、かわいい]
（「ふっくら」、「ぽちゃっ」）

Бундгар хацар нь чинэрэн улайна. (Д.С)

ふっくらした頬が火照り、紅潮している。

74. БУНТАЙ-

[物や体の一部（頬など）：丸い、膨らむ、小さい]（「ふっくら」、「ぷくっ」）

Буурал толгойтой эмгэн будаатай цай хийгээд бувар бувар хүлхэж, буйл завьжаа бунтайлгана. (Д.Н)

白髪頭のお婆さんは、バター風味の米煮込み茶を入れて、もぐもぐ口に含み、歯茎や口角をぷくっと膨らませている。

75. БУРЖИЙ-

[人や動物の毛：曲がる、生来、膨らむ]

(「くるくる」、「ちりちり」、「縮れ毛の」)

... Арандал бөгтийхөөсөө тээршээн, ач хүүгийнхээ буржгар толгойг ширтэж инээмсэглээд ... (Б.Н)

…アランダルは、前かがむのを邪魔くさがり、孫息子の縮れ毛の頭を見つめ、ほほ笑んでから…。

Бужгар үс нь түүнийг хойд Африкийн араб удмын хүн болохыг гэрчилнэ. (Д.Ма 2)

ちりちりな髪の毛は、彼が北アフリカのアラブ系の人間だということを証明している。

76. БУРЗАЙ-

1. [固体（植物の種など）：凹凸、丸い、多い、密集]

   (「ぶつぶつ」、「つぶつぶ」)

2. [液体（汗など）：滴ができる、粒の小さい、丸い]（「小粒の汗が出る」)

1. Эргэн тойрны аварга сүглэгэр модод мөчир найлзуур бүхэн нь дун цагаан цан мөстөн бурзайжээ. (Ж.Д 2)

   周囲の巨大なうっそうとした木々の枝や若枝のすべてが、真っ白な氷の霜となって、ぶつぶつしていた。

2. Амь өршөө гэж магнай дээрээ хүйтэн хөлс бурзайлган зэвхий дуугаар алгаа хавсран хэлэв. (Ч.Л)

   「命を助けて」と額に冷たい小粒の汗をかきながら、生気のない声で両手を合わせて言った。

77. БҮЛБИЙ-

1. [飲食物：味のない、薄い、食欲をそぐ]

   (「水っぽい」、「まずい」、「薄味」、「淡泊な味」)

2. (転) [人の体調：衰弱する、気持ちの悪い、吐き気のする]

   (「むかむか」、「具合が悪い」、「気分がすぐれない」)

3. (転) [本来熱くあるべき物（お茶など）：（マイナスイメージで）熱くない、不快]（「ぬるい」)

1. Брокколийг хэт их буцалгаж зөөллөхөд үндсэн амт, чанараа алдаж <u>бүлбэгэр</u> амттай болох нь бий. (Mis)
   ブロッコリーは、ゆで過ぎて軟らかくすると、本来の味と質が失われて薄味になることがある。

2. Бат шартсанаас болж дотор нь <u>бүлбийгээд</u> босч чадсангүй.
   バトは二日酔いになったせいで、胸がむかむかして起きられなかった。

3. Цэрэн гуай өвлийн хүйтэнд ч <u>бүлбэр</u> цай уудаг сонин хүн шүү.
   ツェレンさんは、冬の寒い時にも、ぬるいお茶を飲む変わった人だよ。

78. БҮЛТИЙ-

1. ［人や動物の目：突き出る、丸い、大きい］
   （「ぱっちり」、「くりくり」、「ぐりぐり」）

2. （転）［人や動物の行為（бүлтэлзэх, бүлтгэнэх という動詞で）：恐がる、驚く、あわてる］（「びくびく」、「おどおど」）

1. <u>Бүлтэн</u> бөгөөд том хар нүд нь цавчилж ... (Ч.Л)
   ぱっちりした大きな黒目が何度も瞬きして…。

2. ... ирэх замдаа Эрдэнэ Дулмаа хоёрын яриа сонссон Долгор бутанд шахуулсан туулай шиг <u>бүлтэлзэж</u> байв. (Ч.Л)
   …来る途中で、エルデネとドルマーの二人の話を聞いたドルゴルは、茂みに追い込まれたウサギのようにびくびくしていた。

   ... тэргэн дороос Болцуу хүү годхийн гарч, Буянцайн дэргэд гүйж ирээд, хоолойгоо чичрүүлж нүдээ <u>бөлтгөнүүлэн</u> ... (Б.Н)
   …荷車の下から、少年ボルツォーがいきなり飛び出してきて、ボヤンツァイのそばに走ってきて、声を震わせ目をぱちくりさせながら…。

79. БҮЛЦИЙ- → БӨЛЦИЙ-

80. БҮРЗИЙ-

1. ［人や動物の毛：逆立つ、短い、少ない、輝きのない］
   （「ぼさぼさ」、「つやのない」、「毛並みの悪い」）

2. ［自然（岩、山など）：ゆるやかでない、角張る、大きい］
   （「ごつごつ」、「でこぼこ」）

3.（転）［人の顔色：暗い、元気のない、すぐれない］（「顔色がさえない」）
4.（転）［天気：曇る、雨雪が降る、寒い］
　　　　（「天気が下り坂」、「天気が崩れる」）

1. Хүч тарга нь хайлж байгаа адууны байдал гэвэл их хөлөрч, үс нь босож бүрзгэр болох байдал үзэгдэнэ. (Ж.С)
脂肪の蓄えを燃焼している馬の状態と言えば、ひどく汗をかき、毛が立ってぼさぼさになる状態が見られる。

2. Бүрзгэр толгойд хэдэн мал бэлчиж явна.
でこぼこした丘に、数頭の家畜が草を食んでいる。

3. Наад царай зүс чинь бүрзийгээд нэг л биш байх чинь гэж хэлээд өмнө нь ирж зогсов. (С.Л 2)
あなたの顔色がさえなくて、どうもおかしいよと言って、彼の前に来て立ち止まった。

4. Өглөөгүүр ая намдуухан байсан тэнгэр үд дундаас эхлэн бүрзийж, цасан шуурга нүүр нүдгүй балбаж эхэллээ. (Т.Б 4)
朝方、快適だった天気が昼間から下り坂になり、吹雪が目も開けられないほど激しく打ちつけ始めた。

81. БҮРИЙ-

1.［天気：薄暗い、はっきりしない］（「ぼんやり」）
2.（転）［人や動物の毛色：悪い、輝きのない］（「つやのない」）
3.（転）［人の視力：悪い、はっきり見えない］
　　　　（「目がかすむ」、「ぼやけて見える」）

1. Тэнгэр бүрийгээд цас орох нь үү дээ?
天気がぼんやりして、雪が降りそうかね。

2. Үсний сорлог өнгө буурч бүргэр болох муу талтай. (Ж.С)
毛色の光沢が失われ、つやがなくなるという短所がある。

3. Нүд бүрийгээд юм харахгүй байна. (МУШУА)
目がかすんで、物が見えないんだ。

82. БҮРСИЙ- → БӨРСИЙ-

83. БҮРТИЙ-

1. ［物の姿：不鮮明、遠い、小さい、見える］（「ぼんやり」、「ぼうっ」）
2. (転)［人の目（視力に対して）：不鮮明、見えにくい］
　　（「かすむ」、「ぼやける」）

1. Бүртэлзэн харагдагч бараа нэг үе далд орж, нэг үе ил гарна. (Д.Н)
　ぼんやり見える姿は、ある時は消え、ある時は現れる。

　Ийм тийм бөртийсөн, сэртийсэн юмыг харж явсаар, нэг мэдвэл ... хүн
　амьтан үзэгдэхгүй цөл газар иржээ. (Д.Н)
　あちこちのぼんやりとつんと突き出たものを見て行きながら、気がつ
　くと…人々が見えない砂漠に来ていたのだ。

2. ... цэрэг винтоваа мөрөвчлөн шагайснаа нүд бүртэлзээд овоо хараа
　нийлэхгүй байна гээд Бат руу харлаа. (Ч.Л)
　…軍用のライフル銃を肩にかけ狙いを定めたが、目がかすんで照準が
　合わないと言って、バトの方を見た。

84. БҮҮДИЙ-

1. ［光（ランプなど）：不鮮明、弱い］（「薄暗い」）
2. ［天気：はっきりしない、薄暗い］（「どんより」）
3. ［物の姿：はっきりしない、遠い、小さい、見える］
　　（「ぼんやり」、「ぼうっ」）

1. Бүүдгэр гэрэлд ном уншвал нүдний хараа мууддаг гэж ярьдаг юм.
　薄暗い光の下で本を読めば、視力が悪くなると言うものだ。

2. Гэтэл өглөө нь үл мэдэг бороо шивэрсэн маш бүүдгэр өдөр эхлэв. (Ж.Д 2)
　ところが、その朝はわずかに小雨の降った非常にどんよりした一日が
　始まった。

3. Алсад хэдэн мал бололтой юм бүүдийж байна. (И.Д)
　遠くに数匹の家畜らしいものがぼんやりしていた。

85. БЭВИЙ- → БЭЭВИЙ-

86. БЭГЦИЙ-

［人や動物の姿：かがむ、弱々しい、動きの鈍い］（「よぼよぼ」、「よたよた」）

Тэрбээр хамгийн бага эрэгтэй хүүхдийн толгойг илж өхөөрдсөнөө таяган дээрээ бэгцийн өргөв. (Д.М 2)

彼は、一番下の男の子の頭をなでてかわいがってから、杖を頼りによたよたしながら、（男の子を）持ち上げた。

87. БЭЛБИЙ-

[人の体調（胃腸など）：消化不良、吐き気のする、不快]
（「むかむか」、「気持ちが悪い」、「気分が悪い」）

Төдхөн дотор нь бэлбийж, толгой нь маналзан, гэнэт хүнд өвчин тусчихсан юм шиг боллоо. (Б.Н)

すぐに彼は、胸がむかむかし頭がくらくらして、突然重い病気にかかってしまったかのようになった。

88. БЭЛЦИЙ-

[人の体の一部（顔、手、瞼など）：膨らむ、厚い、太い]
（「ぽてっ」、「ぽってり」）

Гавж бэлцгэр цагаан гараа өргөж ихэмсэг шинжтэй дохив. (Б.Н)

ガブジ称号の僧侶は、ぽてっとした白い手を上げ、偉そうに合図した。

89. БЭМБИЙ-

1. [人の体の一部（手足など）：膨らむ、柔らかい、大きい]
（「ふっくら」、「ぱんぱん」）
2. (転) [人の行為：（マイナスイメージで）恐れる、あわてる、落ち着かない]（「びくびく」、「おどおど」）

1. Хэт удаан зогссоноос болж хөлийн тавхай бэмбийн өвдөх тохиолдол байдаг.

   長時間立ったため、足の裏がぱんぱんに膨らんで痛くなることがある。

   Хийлсэн мэт пэмбийж байсан тэр түривч хий нь гарсан мэт шалчийсныг санан, өөрийн эрхгүй өврөө нэг дарж үзжээ. (Д.Ц)

   空気を入れたようにぱんぱんに膨らんでいたその財布が、空気が抜けたかのようにぺしゃんこになったのを思い出し、思わず懐を一度押してみた。

2. За одоо ч өнгөрлөө дөө гэж би дотроо их л бэмбэгнэж байв. (Ж.Д)
ああ、もうおしまいだと、私は心中ひどくおどおどしていた。

90. БЭНДИЙ-

1. ［人の体：（マイナスイメージで）太い、大きい、膨らむ］
（「ぽてっ」、「ぶくぶく」、「ぱんぱん」）
2. （転）［人の行為：金持ちになる、急に］（「私腹を肥やす」、「成金」）

1. Эхийгээ загнаж байгаа бэндгэр хүүхнийг бүгд харсан.
母親を叱りつけている、体がぽてっとした女性のことを、みんな見た。
Гутлыг нь сугалж пэндийсэн хавдартай өвдгийг нь өнгөртөл шуумгийг
нь ханзалж ... (Т.Д)
彼の靴を脱がせ、ぱんぱんに腫れた膝が露わになるまでズボンの裾の
縫い目をほどき…。
Тэгэхэд ээж минь ... хужиртай усаар гурил зуурч исгээд, пиндийтэл
хөөсөн зузаан гамбир хайраад, бид хоёрыг дууддаг байж билээ. (Д.М)
当時母は…天然ソーダ入りの水で小麦粉を捏ねて発酵させ、ぱんぱん
に膨らんだ厚いナーンを焼いてから、私たち二人を呼んでいたんだよ。
2. Харин манай залан өдөр шөнөгүй пэндийж гардаг байна. (Б.Н)
むしろ、わが参領は日夜、私腹を肥やし出したのだ。

91. БЭРЖИЙ-

［物の表面：なめらかでない、粒の小さい、密集］
（「ざらざら」、「ぶつぶつ」、「つぶつぶ」、「発疹が出る」）
Өлзий: Үгүй хүү минь, хөөрсөн юм болов уу даа, бэржийгээд л байна.
(МШЖ)
ウルズィー：いや、おまえはのぼせたのだろうか、ぶつぶつが出てい
るだけだよ。
Энэ жимсний хальс нь олон жижиг гүвдрүүтэй болохоор "бэрчгэр
луугийн нүд" гэж нэрлэсэн байж магадгүй юм.
この果物の皮は、たくさんの小さな粒があるので、「ざらざらな竜眼」
（ライチ）と名付けたのかもしれない。

92. БЭРЧИЙ- → БЭРЖИЙ-

93. БЭЭВИЙ-

1. [人や動物の姿：弱々しい、体を丸める、（寒さで）動きの鈍い]
（「縮こまる」、「小さく丸まる」）

2. （転）［人の行為：器用でない、鈍い］（「ぎこちない」）

1. Сүхээ үнгэгдсэн үнэгэн лоовуузаа бүчилж хоёр гараа ханцуй дотроо зөрүүлэн бээвийж суугааг нь ажиглан хараад ... (Л.Т 5)
スヘーは、彼がしわくちゃになったキツネの毛皮の帽子をひもで結び、両手を袖の中で交差させながら、縮こまって座っているのを注意して見て…。

Бэвийсэн эмгэнийг хараад өрөвдөнө. (С.Э 2)
寒さで小さく丸まったお婆さんを見て哀れに思う。

2. Түүний бие тогтож ядан бээвгэнэн чичирч завьжаар нь шүлс савирна. (Ч.Л)
彼の身体は落ち着かず、ぎこちなく震え、口の端からよだれが流れている。

94. БЭЭЦИЙ-

1. [人や動物の姿：弱々しい、体を丸める、動きの鈍い]
（「縮こまる」、「小さく丸まる」）

2. [人や動物の行為（бээцгэнэх という動詞で）：のろい、鈍い]
（「ぐずぐず」、「のろのろ」）

1. Ичин гавж хонин дахны зах руу толгойгоо шигтгээд дуу шуу ч үгүй хөдлөх ч үгүй бээцийн сууна. (Б.Н)
ガブジ称号のイチンは、羊の毛皮の外套の襟に頭をすくめ、うんともすんとも言わず身動きもせず、ただ縮こまって座っている。

2. Юундаа бээцгэнээд байна? гэж ширүүхэн зандарчээ. (С.Э)
「何でぐずぐずしているんだ」と厳しくどなりつけた。

Г

95. ГАЛЖИЙ-

［細長い物：傾く、一方へ、不安定］（「ぐにゃっ」）

Өдөржин оролдож байж хэдэн галжгар шон босгожээ. (Цог)

一日中精を出して、やっと何本かの傾いた柱を立てたのだ。

96. ГАНАЙ-

1. ［人や動物の体の一部（背、首など）：真っすぐ、伸びる、姿勢のよい］
   （「すらり」、「すらっと」、「背筋がぴんとした」）
2. (転)［物（馬捕り竿など）：細い、長い、きれい］
   （「ほっそり」、「すらっと」）

1. Тэмээний бие өндөр, хүзүү ганагар, голдуу говьд амьдардаг. (Doo)
   ラクダは、背が高く首がすらっとして主にゴビに生息している。

2. ... Хөл булаг даагандаа ганагар уурга суналзуулан давхина гэж ... (Ч.Ц)
   …足が斑の二歳馬に、ほっそりした馬捕り竿をしんなりたわませなが
   ら駆けるんだと…。

97. ГИЛБИЙ-

1. ［物の表面：(光に反射して) 光る、輝く、鋭い］（「きらっ」、「きらきら」）
2. (転)［人の行為（гилбэлзэх という動詞で）：(マイナスイメージで)
   恐れる、あわてる、落ち着かない］（「びくびく」、「おどおど」）

1. Шилний хагархай нарны гэрэлд гилбэлзэн байлаа.
   ガラスの破片が、太陽の光できらきら光っていた。

2. Миний нэрийг бич дээ гэж өвгөн туслагчид хэлээд эргэн тойрныгоо
   харан гилбэлзэв. (С.Даш)
   「私の名前を書いてね」と老人は補佐官に言ってから、周囲を見なが
   らおどおどした。

98. ГИЛЖИЙ-

1. ［人や動物の頭、首など：傾く、一方へ、固まる］（「ぐにゃっ」）
2. ［細長い物：傾く、一方へ、見かけの悪い］（「ぐにゃっ」）

1. Бат унтаад өглөө босоход багш нь оройнхоо байдлаар толгойгоо үл мэдэг гилжийлгээд юм бодон сууж байв. (Ч.Л)
   バトが眠って朝起きると、彼の先生は、夕べの状態のまま頭をわずかに傾けて、何か考え事をしながら座っていた。

2. Наад гилжгий баганаа аваад хаячих.
   そのぐにゃっと曲がった柱を抜き取ってしまえ。

99. ГИЛИЙ-

1. ［物の表面：なめらか、滑る、平ら］（「すべすべ」、「つるつる」）
2. ［物：なめらか、輝く、きれい］（「ぴかぴか」、「きらきら」）
3. （転）［人の頭（гилгэр толгой という形で）：髪のない、完全に］
   （「つるつる」、「てかてか」、「つるっぱげ」）

1. Шил шиг гилийсэн цэнхэр мөсөн дээр тэшүүрчин хүүхдүүд сүлжилдэн наадна. (Цог)
   ガラスのようなつるつるの水色の氷の上で、スケートをする子供たちが交差しながら遊んでいる。

2. Нүдэндээ нулимс гилгэнүүлсэн өвгөн цан хүүрэг татуулсаар орж ирлээ. (Цог)
   目に涙をきらきら輝かせた老人は、外から冷気を伴いながら入ってきた。

3. Сүүлийн үед гилгэр толгойтой эрчүүд ихсэж байна даа.
   最近つるっぱげの男たちが増えているのね。

100. ГИЛТИЙ-

［物の表面：（光に反射して）光る、輝く、美しい、瞬間的に］
（「ぴかっ」、「きらっ」、「ぴかぴか」、「きらきら」）

Тасхийм хүйтэн өвлийн шөнө, тэнгэрийн одон оч шиг гялалзаад, уул нурууг бүрхсэн хунгар цасны хасын өнгө түүний гэрэлд алмаасын адил гилтгэнэнэ. (Д.Н)

第二章

厳寒の冬の夜、空の星は、火花のようにちかちか輝いて、山脈を覆った吹きだまりの雪の真っ白な色が、その星の光でダイヤモンドのようにきらきらしている。

101. ГОДОЙ-

1. [物（尾、編んだ髪）：細長い、短い、硬い]
   (「ちょこんと短い」、「かっちりと短い」)
2. (転) [人の行為（若い人に対して）(годгонох という動詞で)：落ち着きのない、軽率、振舞う]
   (「せかせか」、「そわそわ」、「ふらふら」)

1. Түүний нэг нь Төмөр, нөгөө нь Өлзий, гурав дахь нь тогоо нэрсэн айлын гадуур өнгөрдөггүй ... годгор буурал гэзэгтэй Өлзийн насны хар хүн байлаа. (Ч.Л)
   その一人はトゥムル、もう一人はウルズィー、三人目は酒を蒸留した家の外を素通りすることのない…ちょこんと短い白髪の弁髪をした、ウルズィーくらいの年齢の男だった。
2. Ер нь алийн болгон годгонож шодгоносон охин байхав. (С.Л)
   一体いつまで落ち着きのないふらふらした女の子でいられようか。

102. ГОЖИЙ-

1. [物（袋、瓶など）：細い、長い、小さい] (「細長くてちっちゃな」)
2. (転) [衣服（デール、コートなど）：(マイナスイメージで) 細長い、窮屈] (「タイトな」)

1. ... "хүүд өгөөрэй" гээд л гожгор уургтай юм явуулсан байдаг сан. (Д.Ц)
   …「息子に渡して」と言って、細長くてちっちゃな袋に入ったものを言付けていたんだなあ。
2. Гожийсон дээл өмссөн хүүхэн зогсож харагдлаа.
   タイトなデールを着た女性が立っているのが見えた。

103. ГОЗОЙ-

1. [物：細長い、突き出る、上に] (「にょきっ」、「にゅっ」)
2. (転) [人の背（特に若い人に対して）：細い、やせる、高い] (「にょきっ」)

3.（転）［動物：立つ、二本足、後ろ］（「両後ろ足で立つ」）

4.（転）［物（乾燥肉、皮ひもなど）：細い、硬い、乾燥］
　　　（「かちかち」、「からから」）

1. Үдэн гаргагсад гараа <u>гозолзуулан</u> дагаж гүйцгээнэ. (Н.Б)
　見送りの人たちは、手を上に高く振りながら、後について走っている。

2. Түүний дэргэд гоёмсог костюм өмссөн хүрэн царайтай, <u>гозгор</u> залуу
　сууж байна. (Ц.Д)
　彼女のそばに、おしゃれなスーツを着た褐色の顔をした、にょきっと
　背の高い若者が座っている。

3. ... нэг том тарвага <u>гозойж</u> зогсоод мандан байгаа нарыг ширтэнэ. (С.Л)
　…一匹の大きなタルバガが両後ろ足で立って、昇っている太陽をじっ
　とながめている。

4. Борцноос нь хэдэн <u>гозгорыг</u> авч чанаж иджээ. (Ч.Л)
　彼のボルツ（乾燥牛肉）から数本かちかちなのを取って、煮て食べた。

104. ГОЛИЙ-

1.［人や動物の体（特に腹に対して）：大きい、太い、膨らむ］
　（「ぽてっ」、「ぽってり」、「ぱんぱん」）

2.（転）［物：大きい、長い、詰まる］（「長くて大きい」、「ばかでかい」）

1. Гоё эмээлтэй <u>голигор</u> бор хүн мориноосоо бууж ирэв. (С.Д 2)
　おしゃれな鞍つきの馬から、体のぽってりした顔の浅黒い人が下りて
　きた。

2. Үхэр бууны <u>голигор</u> том сумнууд хойно хойноосоо исгэрэн ирж ой
　модыг орвонгоор нь унагажээ. (Ц.У)
　大砲の長くて大きな砲弾が、次から次へとひゅーひゅーと飛んできて、
　森林を根こそぎ倒したのだ。

105. ГОЛОЙ- → ГОЛТОЙ-

106. ГОЛТОЙ-

1.［光（ろうそく、ランプなど）：（マイナスイメージで）弱い、放つ、
　不鮮明］（「かすかに光る」、「か弱い光を放つ」）

2. (転)〔人の目（голгонох, голтгонох という動詞で）：（マイナスイメージで）弱々しい、元気のない、光る〕
（「目に生気がない」、「目が死んでいる」）

1. ... гар чийдэнгийн голгоносон гэрэл бүдэгхэн энд тэндээс гялтайна. (Buzz)

…懐中電灯のかすかに光る明かりがぼんやりとあちこちから輝いている。

2. Тураалд орсон хүүхдүүд голгоносон нүдээрээ хоол нэхэж байх шиг.

やせこけてしまった子供たちは、生気のない目で食事を求めているようだ。

107. ГОНЖИЙ-

〔物（服、袋、瓶など）：（マイナスイメージで）細い、より長い、縦に〕
（「ほっそりした」、「長細い」、「縦長」）

Төдөлгүй гонжгор хүүдийтэй юмс авчирч арын суудал дээр, нохойн дэргэд шидээд жолооны ард суух зуур ... (Д.Но 2)

しばらくして長細い袋の物を持ってきて、後部座席の犬のそばに放り投げ、運転手席に座る間に…。

108. ГОНЗОЙ-

〔物（顔、ジャガイモなど）：細長い、縦に〕
（「ひょろっ」、「ひょろひょろ」、「面長の」、「馬面の」、「縦長の」）

Атомын бөмбөг дэлбэрэх үед чулуун байшингийн дэргэд зогсож байсан хүмүүс агшин зуур хайлсан учир зөвхөн гонзгор хэлбэртэй сүүдэр мэт бараан толбо чулуун байшингийн хананд үлдсэн байна. (Ц.Д)

原子爆弾が爆発する時、石の建物のそばに立っていた人々は、一瞬で溶けたため、ただひょろっとした形の影のような黒っぽいしみだけが、石の建物の壁に残ったのである。

Дөрвөлжин гунзгай том хар тугалга адил гулдмай цагаан мөнгийг тэргээр ачиж аваад явлаа. (Ж.Д)

長方形の縦長の大きな鉛のような、銀の延べ棒の塊を荷車で積んで持っていった。

109. ГОНСОЙ-

［人の感情：落ち込む、失望する、気がふさぐ］

(「がっかり」、「くよくよ」、「落胆する」)

Арга барагдаж, гонсойсон Бадарч, Должин хоёр бие биеэ ширтсэнээ Должин гарч Итгэлтийн хойноос явав. (Ч.Л)

万策尽きて、がっかりしたバダルチとドルジンは、互いをじっと見つめてからドルジンが出かけ、イトゲルトの後を追った。

110. ГОРЗОЙ-

1. ［人や動物の体：細い、やせる、高い］(「がりがり」)

2. ［物（乾燥肉、皮ひも）：細い、硬い、乾燥］(「かちかち」、「からから」)

1. Тасгийн дарга өндөр горзгор нуруутай ... залуу байтал нөгөөх нь уртаас урт эрүүтэй, ширүүн босоо үстэй махлаг загзгар хүн билээ. (Д.Э)

課長は、背が高くてほっそりした…若者であるが、もう一人は、とても長い顎の、硬くて逆立った髪で、肉付きのよい毛深くてずんぐりした人なんだ。

2. Эзэгтэй хоол хийхээр бэлдэн, хэдэн горзгор борц оруулж ирлээ.

女主人は料理を作る準備をし、何本かのかちかちのボルツ（乾燥牛肉）を外から持ってきた。

111. ГОРОЙ-

［人の感覚：食べる、つかえる、苦しい］(「喉に詰まる」、「胸につかえる」)

Мах горойтлоо идээд сэнгэнэсэн сайхан айргаар даруулжээ. (Б.Н)

肉を喉に詰まるほど食べてから、すかっとしたおいしい馬乳酒を飲んだ。

112. ГӨВИЙ- → ГҮВИЙ-

113. ГӨЛБИЙ-

1. ［物の色：暗い、冷たい、不快、見かけの悪い］

(「グレーっぽい」、「くすんだ」)

2. (転)［人の顔色：無表情、冷淡、感じの悪い］

（「けろり」、「顔色ひとつ変えない」）
3.（転）［人の行為（悪いことをした者に対して）（гөлбөлзөх という動詞で）：
目をそらす、恐れる］（「びくびく」、「おどおど」、「おじおじ」）

1. Би ийм гөлбийсөн өнгөнд дургүй.
私は、こんなくすんだ色が嫌いだ。

2. Сугар яаж байгаа нь мэдэгдэхгүй гөлбөгөр царай гаргах юм.
ソガルは、どうしたいのかわからず、けろりとした顔をしている。

3. Хулгайч шиг гөлбөлзөх. (Ж.Да)
泥棒のようにおどおどする。

114. ГӨЛИЙ-

1.［物の表面：なめらか、平ら、凹凸のない］（「すべすべ」、「つるつる」）
2.［物の表面（靴など）：光る、なめらか、きれい］（「ぴかぴか」）
3.（転）［人や動物の目：動かない、一点、見つめる］
（「じっ」、「じーっ」、「目を凝らす」）
4.（転）［人の行為（гөлөлзөх という動詞で）：目をそらす、恐れる］
（「びくびく」、「おどおど」、「おじおじ」）
5.（転）［人の態度：混乱する、呆然とする、黙る］
（「茫然自失」、「放心状態」、「あっけにとられる」）

1. Хөдөлгөөн ихтэй, мөстөж гөлийсөн замууд дээр давс цацдаг.
交通の激しい、凍ってつるつるした道路に塩をまいている。

2. Өвөө маань өглөө бүр төмөр зуухаа арчиж зүлгэн гөлөлзүүлдэг сэн.
うちのお爺ちゃんは、毎朝、鉄製のかまどを拭いたり磨いたりしてぴ
かぴかにしていたなあ。

3. Эрдэнэ зодгийнхоо хөвчийг тайлаад урамгүй буцаж явахад Цамба тосож
очоод ёжтой тавласан харцаар гөлийн ширтэж байгаад ... (Ч.Л)
エルデネは、力士の胴着のひもをほどいて元気なく戻って行くと、ツァ
ンバが迎えに行って、皮肉っぽい、人の不幸を喜んだ目つきでじーっ
と見つめてから…。

4. Тэр баахан зовсон байдалтай нүд буруулан гөлөлзсөөр манай ширээнд
суув. (С.Э 5)
彼は、かなり心配した様子で、目をそらしおどおどしながら、私た

のテーブルに座った。

5. Харин цаг удах тутам охин дүүгээ санах нь ихэсч, сэтгэлийн зовлонд нэрвэгдэн буй Буянцай, идрийн цог золбоо төрөлхийн сэргэлэн чанараа алдсаар, уруу царайтай гөлийсөн маанаг амьтан болж хувирав. (Б.Н)
だが、時間が経つにつれ、妹を恋しく思うことが増え、心の苦痛に見舞われているボヤンツァイは、若人の快活さや生来の聡明さを失いながら、元気のない茫然自失の愚か者と化した。

115. ГӨЛТИЙ- → ГИЛТИЙ-

116. ГӨЛЧИЙ-

1. [物の表面（氷など）：なめらか、平ら、手触りのよい]（「すべすべ」）
2. (転) [物の表面：光る、なめらか、きれい]（「ぴかぴか」）
3. (転) [物の表面（草、毛など）：少ない、はげる]（「つるつる」）

1. Нүүр харагдам гөлчийж байсан мөсөн дээр гутлын мөр үлдээжээ. (Л.Т)
顔が映るほどすべすべしていた氷の上に、靴跡を残していた。

2. Түүний нүд цох хорхой шиг гялалзан гөлчгөнөж байв. (Ч.Л)
彼の目は、てんとう虫のようにぴかぴか輝いていた。

3. Скини үүлдрийн усан гахай нь бараг үсгүй гөлчгөр байдаг гэж номонд бичсэн байсан.
スキニー品種のモルモット（スキニーギニアピッグ）は、ほとんど無毛でつるつるしていると本に書いてあった。

117. ГУВЧИЙ-

[人や動物の体（特に腹に対して）：へこむ、やせる、細い]
（「ぺちゃんこ」、「ぺしゃんこ」、「腹のへこんだ」）

Гувчийсан биетэй золбин нохой хааяа нэг үзэгдэж байлаа. (Цог)
お腹がぺちゃんこになった野良犬が、ごくたまに見られた。

118. ГУДАЙ-

1. [人の頭：（主に落胆で）垂れる、前に傾く、元気のない]
（「がっくり」、「うなだれる」）

2.（転）［物の先端部（穀物の穂、ベッドなど）：傾く、下へ、低い］
　　（「だらり」、「前傾する」）

3.（転）［天体の位置（太陽、星など）：傾く、それる、時間の遅い］
　　（「日が傾く」、「月が傾く」）

1. Би ямар ч байсан уруу царайлж толгойгоо гудайлгаж явах дургүй хүн. (С.Э)
　　私は、どんな時でもくよくよして、頭をうなだれていくのが嫌いな人間だ。

2. Нарны наана түрүүгээ гудайлгасан хэдэн тариа дохилзон байв. (С.Э 2)
　　太陽の日差しを浴び、穂のうなだれたいくつかの穀物がたわんでいた。

3. Энэ үед нар бүр гудайсхийж уулын сүүдэр буусан байлаа. (П.Х)
　　この時期、日がすっかり傾き始め、山は影を落としていた。

119. ГУЛБИЙ-

1.［人や動物の体：細い、高い、長い、弾力のある］
　　（「しなしな」、「くねくね」、「なよなよ」）

2.（転）［人や動物の姿：弱い、力のない、元気のない］
　　（「よろよろ」、「へなへな」）

1. Түүний гулбилзсан биендээ таарсан урт гар, жартгар нүд ... (С.У)
　　彼女のなよなよした体にぴったり合った長い手、細長い目…。

2. Батынх хэдэн гулбигар ишигтэй л юм байна.
　　バトの家は、よろよろした子山羊が数匹いるだけだ。

120. ГУЛДАЙ-

［人や動物の体：細長い、柔らかい、力のない、締まりのない］
　　（「ぐにゃっ」、「ぐにゃり」、「へなへな」）

Саяхан том үг хэлж байсан яргачин гулдайн унав. (Ч.Л)
つい最近、大口をたたいていた人殺しがぐにゃりと倒れた。

121. ГУЛЖИЙ-

1.［長い物（木、棒など）：細い、弾力のある、曲がる、四方八方へ］
　　（「くにゃくにゃ」、「へなへな」）

2. [人や動物の体：細い、しなやか、曲がる]
(「くねくね」、「くにゃくにゃ」、「へなへな」)

1. Нуурын хөвөө хавиар нарийхан гулжгар бургас их ургажээ.
湖岸付近に、細くてくにゃくにゃした柳がたくさん生えていた。

2. Гулжгар өндөр биетэй эр цаашаа явж байв. (С.Даш)
くねくねした背の高い男が向こうへ歩いていた。

122. ГУЛЗАЙ-

[細長い物（ろうそく、釘など）：曲がる、一方へ、弾力のない]
(「ぐにゃっ」、「ぐにゃり」、「だらっ」、「だらり」)

Хонгорын моносны мөчрүүд арвин ургасан мойлоо дааж ядан доош
гулзайжээ. (Ч.Л)
ホンゴルが植えたウワミザクラの枝々がたくさん生えた実を支えきれ
ず、下へだらりとたわんでいた。

123. ГУНАЙ-

[人の体の一部（首など）：細い、たわむ、きれい]
(「ほっそり」、「しなやか」)

Тэр эмэгтэйн бүдүүн хар гэзэг, гунагар хүзүү, нарийхан бөгөөд ер бусын
гуалиг бэлхүүс нь олон удаа тохиолдсон танилболовч одоо ингээд байж
баймааргүй хүнийг санагдуулав. (Ч.Л)
その女性の太い黒髪、しなやかな首、細くて非常に美しいウエストは、
何回もよく見慣れているが、今こうやって生きているはずのない人間
のことを思い出させた。

124. ГУНЗАЙ- → ГОНЗОЙ-

125. ГУНХАЙ-

[人の体（特に女性に対して）：細い、背の高い、姿勢のよい]
(「すらり」、「しなやか」、「背筋がぴんとした」)

Арандал ... малгай дагздуулан тавиад гунхалзан алхана. (Б.Н)
アランダルは…帽子を後頭部にかぶって、しなやかに歩いている。

126. ГҮВИЙ-

1. ［物の表面：浮き出る、腫れる、小さい］（「ぽこっ」、「隆起する」）
2. （転）［虫の動き（гүвгэнэх という動詞で）：小さい、進む、遅い］
    （「もぞもぞ」、「うごうご」、「うごめく」）

1. Түүний хоёр хацар нь Дангаагийн хурууны ороор <u>гүвгэр</u> улаан гувруу болсон харагдана. (Ц.У)
   彼の両頬は、ダンガーの指の跡によって、ぽこっと腫れて赤いミミズ腫れになって見える。
2. Нуруун дээр минь ямар нэг юм <u>гүвгэнээд</u> байлаа. (Цог)
   私の背中の上を、何かもぞもぞ這っていた。

127. ГҮДИЙ-

［物の表面：突き出る、中高、丸い］（「凸面」、「隆起する」）
Бөмбөлөг толийг дотор нь <u>гүдгэр</u> хүнхэр гэж хуваадаг. (Ш.Э)
丸い鏡を、大きく凸面と凹面に分類する。

128. ГҮЛДИЙ-

［人や蛇の首：持ち上げる、細長い、上に］
（「首をもたげる」、「鎌首をもたげる」）
Түүний учир нь юу вэ? гэж надаас асуугаад хүзүүгээ <u>гүлдийлгэв</u>. (Ц.Д)
「その理由は何ですか」と私に尋ねて、首をもたげた。

129. ГҮРДИЙ-

1. ［人の体の一部（首など）：突き出る、細長い、伸びる］（「にゅっ」）
2. （転）［人や動物の体：やせる、衰える、細い］（「げっそり」、「げそり」）

1. Судас нь гүрийсэн <u>гүрдгэр</u> хүзүү нь нүдэнд нэг л содон тусав. (Ц.У)
   血管がくっきりと浮き出た、にゅっと伸びた細長い首が、目に妙に際立って映った。
2. ... үдээр шиг <u>гүрдийсэн</u> чөргөр хөх хүү унтаа чигээрээ чанга гээч нь ... (До.Ц)
   …皮ひものようなげっそりとやせこけた、顔の青黒い男の子は、寝たままかなり大声で…。

130. ГҮРИЙ-

［細長い物（血管など）：突き出る、鮮明、見える］

（「くっきり」、「浮き出る」）

<u>Гүргэр</u> хатуу судастай, парвигар булиа гартай. (В.Ш)

くっきりと浮き出た硬い血管の、ごつくて頑丈な手をしている。

131. ГЭДИЙ-

1. ［人や動物の行為：曲げる、仰向け、後ろへ］（「反り返る」）
2. （転）［人の行為：怠ける、後回しにする］（「ぐずぐず」、「のろのろ」）
3. （転）［人の行為（若い人に対して）（гэдгэнэх という動詞で）：落ち着きのない、軽率、振舞う］（「そわそわ」、「せかせか」）

1. Төлөөний түшмэл Их буурлын оргил өөд ширтэн, <u>гэдийн</u> зогсоод … (Б.Н)
   代理の役人は、イフ・ボーラル山の頂上をながめ、上体を反らしながら立って…。

2. Нүү гэсээр байхад үгүй гэж <u>гэдийсээр</u> байж гэр оронтойгоо хайлчихсан. (С.Д 3)
   「移動しろ」と言っていたのに、「いやだ」とぐずぐずしていて、彼らは、家もろとも燃えてしまった。

3. Шинэ цай буцалтал <u>гэдгэнэн</u> годгонон гэрт оров. (Цог)
   新しいお茶が沸くと、そわそわせかせかして家に入った。

132. ГЭЛБИЙ-

1. ［物（荷物など）：傾く、一方へ、固まる］（「ぐらっ」、「傾いた」）
2. （転）［人の行為（гэлбэлзэх という動詞で）：恐れる、落ち着きのない］（「びくびく」、「おどおど」）

1. Ачаа <u>гэлбийжээ</u>.
   荷物がぐらっと傾いていた。

2. Гэмт хүн <u>гэлбэлзэх</u>, Дайрт морь далбилзах (Зүйр)
   罪ある人はびくびくする、鞍傷ある馬はぶるぶるする（諺）

133. ГЭЛЖИЙ- → ГИЛЖИЙ-

134. ГЭЭДИЙ-

[人の後頭部：突き出る、後ろへ、かなり]（「後頭部の突き出た」）

Гээдэн толгойтой лам хүү ном цээжилж суув.

後頭部の突き出た頭をしたラマ僧の少年が、座ってお経を覚えていた。

135. ГЯЛАЙ-

1. [天体の光（太陽、月、星など）：輝く、鋭い、連続的に]
（「ぴかぴか」、「きらきら」）

2. [物の表面（金属、ガラスなど）：光り輝く、きれい、連続的に]
（「ぴかぴか」、「きらきら」）

3. （転）[人の姿（年配の人に対して）：素早い、元気、若々しい]
（「かくしゃくとした」、「身のこなしが軽い」）

4. （転）[人や動物の動作（гялс, гялс хийх という形で）：素早い、動く、
瞬間的に]（「さっ」、「さっさ」）

5. （転）[人の感情（гялайх という動詞で、гялайлаа《ありがとう》とい
う定型表現で）：喜ぶ、満足である、安心する]
（「ほっとする」、「ありがたい」）

6. （転）[人の頭（гялан толгой, гялаан толгой という形で）：髪のない、
完全に]（「つるつる」、「てかてか」、「つるっぱげ」、「はげ頭」）

1. Тэр шөнө айл ололгүй хээр хоноход шөнө дундын үед тэнгэр бүрхэж юу
ч харагдахгүй болсноо цахилгаан гялалзаж тэнгэр нижигнэн үер буужээ.
(Ч.Л)
その夜、家が見つからず草原で泊まると、真夜中に天気が曇って何も
見えなくなってから、稲妻がぴかぴかし空がごろごろして洪水になった。

2. Энгэртээ одон гялалзуулаад зогсож буй чинь үлгэрийн баатар шиг
харагдаж байна. (С.Л 2)
胸元に勲章をきらきら輝かせて立っているあなたの姿は、民話の主人
公のように見える。

3. Та хорин тавт шиг гялалзаж байна шүү. (МУШУА)
あなたは、二十五歳のようにかくしゃくとしているよ。

4. Морьтой хүн миний хажуугаар гялс хийгээд өнгөрөв. (И.Д)
馬に乗った人は、私の横をさっと通り過ぎた。

5. Бидэнтэй маргалдагч хүн байхгүй болж бид хоёр гялайж байна. (П.Л 2)

私たちと口論する人がいなくなって、私たち二人はほっとしている。

6. Гялан толгой нь гялалзан байв.

つるつる頭がてかてか光っていた。

136. ГЯЛБАЙ-

1. [物の表面（金属、ガラスなど）：（光に反射して）輝く、鋭い、連続的に]
（「ぎらぎら」、「きらきら」）

2. (転)［人の目など（гялбалзах という動詞で）：光り輝く、鋭い］
（「きらっ」、「きらり」、「きらきら」）

1. Бадамын хүү Базар гаднаа хургатайгаа наадан суутал Бадам гялбагар цагаан төмөртэй урт хутгаа бариад гарч ирэв. (Ц.Д)
バダムの息子バザルは、家の外で自分の子羊と遊んでいると、バダムは、ぎらぎらした白い鉄の長いナイフを手に持ってゲルから出てきた。

2. Бадран гарах одон шиг хурц нүдээ гялбалзуулан харав. (Д.Цэ)
燃え上がる星のような鋭い目をきらきら輝かせて見た。

137. ГЯЛТАЙ-

［物の表面（雪、水など）：（光に反射して）輝く、鋭い、瞬間的に］
（「ぴかっ」、「きらっ」）

Дулаан хувцас өмсч гадаа гарахад цасны ширхгийг нар гялтгануулж нүд гялбуулна. (С.У 2)
暖かい服装をして外に出ると、雪の結晶を太陽がきらきら輝かせ、目をまばゆくさせる。

Д

138. ДАВХАЙ-

［物（爪、かさぶたなど）：厚い、重なる、上へ］（「分厚い」）

... шарласан өндөгтэй зузаарч давхайсан хумстай бүдүүн хуруу нь тэдний хамрыг хатгачих шахлаа. (Б.Н)

…指の腹が黄色くなり、爪が分厚くなった彼の太い指が、彼らの鼻を突き刺しそうなほどだった。

139. ДАГНАЙ- → ДАНХАЙ-

140. ДАДАЙ-

［物（服など）：（マイナスイメージで）短い、窮屈、縮む］
（「短くてきちきち」、「短くて窮屈な」）

Тэр үед Сайнхүүд дадгар дээлээс өөр өмсөх хувцас байсангүй.

当時サインフーには短くてきちきちなデール以外に着る服はなかった。

141. ДАЙВАЙ-

1. ［物の全体：傾く、一方へ］（「ぐらっ」、「傾いた」）
2. （転）［人の感覚（дайвалзах, дайвилзах という動詞で）：揺れる、目まいのする］（「ぐらぐら」、「くらくら」）

1. Хорлоо дайвайсан тогоог тэгшлэн тавив.

   ホルローは、ぐらっと傾いた鍋を真っ直ぐに置いた。

2. Буянцайн бие засрах шинж ер үгүй, харин улам ч доордож, нүд нь бүргэлзэн элс тоос болсон унь тооно эргэлдэн, газар дэлхий дайвалзаж байх шиг боллоо. (Б.Н)

   ボヤンツァイの体調が回復する気配は全くなく、むしろますます悪化し、目がくらみ、ほこりまみれになったゲルの屋根の垂木や天窓がぐるぐる回り、地面がぐらぐら揺れているようだった。

   Хамаг хар хөлс цуваад, бие салганаж нүд эрээлжлээд, тааз дайвилзаад ирэв. (Б.Да)

   全身汗が流れ、体が震え目まいがして、天井がぐらぐら揺れ動いてきた。

142. ДАЙВИЙ- → ДАЙВАЙ-

143. ДАЛБАЙ-

1. [物の先端：大きい、広い、平ら、見かけの悪い]
   (「だだっ広い」、「だぶだぶ」)
2. [人や動物の耳：大きい、平ら、薄い] (「だだっ広い」、「ばたばた」)

1. Урт хормой нь газар шүргэж, том нударга нь далбалзан харагдана. (Б.Н)
   長い裾が地面を擦り、袖口の大きな折り返しがだだっ広く見える。

2. ... бас эрхийн чинээ модгор сүүлтэй, төө хирийн далбагар чихтэй юм. (Д. Но 2)
   …（プードル犬は）さらに親指大のちょこんと短い尻尾、一あた大の
   だだっ広い耳をしている。

144. ДАЛБИЙ-

1. [物（帽子のひさし、皿など）：大きい、平ら、見かけの悪い]
   (「だだっ広い」、「広口の」)
2. (転) [人の行為（далбиганах, далбилзах という動詞で）：機嫌を取る、
   こびる] (「ぺこぺこ」、「ごまをする」)

1. Дамбий үхрийн зузаан өрөмнөөс далбигар аягандаа авч хийгээд чимээ
   чагнав. (Л.Т)
   ダンビーは、牛乳の厚いウルム（皮膜）を広口の茶碗に取って入れて
   から、耳を澄ました。

2. Даргаа хараад далбиганадаг хүн хаана ч байдаг шүү дээ.
   自分の上司を見て、ぺこぺこする人はどこにでもいるんだよ。

145. ДАЛЖИЙ-

1. [物（荷物など）：傾く、一方へ、固まる] (「ぐらっ」)
2. [人や動物の体の一部（頭、首など）：傾く、一方へ、固まる]
   (「ぐにゃっ」、「かしげる」)
3. (転) [人の行為（далжганах という動詞で）：こびる、軽率]
   (「ぺこぺこ」、「顔色をうかがう」)

1. Тэргэн дэх ачаа далжийсныг засав.

荷車の荷物が一方へぐらっと傾いたのを直した。

2. Ах аа, та хүн үү? гэж толгойгоо далжийлган нүдээ жартайлган ширтэж байгаад асуув. (Ч.Л)

「兄さん、あなたは人間なの」と頭を横に傾けながら目を細め、じっと見つめてから尋ねた。

3. Баян, захирагчийн ам руу яс горьдсон нохой шиг далжганан ширтэж байлаа. (Ч.Л)

バヤンは、長官の口の方を骨を当てにした犬のように、顔色をうかがいながら見つめていた。

146. ДАЛИЙ-

1. ［物（釘、棒など）：傾く、一方へ、固まる］（「ぐにゃっ」、「ゆがむ」）

2. （転）［人の行為（далилзах という動詞で）：こびる、軽率］
   （「ぺこぺこ」、「顔色をうかがう」）

1. Тэрэгний арал далийжээ.

荷車のかじ棒がぐにゃっとゆがんでいる。

2. Өмнөөс нь инээмсэглэн харж байгаа бүсгүйг тачаангуйн гал нь оволзсон хоёр онигор нүдээр ширтэн зогсож байгаа ламыг харахад хоол барьсан хүний гарыг ширтэн маасганан далилзаж байгаа эрх хав шиг байлаа. (Ч.Л)

前の方からにっこりと見ている女性のことを、欲情の火が燃え上がった両方の細い目で見つめながら立っているラマ僧を見ると、まるで食事を持った人の手を見つめ、にたにたして顔色をうかがっている甘えん坊の子犬のチンのようだった。

147. ДАМБАЙ-

［物や体の一部（フェルト、唇など）：厚い、膨らむ］
（「ぽてっ」、「厚ぼったい」、「分厚い」）

Энэ хүйтэнд дамбагар эсгий гутал л хэрэгтэй дээ.

この寒い時に、分厚いフェルト製の靴こそ役立つんだよ。

148. ДАНАЙ-

1. ［人や動物の体：大きい、威厳のある、格好のよい］（「威風堂々と」）
2. ［物（大きさや量など）：大きい、広い、見事］（「どでかい」、「莫大な」）
3. （転）［人の態度（даналзах という動詞で）：うぬぼれる、傲慢、振舞う］
   （「高飛車に出る」）

1. Данхайсан эвэртэй данайсан буга зогсч байлаа.
   ばかでかい角のある、威風堂々とした鹿が立っていた。

2. Аварга малчин Пунцагийн найман ханат данагар цагаан өргөө. (С.Б)
   模範的な牧民ポンツァグの八枚壁の大きくて見事な白いゲル。

3. "Чи чинь яасан лойчихсон эр вэ" гэхчилэн даналзаж гарав. (Цог)
   「おまえは何て無能な男なのか」などと高飛車に出だした。

149. ДАНХАЙ-

1. ［人や動物の頭、物の上部：大きい、目立つ、不釣合い］
   （「どかん」、「ばかでかい」、「頭でっかち」）
2. ［動物や物：太い、大きい、厚い］（「ぽてっ」、「ばかでかい」）
3. （転）［人の態度（主に男性に対して）（данхалзах という動詞で）：傲慢、
   威厳のある、振舞う］（「肩で風を切る」）

1. Сийрсэн малгай данхар толгойдоо өмсөөд ... (Б.Б 2)
   麦わら帽子をばかでかい頭にかぶり…。
   Гэрийнхээ хоймор дагнайн сууна. (С.Э 2)
   ゲルの上座で、どかんと座っている。

2. Данхайсан сүүлтэй ирэг. (С.Даш)
   ぽてっとした大きな尻尾をもつ去勢羊。

3. Юндэн мориноосоо бууж данхалзан алхсаар Ша түшмэлийн өмнө тулж
   очоод ... (Б.Н)
   ユンデンは馬から下り、肩で風を切りながら歩き続け、シャー役人の
   前に向かい出て…。

150. ДАРАЙ-

1. ［物（革、布、紙、フェルトなど）：硬い、厚い、平ら］
   （「ごわごわ」、「がさがさ」）

2. ［柔らかい物（洗濯物など）：濡れる、凍る（乾く）、硬い］
（「かちかち」、「かちんかちん」）

1. ... бүдүүн хар гэзгээ <u>дарайсан</u> хуучин хөх ямбуу алчуураар шуужээ. (Ч.Л)
…太い黒髪を、ごわごわした古びた紺色のキャラコ製のバンダナで上に束ねていた。

2. <u>Дарайтал</u> хөлдсөн нойтон хувцас халуун гэрт орохоор эхлээд гэсч, хөрний илчинд төд удалгүй хатна. (Б.Д)
かちかちに凍った濡れた服は、暑い家の中に入れると、最初は溶けて、煉瓦状に固めた小型家畜の糞の熱ですぐに乾いてしまう。

151. ДАРВАЙ-

1. ［人や動物の唇：（マイナスイメージで）大きい、厚い、垂れる］
（「ぽってり」、「ぽってり」、「たらこ唇」）

2. ［人や物の口：大きい、広がる、外へ］（「ぱっくり」）

1. <u>Даравгар</u> уруулыг тод өнгөөр будах нь зохимжгүй.
ぽってりした厚い唇に、鮮やかな色で口紅を塗るのは、ふさわしくない。

2. Хоёр завьж нь мэлхийн ам шиг чихэндээ тултал <u>дарвайж</u> ... (Б.Р)
口角がカエルの口のように耳に届くまでぱっくり開いて…。

152. ДАРДАЙ-

［物（布、皮など）：硬い、平ら、乾く］（「ごわごわ」、「がさがさ」）
<u>Дардайн</u> хөшилдсөн брезент хувцас биеийг нь барьж ... (С.Л 2)
ごわごわに硬くなった防水布の服が体にきつくて…。

153. ДАРСАЙ-

［布製の物（服など）：濡れる、凍る（乾く）、硬い］
（「かちかち」、「かちんかちん」、「ごわごわ」）
Хөлсөнд нэвтэрсэн хувцас нь хөлдөж <u>дарсайгаад</u> биенээс нь хөндийрөхөд аяндаа жихүүцүүлж эхэллээ. (Б.Н)
汗でびっしょりになった服が凍ってかちかちになり、体から離れると自然にぶるぶる寒気がしだした。

154. ДАРХАЙ-

［物や人の体：大きい、雄大、圧倒］

（「巨大な」、「ばかでかい」、「図体の大きな」）

Архайж дархайсан ийм том эр хүнийг чинь ер нь яаж далдлах ёстой юм бэ? (Б.Н)

図体のばかでかいこんな大男を、一体どうやって隠すべきなのか。

155. ДАЯИЙ-

［細長い物（脚など）：突き出る、開く、外へ］（「八の字」）

Даягар хөлтэй ширээ.

脚が八の字に曲がった机。

156. ДОДИЙ-

1. ［人の感情：満足する、自信のある、穏やか］（「にんまり」、「自信満々」）
2. （転）［人の態度：うぬぼれる、傲慢、振舞う］
       （「大きな顔をする」、「胸を張る」、「ふんぞり返る」）

1. Шалгалтаа амжилттай өгсөн оюутнууд додигор сууцгаана.
   試験を好成績で受けた学生たちは、にんまりとして座っている。

2. Мань эр манжийн талд орчихоод их додигор явсан боловч, санаа сэтгэл нь бас л гутрангуй явлаа. (С.Даш)
   彼は清朝側に立って、とても大きな顔をしていたが、内心はなお悲観的だった。

157. ДОЁИЙ-

1. ［細長い物（歯など）：突き出る、一部、外へ］（「外れる」、「飛び出る」）
2. （転）［人（доён という名詞で）：（マイナスイメージで）一人だけ、仲間のいない］（「一人ぼっち」、「一匹狼」）

1. Удахгүй найзынхаа давхар баярыг тэмдэглэнэ гээд инээтэл бусдаас доёийж буруу ургасан орсгой шүд нь ил гаран харагдав. (Ш.Ц)
   もうじき友達の二重の喜びを祝うんだと言って笑うと、他よりも飛び出て曲がって生えた出っ歯があらわになって見えた。

2. Олонгүй бол доён. (Л.Т)

仲間がいなければ、一匹狼だ。

158. ДОЛЖИЙ-

[対の一方（角など）（должир という名詞で）：傾く、左右]（「不ぞろい」）

Должир эвэртэй бололтой амьтан цаашаа явж байлаа.

不ぞろいな角を持っているような動物が向こうへ走って行った。

159. ДОЛИЙ-

1. ［人の目：不ぞろい、異なる、片寄る］
（「斜視」、「ひんがら目」、「ロンパリ」）

2. (転)［人の行為（долигонох という動詞で）：特別視する、機嫌を取る］
（「ぺこぺこ」、「こびへつらう」、「顔色をうかがう」）

1. Дарга руугаа долир нүдээр ширвэн харав. (Л.Т 2)
自分の上司を斜視の目でにらみつけた。

2. Энэ бор гэрийн дотор намайг хүндэлж байгаа хүн цөм баян чадалтайд минь аргагүй долигонон зулгуйдаж байгаа нь аргагүй шүү дээ. (Б.Р 5)
このおんぼろのゲルの中で、私を敬っている人は皆、私が金持ちで力があるから、仕方なくぺこぺこへつらっているのは当然だよね。

160. ДОМБОЙ-

1. ［人の体の一部（額、唇など）：膨らむ、突き出る、厚い］
（「ぽてっ」、「厚ぼったい」）

2. (転)［人の行為：座る、黙る、静か]（「しーん」、「黙り込む」）

1. Уруул чинь яагаад домбойчихоо вэ?
君の唇は、どうしてぽてっと腫れてしまったのか。

2. Чи чинь танихгүй айлд ирж байгаа юм шиг яагаад домбойгоод байгаа юм бэ? (Ш.Ц)
君は、見ず知らずの家に来ているかのように、どうして黙り込んでいるのか。

161. ДОНЖИЙ-

1.［物：細い、小さめ、不安定]（「小さくてバランスが悪い」）

2. (転) ［人の態度（主に女性に対して）：傲慢、からかう、振舞う］
（「つんつん」、「つんと澄ます」、「気取る」）

1. Наад малгай чинь донжийгоод чамд ерөөсөө зохихгүй байна.
   その帽子は、小さくて落っこちそうで、君には全く似合わない。

2. Ноёны маань бөх уначихлаар, би бөх чинь уначихлаа гээд доогтой
   харцаар шоолсон шинжтэй донжгор байдаг байлаа. (Д.Нэ)
   うちの領主の力士が負けてしまうと、私は「あなたの力士が負けてし
   まったわ」と冷ややかな目つき、からかった様子で、つんと澄まして
   いた。

162. ДОНХОЙ-

1. ［人や動物の頭、物の上部：大きい、著しい、首（胴が）長い］
   （「頭の大きい」、「頭でっかち」、「ばかでかい」）

2. (転) ［人の行為（帽子に対して）（донхойлгох という動詞で）：かぶる、
   前に、斜め、浅い］（「浅く斜めにかぶる」）

1. Хөсгийн түрүүнд донхолзон явсан Дамбийтай Цамба зэрэгцэн ирээд ...
   (Л.Т)
   馬による運搬の先頭を、ばかでかい頭を横に揺らしながら行くダン
   ビーとツァンバは並んでやって来て…。

2. Малгайгаа донхойлгон өмссөн залуучууд наадам үзэхээр давхицгаав.
   帽子を浅く斜めにかぶった若者たちは、ナーダムを見に馬を走らせた。

163. ДОРВОЙ-

［人や動物の唇：（マイナスイメージで）厚い、突き出る、垂れる］
（「下唇を突き出す」）

Уруулаа дорвойлгон цомцойн сууж тамхиа татна. (С.Д 2)
下唇を突き出し、ちょこんと座ってタバコを吸っている。

164. ДОРДОЙ-

1. ［物（唇、板など）：突き出る、一部、上下いずれかに］
   （「にゅっ」、「にょっ」、「にょきっ」）

2. ［柔らかい物（フェルト、皮など）：乾く、反る、一部、上に］

（「ごわごわ」、「がさがさ」）

1. Тэмээд дордгорууруулаа унжуулан зогсоно. (МУШУА)
   ラクダたちは、にょっと突き出た唇を垂らしながら立っている。

2. ... их гэрээс гучаад алхамд бариатай, баруун хаяа нь дордойсон жижиг гэрээ хараад хөмсөг нь буулаа. (Ш.С)
   …大きなゲルから三十歩くらい離れた所に建てた、右側壁の下端がごわごわした小さな自分たちのゲルを見て、彼女は眉尻を下げた。

165. ДОРСОЙ-

［人や動物の歯：突き出る、一部、外へ］（「出っ歯」）

Зузаан барвигар уруултай ам нь их ангайж, том шар ногоон шүднүүд дорсойлгоод ... (Ж.Д)

ぽてっと分厚い唇をした口が大きく開き、大きな黄緑色の出っ歯を見せて…。

166. ДОХИЙ-

1. ［細長い物（木、竿など）：曲がる、弾力のある、四方八方へ］（「しなしな」、「たわむ」）

2. ［人や動物の体：やせ細る、腰が曲がる、元気のない］（「がりがりで腰の曲がった」）

3. （転）［人の行為（дохигонох, дохилзох という動詞で）：機嫌を取る、こびる］（「ぺこぺこ」、「ごまをする」）

1. Нарны наана түрүүгээ гудайлгасан хэдэн тариа дохилзон байв. (С.Э 2)
   太陽の日差しを浴び、穂のうなだれたいくつかの穀物がたわんでいた。

2. Дохийтлоо турж орхисон байна. (Цог)
   がりがりで腰が曲がるまで、やせ細ってしまったのだ。

3. Тэр дохилзон сөгдөнө. (Ж.Л)
   彼はぺこぺこしながら、ひざまずいている。

167. ДӨВИЙ-

1. ［牛乳：沸く、表面が膨らむ、上へ］（「ぽこっ」、「ぽこん」）

2. （転）［人の行為（дөвийлгөх という動詞で）：ほめる、誇張する］

（「過大評価する」、「買いかぶる」）

1. Ээж сүүгээ дөнгөж <u>дөвиймөгц</u> л гуулин шанагаа барин самарч гарна. (Л.Д)
   母は、牛乳が煮立ち表面がぽこっと膨らむやいなや、真鍮のしゃくしを手に持ち、かき混ぜだす。

2. Хангарьдаас дутахгүй зоригтой, сүрлэг сайхан эр гэж өөрийгөө <u>дөвийлгөж</u> бодсон. (Л.Д 2)
   ハンガリド（人名）に引けを取らないほど勇敢で、威風堂々とした男だと自分自身を過大評価して思った。

168. ДӨМБИЙ- → ДҮМБИЙ-

169. ДӨНДИЙ- → ДЭНДИЙ-

170. ДУРАЙ-

1. ［物：見える、鮮明］（「くっきり」、「はっきり」）
2. （転）［記憶、描写、表現など：思い浮かぶ、鮮明］
   （「はっきり」、「生き生きした」、「生々しい」）

1. ... хөрстийн зоон дээр <u>дурайх</u> хүлэг морьдын туурайн мөр давхцан үлдэж байлаа. (Со.П 4)
   …地面の上に、くっきりと何頭かの馬の蹄の跡が重なり残っていた。

2. Нагац эмгэн ээжийн маань хэлсэн үг, унтарсан зул гэнэт бадрах мэт <u>дурайтал</u> бууж ирлээ. (Д.Ма 2)
   うちの母方のお婆ちゃんの言った言葉が、消えた燭台の火が突然燃え上がるかのように、はっきりとよみがえってきた。

171. ДУРВАЙ-

［衣服（生地など）：伸びる、垂れる、見かけの悪い］
（「よれよれ」、「型崩れする」）

Угаасан ноосон цамц <u>дурвайж</u> дахин өмсөх аргагүй болжээ.
洗ったセーターがよれよれになり、二度と着れなくなってしまった。

172. ДУХАЙ-

1. ［物の上部（岩など）：傾く、前方へ、突き出る］（「前のめり」、「前傾した」）
2. （転）［人の行為（帽子に対して）（духайлгах という動詞で）：かぶる、
    額の上に］（「額の上にかぶる」）
3. （転）［人の行為：顔を下げる、目を上げる、見る］（「上目づかい」）

1. Голын хөвөө руу өнгийн духайсан хадтай уулын өвөрт нэг агуй байдаг
    юм.
    川岸の方へ上から前のめりに突き出た岩山の南斜面に、一つの洞穴が
    ある。

2. Саравчтай малгай духайлгасан нь нэг л этгээд харагдана.
    ひさし付きの帽子を額の上にかぶったのが何か奇妙に見える。

3. Залуу эр босон ширээн дээр нударга зангидан тулаад нэгэн хувь
    чимээгүй духайн зогсов. (С.Э 3)
    若い男が腰を上げ、机の上にこぶしを握りながら手をついて、しばら
    く黙って上目づかいに見ながら立った。

173. ДҮМБИЙ-

1. ［物（山、額など）：丸い、盛り上がる］（「ぽこん」、「半球形の」）
2. （転）［人の性格：（プラスイメージで）黙る、物静か、落ち着いた］
    （「寡黙な」、「口数の少ない」）

1. ... хөмрөөд тавьчихсан шаазан адил дүмбэгэр цагаан уул үзэгдэнэ. (Л.Т)
    …引っくり返しておいた陶器茶碗のようにぽこんとした半球形の白い
    山が見える。

2. Хүмүүсийн ярьдаг шиг ч тийм дүмбийсэн томоотой хүн байгаагүй дээ.
    (Ш.С)
    人々が話すように、それほど寡黙でおとなしい人ではなかったよ。

    Жолооч маань ганц ч үг дуугаралгүй дөмбийн жолоогоо мушгин хөмсөг
    зангидан явсан. (Л.Д)
    うちの運転手は、一言もしゃべらず、だんまりしたままハンドルを回
    し、眉をしかめながら車を走らせた。

174. ДҮНСИЙ-

1. ［天気：薄暗い、はっきりしない］（「どんより」）
2. ［周囲の様子：静か、寂しい、人のいない］
   （「ひっそり」、「しん」、「しーん」）
3. （転）［人：静か、黙る、無表情］（「ぼんやり」、「憂うつな」）

1. ДҮнсгэр шөнийн чимээгүй дунд шар шувуу хүн шиг тачигнатал хөхөрнө. (Д.М)
   どんよりした夜の静寂の中で、フクロウは、人間のようにホーホーと大笑いしている。

2. Хөдөө нутгийн байгаль нам гүмхэн дҮнсийнэ. (С.Л 3)
   田舎の自然は、静寂でひっそりとしている。

3. Гэтэл эхнэр нь тэр дохиог ер анхаарах шинжгүй задгай галын хурц дөл ширтэн дҮнсийн сууна. (Б.Н)
   ところが、彼の妻は、その合図に全く気づく気配もなく、焚き火の激しい炎をじっと見つめながら、ぼんやりと座っている。

175. ДҮНХИЙ-

1. ［自然（山や岩など）：大きい、高い、威厳のある］（「どっしり」）
2. （転）［馬の背中：（プラスイメージで）太い、厚い、四角い］
   （「がっちり」、「筋骨隆々」）

1. Атас богдын нуруу маань нэг мэдэхэд тун ойрхон дҮнхийж харагдана. (Ж.Д 2)
   わがアタス・ボグド山脈は、気がつくと、とても近くにどっしりと見える。

2. Тэр дҮнхэр хээр морийг уургалаад ир.
   そのがっちりした栗毛の馬を馬捕り竿で捕まえてこい。

176. ДҮРЛИЙ-

［人の目：大きい、丸い、見る、一時的］（「ぱっちり」、「ぎょろり」）
Түүний царайнаас баяр, жаргал, үлэмжийн хайрын гэрэл цацарч дҮрлэгэр хар нүд нь бахдалаар дүүрэн цавчилна. (Ч.Л)
彼女の顔から喜び、幸せ、大いなる愛情の光が放たれ、ぱっちりした

黒目が喜び一杯にぱちぱち瞬きしている。

177. ДҮҮЖИЙ-

1. ［物（取っ手など）：細い、もろい、不安定］（「きゃしゃ」、「ほっそり」）
2. （転）［人や動物の体：より細い、弱々しい、不安定］
   （「きゃしゃ」、「ひょろっ」、「か細い」）
3. （転）［人や動物の行為（дүүжигнэх という動詞で）：よろめく、バラ
   ンスの悪い］（「ふらふら」、「よろよろ」）

1. Бид дүүжийсэн бариултай төмөр хувингаар ус зөөлөө.
   私たちは、ほっそりした取っ手のついた鉄のバケツで水を運んだ。
2. Дүүжийсэн өндөр туранхай замын цагдаа эрээн модоороо дохиж ... (Ц.Б)
   ひょろっとした背の高いやせこけた交通巡査が警棒で合図し…。
3. Шүд зуун дүүжигнэн зогсоод байлаа. (Н.Б)
   歯を食いしばって、ふらふらしながら立っていた。

178. ДҮҮХИЙ-

1. ［馬の姿：大きい、背の高い、元気］（「威勢のいい」、「元気のいい」）
2. （転）［人の態度（主に女性に対して）（дүүхэлзэх という動詞で）：胸
   を張る、傲慢、振舞う］
   （「さっそう」、「りりしい」、「きりっとした」）

1. Унаж явсан морь минь уяан дээр эргэлдэн дүүхэлзэж, эзэн намайгаа
   хүлээж байлаа ... (Б.Н)
   乗っていた私の馬は、馬のつなぎ紐のところで、ぐるぐる回りながら
   威勢よく主人の私を待っていた…。
2. Чимэг гэж үргэлж инээмсэглэж явдаг дүүхэлзсэн гоё хүүхэн бий.
   チメグといういつもにこにこしている、さっそうとした美しい女性が
   いる。

179. ДЭГДИЙ-

1. ［物（主に子供の服など）：短い、著しい、合わない、かわいい］
   （「ちんちくりん」、「つんつるてん」）
2. （転）［人の感情（дэгдгэнэх という動詞で）：浮わつく、不安定、軽率］

（「そわそわ」、「ふわふわ」、「うきうき」）

1. Дэгдгэрхэн хормойтой дээл болж дээ. (УЗУ)
   ちんちくりんな裾のデールになったね。

2. Тэгэхдээ сэтгэл нь юунд ч юм их л хөөрөн дэгдгэнэсэн байлаа. (Д.Э)
   しかし、気持ちがなぜだかひどく興奮してそわそわしていた。

180.　ДЭГНИЙ- → ДЭНХИЙ-

181.　ДЭДИЙ-

1. ［物（子供の服など）：短い、窮屈、合わない］
   （「短くてきちきち」、「短くて窮屈な」）
2. ［物（皮など）：小さい、非常に］（「ちっちゃな」、「ちっぽけな」）

1. Бяцхан охин дэдгэр ягаан дээлдээ их л хайртай байлаа.
   幼い娘は、短くてきちきちなピンクのデールがとても大好きだった。

2. Ийм дэдгэр арьсаар юу ч хийсэн хүрэлцэхгүй шүү.
   こんなちっちゃな皮で何を作っても足りないぞ。

182.　ДЭЛБИЙ-

［物（耳、帽子のひさし）：大きい、平ら、薄い］
（「だだっ広い」、「つば広の」）

Өвдөг хүрэм гүн ус шавар дотор дэлбэгэр сийрсэн малгайтай тариачин
нар цагаан будаагаа тарьж, ажиллаж байна. (Ц.Д)
膝までつかるくらい深い水や泥の中で、つば広の麦わら帽子をかぶっ
た農民たちが米を植えて働いている。

183.　ДЭЛДИЙ-

1. ［人や動物の耳：大きい、突き出る、薄い］（「ぴん」、「耳の大きな」）
2. （転）［人の行為（дэлдгэнэх という動詞で）：機嫌を取る、こびる］
   （「ぺこぺこ」、「ごまをする」）

1. Дэлдэн туулай дэгджээ. (Б.Б 3)
   耳がぴんと突き出たウサギは、ぴょんぴょん跳ねた。

2. Дээшээ дэлдгэнэдэггүй. (Б.Б 3)

上の者に決してぺこぺこしない。

184. ДЭЛЧИЙ-

1. ［人や動物の耳：（冷やかしの意で）大きい、突き出る、薄い］
   （「ぴん」、「耳のばかでかい」）
2. （転）［人の態度（子供に対して）（дэлчигнэх という動詞で）：じっ
   としていない、落ち着きのない］（「やんちゃな」、「腕白な」）

1. Тэр дэлчгэр залуу чинь манай хүүгийн ганц сайн найз нь.
   その耳のばかでかい若者は、うちの息子の唯一の親友だ。

2. Манай ангид Болд гэж дэлчигнэсэн жаал байж билээ.
   うちのクラスに、ボルドというやんちゃ坊主がいたんだよ。

185. ДЭНДИЙ-

［物の上部：大きい、位置が高い、不安定］
（「上部が大きくて位置が高い」、「上部のバランスの悪い」）
Дэндгэр саравчин доор ажиллаж байгаа хэсэг хүмүүс дээр очив. (Ж.П)
ひさしが大きくて高い小屋の下で働いている一群の人々の所に行っ
た。

186. ДЭНЖИЙ-

1. ［物（荷物など）：大きい、位置が高い、不安定］（「ふらふら」、「ぐらぐら」）
2. （転）［人の暮らし（дэнжгэнэх という動詞で）：不安定、危険、不安］
   （「ひやひや」、「危なっかしい」、「薄氷を踏む」）

1. Тогоотой усыг өргөж толгой дээрээ дэнжгэнүүлэн хоёр гараараа түшин
   донхолзуулан алхав. (Л.Т)
   鍋に入った水を持ち上げ、頭の上でふらふらさせながら両手で支え、
   横に揺らしながら歩いた。

2. Үхэл амьдралын дэнсэн дээр дэнжгэнэн явсан. (Б.Н)
   生死の境で、非常に危険な状態にさらされていた。

187. ДЭНХИЙ-

1. ［人や動物の体の全体、一部（頭など）：大きい、目立つ、不釣合い］

(「頭でっかち」、「ばかでかい」)

2.［物の上部：大きい、位置が高い、不釣合い］
（「盛り上がる」、「上に出っ張る」）

1. Энэ том дэнхэр толгой дотроос ус ч гарч болно тос ч гарч болно. (Ц.Д)
   この大きな出っ張った頭の中から、水が出ることもあり得るし、油が
   出ることもあり得る。

   Аргал янгир шиг дэгнийсэн, Аргил мод булга үсэрч байхад ... (Б.О)
   野生羊や野生山羊の角のように、ばかでかい太い木が根こそぎ倒れて
   いるのに…。

2. Дэнхгэр ачаатай хөтөлгөө мориныхоо урд орж ... гүн бодолд автсан
   шинжтэй гэлдэрнэ. (Ж.Д 2)
   大きく盛り上がった荷物を積んだ予備の馬の前に入り…深い物思いに
   ふけった様子でゆっくり歩いている。

188. ДЭРВИЙ-

1.［人や動物のまつ毛：（プラスイメージで）長い、曲がる、外へ］
   （「反り返る」、「ひらひら」）
2. （転）［布、革製の物（裾、帽子のつばなど）：広がる、突き出る、外へ］
   （「ひらひら」、「ばたばた」、「つば広の」）
3. （転）［赤ん坊の姿：手足を動かす］（「ばたばた」）

1. Урт сормуус нь хааяа хөдөлж, нялх арвайн түрүү шиг дэрвийнэ. (Л.Д)
   彼女の長いまつ毛が時折動き、生えたばかりの大麦の穂のようにぐん
   と反り返っている。

2. Түүний дэрвэгэр хүрээтэй мөөгөн цагаан малгайн сүүдэр мөрөн тушаа
   нь харланхан тусчээ. (Д.Ц)
   彼女のつば広の縁のついた、きのこ型の白い帽子の影が、彼女の肩あ
   たりに黒っぽく映っていた。

3. Гал өрдөж орхиё дэрвэлзэж л байг, эр хүн дээ хө гээд Төмөр эргэж гал
   түлэв. (Ч.Л)
   「火を大きく燃やしておこう。手足をばたばたさせておけ、男なんだ
   からなあ」と言って、トゥムルは戻って火を焚いた。

65

189. ДЭРДИЙ- → ДАРДАЙ-

190. ДЭРЖИЙ-

1. ［地面：凹凸、砂利の多い、硬い］（「がたがた道」、「砂利道」）
2. （転）［人の態度（主に若い男性に対して）：落ち着きのない、軽薄］
（「ちゃらちゃら」、「へらへら」）

1. Дэржгэнүүртэй замаар ер сааталгүй давхисаар байлаа. (Н.Б)
がたがたな砂利道を全く支障なく飛ばし続けていた。

2. Чимгээ нэгэн дэржгэр цагаан залууг хэдэн сар дагаж гүйв. (П.Л)
チムゲーは、あるちゃらちゃらした色白の若者に数か月間付きまとった。

191. ДЭРИЙ-

［物：硬い、薄い、こわばる］（「ぱりぱり」、「ごわごわ」、「かちかち」）
Цоо шинэ цагаан цамцны дэргэр цардмал захан доогуур намайг
зангиагаа арай ядан шургуулж зогстол ... (Ц.До 5)
真っ新なワイシャツのぱりぱりに糊で固めた襟の下に、私がネクタイ
をやっとのことで通して立っていると…。

192. ДЭРЛИЙ-

［人の目：大きい、丸い、見る、連続的に］（「じっと」、「まじまじ」）
Хүүгээ ороход Эрдэнэ хэвтэж байснаа өндийж магнай дээр нь үнссэнээ
дэрлэгэр нүднээс нь тунгалаг хар нулимс дуслав. (Ч.Л)
息子が入ってきた時、エルデネは横になっていたが起き上がり、息子
の額の上にキスするや、まじまじと見つめた彼の目からは、澄んだ黒
い涙がぽたぽた落ちた。

193. ДЭРМИЙ-

［人の耳：大きい、薄い、硬い］
（「ぺらぺらでどでかい」、「薄っぺらで大きい」）
Дэрэмгэр том чих, хонин бор нүдтэй том бандийг дагуулсан ажээ. (Ц.У)
薄っぺらで大きな耳、羊のような茶色の目をした体の大きな男の子を

連れていたのだ。

194. ДЭРЧИЙ- → ДЭРМИЙ-

Е

---

195. ЕЛХИЙ-

1. ［服：（マイナスイメージで）大きい、たるむ、合わない］
   （「だぶだぶ」、「だぼだぼ」）
2. ［人や動物の腹：大きい、膨らむ、垂れる］（「ぱんぱん」、「太鼓腹」）

1. Шинэ дээлийнх нь ханцуй, нударга елхийсхийжээ.
   彼の新しいデールの袖と袖口の折り返しが、少しだぼだぼしているね。
2. Тэр елхгэр алаг үнээг Дамба гуайнд хүргэж өгнө.
   あの太鼓腹の斑の雌牛を、ダンバさんの所に届けてあげるのだ。

196. ЕЭТИЙ- → ЭЭТИЙ-

Ё

---

197. ЁДОЙ-

1. ［細長い物（竿など）：突き出る、目立つ、一つ］（「にゅっ」、「にょきっ」）
2. （転）［木：（マイナスイメージで）葉も花もない、一本だけ］
   （「一本の枯れ木」）

1. Ууроаны үзүүр байн байн ёдгонох нь холоос харагдана. (Л.В)
   馬捕り竿の先が、度々にゅっと突き出るのが遠くから見える。
2. Ёдор модноос даавуу бүс, утас болон бусад зүйлийг сэгсийтэл нь уясан

67

харагдана. (Б.Р 3)

一本の枯れ木に、布の帯、糸や他の物がぼうぼうになるまで結んであ
るのが見える。

198. ЁЛБОЙ-

1.［光（ランプなど）：（マイナスイメージで）弱い、放つ、不鮮明］
（「かすかに光る」、「うっすら光を放つ」）

2.（転）［生地（絹など）：きめの粗い、質の悪い、薄い］（「粗悪な」）

3.（転）［人の体調：弱々しい、力のない］（「ぐったり」）

1. Цонхоор тусах ёлбогор гэрэлд үл мэдэг гялтганана. (Л.Т 3)

窓から差すかすかな光に、ほんのわずかに輝いている。

2. Энэ ёлбогор торго нэг дээлэнд ч хүрэхгүй юм байна.

この粗悪な絹は、一着のデールにも足りないのだ。

3. Өвгөн ойрдоо бие ёлбойгоод гэээд эртхэн орондоо орлоо.

老人は、最近体がぐったりしてと言って、早めに床に就いた。

199. ЁЛОЙ-

［光（ランプなど）：（マイナスイメージで）弱い、放つ、不鮮明］
（「かすかに光る」、「うっすら光を放つ」）

Уурхайн хонгилд эргэн тойрон хав харанхуй агаад анир чимээгүй,
зөвхөн цэгийн төдий өчүүхэн гэрлийг ёлойлгоно. (С.Л 2)

炭鉱のトンネルでは、周囲が真っ暗でしーんと静まり返り、ただ一点
だけ小さな光をかすかに放っている。

200. ЁЛТОЙ-

1.［光（ランプなど）：（マイナスイメージで）弱い、放つ、不鮮明］
（「かすかに光る」、「うっすら光を放つ」）

2.（転）［物（水など）：（マイナスイメージで）反射する、弱々しい、光る］
（「かすかに光を放つ」）

3.（転）［人の目（ёлтолзох, ёлтолзуулах という動詞で）：（マイナスイメー
ジで）弱々しい、元気のない、光る］
（「目に生気がない」、「目が死んでいる」）

1. Нар гэрэл гэгээ муутай бүдэг өнгөөр ёлтойх нь утаа униар дунд байгаа
юм шиг санагдана. (Ч.О)
太陽が輝きのないぼんやりした色でかすかに光るのは、煙霧の中にい
るように思われる。

2. Борооны уснаас тогтсон жижиг нуурууд тахилын ус шиг ёлтойлцоно.
(Г.Д)
雨水からできた小さな湖沼は、供物用の水のようにかすかに光を放っ
ている。

3. Харин баярлачихсан янзтай нүдээ ёлтолзуулах нь их л эгдүүтэй
харагдана. (Цог)
しかし、すっかり喜んだ様子で目を弱々しく光らせるのは、とても嫌
らしく見える。

201. ЁЛХОЙ-

［人や動物の腹：大きい、締まりのない、突き出る］
（「だぶだぶ」、「ぶよぶよ」、「ぶくぶく」）

Залуугаараа гэдэс сууж ёлхойх янзтай, бас нэлээд зузаарсан байлаа. (Б.Р 2)
若いのにお腹が出てぶよぶよしそうで、またずいぶん肥えていた。

202. ЁЛЦОЙ-

1. ［物（泥など）：（マイナスイメージで）柔らかい、水気のある、粘り
   気のある］（「どろどろ」、「ぐにゃぐにゃ」、「べちゃべちゃ」）
2. （転）［人の体調：元気のない、弱る、すぐれない］
   （「しゃきっとしない」、「すっきりしない」、「へなへな」）

1. Морьтойгоо ёлцойсон шавартай газраар гарав. (З.Б 4)
   自分の馬とともに、べちゃべちゃした泥地を通って行った。
2. Ээжийн минь бие ёлцойгоод л ер өөдлөхгүй байж билээ. (Ц.Д 4)
   うちの母は、体がしゃきっとしないまま全く良くならなかったんだ。

203. ЁМБОЙ-

［物：突き出る、小さい、丸い、上へ］（「ぽこん」、「ぽこっ」）

Ойртоод иртэл хажуугийн хамар дээр босгосон мануухай нь ёмбойж харагдав. (Ц.У)

近づいてくると、横の小高い山の上に立てたかかしが、ぽこんと突き出て見えた。

204. ЁНДОЙ-

1. ［物：突き出る、高い、目立つ、不安定］（「ぽこんと高く突き出た」）
2. ［人や動物の体（臀部、腰など）：位置が高い、骨が突き出る、目立つ］（「腰高な」）

1. Өндөр ачаан дээр ёндойлгон хүлсэн модон хайрцагаа авч замд үлдэв.(Б.Р 2)
高い荷物の上に、ぽこんと乗せて縛りつけた木の箱を手に取って、道に留まった。

2. Хөгшин хар, хүн ойртоход үргэж зайлах нь бүү хэл, дээр нь мордсон эзэн, угзарч давчин, ёндгор ташаагийн нь ташуураар гуядтал нөгөө өвсөө зулгааж байгаад, дуртай дургүй хөдөлж, гэрийн зүг уухилан янцаглан шогшив. (Б.Н)
年取った黒馬は、人が近づくと驚いて逃げるどころか、上に乗った主人がぐいっと引っ張ってあぶみで打ち付け、馬の腰高の脇腹を鞭打つまで、その草をむしり食んでいたが、否応なしに動き出し、家の方へ息を切らしうなりながら、小走りに駆けた。

205. ЁНТОЙ-

［人の体の一部（頬など）：やせる、出る、高い］

（「ごつごつ」、「角張った」）

Хажуугаас нь харахад туранхай хацар нь ёнтойж, хонгор шар үс нь салхинд ирвэгэнэн хийснэ. (С.Э)

横から見ると、やせこけた頬がごつごつして、淡黄色の髪が風にゆらゆらとなびいている。

206. ЁНХИЙ-

1. ［人や動物の体：やせる、大きい、骨ばる］
（「ごつごつ」、「ごつい」、「いかつい」）
2. ［人の体調：やつれる、衰える、老いる］（「よぼよぼ」）

1. Өндөр ёнхигор шар атандаа майхан саваа тэгнээд ... (А.А.З)

背の高い体のいかつい黄色の去勢ラクダに、テントや容器などを振り
　分けて積み…。

2. Хүүгээсээ хойш эцэж турж, ёнхийгоод царай зүс алджээ. (С.Э 6)
　息子が亡くなって以来、やせ衰え、よぼよぼになって顔色を失った。

207. ЁНХОЙ-

1. [人や動物の体の一部（特に顔、目、口など）：やせる、くぼむ、肉
　付きの悪い]（「げっそり」、「やせこけた」、「くぼんだ」）

2. [人の鼻：鼻柱が突き出る、曲がる、上へ]（「かぎ鼻」、「わし鼻」）

1. "Зүүн талын адгийн нэгийн дээр сууж байсан шонхорхон хамартай,
　ёнхорхон шар ламыг гэж айлтга" гэж хэлэв. (Ц.Д)
　「左側の端から二人目に座っていた、つんと尖った鼻をした、げっそ
　りとこけた黄色い顔のラマ僧のことだと申し上げなさい」と言った。

2. Шар үс, сахалтай, цэнхэр нүдтэй, ёнхор том хамартай бүдүүн гэгч орос
　хүн орж ирэв. (Б.Р 5)
　金髪で髭を生やし、青い目をした、大きなわし鼻の太っちょのロシア
　人が入ってきた。

208. ЁРДОЙ-

1. [細長い物（釘など）：（マイナスイメージで）突き出る、（多くの中か
　ら）一つだけ、目立つ]（「にゅっ」、「にょきっ」）

2. (転)[人の体：（マイナスイメージで）やせすぎ、細い、目立つ]
　　（「がりがり」、「骨と皮」）

1. Үүрсэн урт бууны ам нь дээш ёрдойн харагдана. (Ч.Л)
　背負った長い銃口が、上ににゅっと突き出て見える。

2. Нэг л их өндөр ёрдгор биетэй хүн байлаа. (З.Б 3)
　ひどく背の高い、がりがりの体をした人だった。

209. ЁРЗОЙ-

1. [人や動物の歯：突き出る、一部、外へ、長い]（「出っ歯」）

2. (転)[人の体：（マイナスイメージで）やせすぎ、細い、目立つ]
　　（「がりがり」、「骨と皮」）

1. Үүдэн шүд нь урт ёрзгор бөгөөд тарвагатай төстэй амьтан байлаа.
   前歯が長く出っ張って、タルバガに似た動物だった。

2. Ямар ч амьтан турахаараа хавирга нь ёрзойдог.
   どんな生き物もやせると、あばら骨ががりがりに見えるのだ。

210. ЁХИЙ-

〔人や動物の体：やせる、背の高い、骨ばる〕
（「ごつごつ」、「ごつい」、「いかつい」）

Миний бодсоноос шал өөр ёхигор өндөр, туранхай хүн байв. (Ч.О 2)
私が思ったのとは全く違う、いかつい背の高いやせた人だった。

Ж

211. ЖААТАЙ- → ЖАРТАЙ-

212. ЖАВХАЙ-

1. 〔人や動物の体：細い、均整のとれた、きれい〕（「すらり」、「すらっ」）
2. （転）〔人の行為（жавхалзах という動詞で）：素早い、活発、軽快〕
   （「軽やか」、「身のこなしが軽い」）

1. Гэдсээ татан жавхалзан байгаа жижигхэн хөх бор морио унаад модон дундуур баахан явлаа. (Ц.У)
   お腹が引き締まり、すらりとした体の小さな灰青色の馬に乗って、森の中をずいぶん走った。

2. Жавхалзсан алхаа гишгээнээс нь харвал тийм ч настай хүн биш бололтой.
   軽やかな歩き方から見ると、彼はそんなに年寄りではないようだ。

213. ЖАДАЙ-

〔衣服：窮屈、すき間のない、合わない〕

（「きちきち」、「ぴちぴち」、「きつい」）

Хятад цэргийн жадгар саарал өмд цамц өмссөн. (Ж.П)

中国軍のきちきちで灰色のズボンとシャツを身につけていた。

214. ЖАЙВИЙ-

1. ［物（縁など）：変形する、一方に傾く、古い］

   （「形のゆがんだ」、「ひしゃげた」、「つぶれた」）

2. (転) ［人の姿：姿勢を崩す、体が一方に傾く、座る］

   （「体を斜めにずらして座る」）

1. Ойдов гуай бол ... амыг нь жайвийлгасан хувингаар түлшийг нь

   зөөж ... (Д.Э)

   オイドブさんは…口がゆがんだバケツで車の燃料を運び…。

2. Хүрэн тансар хилэн дээлтэй Лувсанпэрэнлэй ачаагаа хөтлөөд эмээл

   дээрээ жайвийтал хөндлөн суужээ. (Л.Т)

   えんじ色の綿ビロードのデールを着たルブサンペレンレイは、荷物を

   積んだ馬の列を手で引いて、鞍の上で体を傾け横向きに乗っていた。

215. ЖАЙЖИЙ-

1. ［物（主に家具など）：変形する、揺れる、不安定］

   （「ぐらぐら」、「がたがた」）

2. (転) ［靴底：斜め、傾く、すり減る］（「すり減って一方に傾いた」）

1. Муу жайжиг сандал дээр зүүн хөлөө ачиж суув. (Л.Т 2)

   ぐらぐらする椅子の上で、左足を組んで座った。

2. Байнга өмсдөг гутал нь жайжийчихсныг саналаа.

   いつも履いている靴底が一方にすり減ってしまったことを思い出し

   た。

216. ЖАЛДАЙ-

［入れ物（鍋、皿など）：平たい、底の浅い、厚みの少ない］

（「広口の」、「平べったい」、「薄べったい」）

Тэр жалдгар тавгийг аваад ирээч.

その広口の皿を取ってきてね。

217. ЖАРВАЙ-

1. ［人の目：（マイナスイメージで）細長い、横に向ける］
（「流し目」、「横目」）

2. ［天体(星など)（жарвалзах という動詞で）：点滅する、見える、連続的に］
（「ちかちか」、「ちらちら」）

3. (転)［人の行為（主に女性に対して）：気を引く、ふりをする］
（「ぶりっ子」、「思わせぶり」、「色目を使う」）

1. Жарвайсан нүдтэй хүүхэн байлаа. (Г.Б)
流し目をした女性だった。

2. Од мичид анивчин жарвалзсан. (Л.С)
プレアデス星団（すばる）がきらきら光り、ちかちか見えた。

3. Харгах замын боолт болсон, Жарвагар эмийг дарья. (Д.Н)
出会う道の障害となった、色目を使う女をやっつけよう。

218. ЖАРТАЙ-

1. ［人の目：（ずる賢いイメージを含んで）細長い、つり上がる］
（「つり目」、「キツネ目」、「目を細める」）

2. (転)［人の行為（主に女性に対して）（жартганах という動詞で）：気
を引く、ふりをする］（「ぶりっ子」、「思わせぶり」）

1. Ах аа, та хүн үү? гэж толгойгоо далжийлган нүдээ жартайлган ширтэж
байгаад асуув. (Ч.Л)
「兄さん、あなたは人間なの」と頭を横に傾けながら目を細め、じっ
と見つめてから尋ねた。

Би яг одоо муу жаатгар эгчийгээ бодож сууна. (Т.Б 4)
僕はちょうど今、愛しいつり目のお姉さんのことを思っている。

2. Тэдний орчуулагч нь гэж нэг жартганасан охин явна лээ.
彼らの通訳というあるぶりっ子をした若い娘がいたよ。

219. ЖИЙТАЙ-

1. ［人の目：細長い、小さい］（「細目」、「目を細める」）
2. (転)［人の行為（主に女の子に対して）（жийтганах という動詞で）：
気取る、笑う、ふりをする］

（「にやにや」、「あざ笑う」、「せせら笑う」）

1. Сүхбаатарын нүд нь жийтайж инээмсэглэснээ талийгаач аавынхаа танил хөгшнийд очоод байхад нь Жаргалын ярьсныг дурдаад ... (Ч.Л)
スフバートルは目を細めほほ笑んでから、亡き父の知り合いの老人の家に行っている時に、ジャルガルの話したことを述べて…。

"Бодох нэг хэрэг, бичих өөр хэрэг" гэж хэлээд нүдээ жийхайлгав. (Ц.Д)
「考えるのと書くのは別の事だ」と言って、目を細めた。

2. Охид түүнийг далдуур шоолон жийтганалдаж байлаа.
女の子たちは、彼のことを陰でからかい、にやにやあざ笑っていた。

220. ЖИЙХАЙ- → ЖИЙТАЙ-

221. ЖИМБИЙ-

1. [人の唇：閉じる、引く、強く、横に]（「ぎゅっ」、「口を一文字に結ぶ」)
2. (転) [物：しわのない、整う、きれい]（「きちん」、「きっちり」)
3. (転) [家の中：掃除する、整える、きれい]（「きちん」、「整理整頓」)

1. Уруулаа жимбийлгэн сууж байв. (Б.Б 2)
唇をぎゅっと結んで座っていた。

2. Тэгснээ Доржийн дугуй хайрцагтай тамхийг авч онгойлгон жимбийтэл ороогоод татаж ... (С.Л 2)
そうしてから、ドルジの丸い箱に入った刻みタバコを手に取って開け、きちんと紙に巻いて吸って…。

3. Тэд аав ээжийгээ ажлаасаа ирэхээс өмнө гэр орноо жимбийлгэдэг байлаа.
彼らは、両親が仕事から戻ってくる前に、家の中をきちんと片付けていた。

222. ЖИМИЙ-

[人の唇：閉じる、引く、強く、横に]（「ぎゅっ」、「口を一文字に結ぶ」)
Зарим нь амаа жимийлгэн, хамраа сартайлган хэв дүрсээ алдсан байна. (Ч.Л)
ある者は、口をぎゅっと結んだり、鼻の穴を大きくしたりして元の姿

形を失っていた。

223. ЖИРВИЙ-

1. ［人の眉、口髭など：（プラスイメージで）細長い、整う］
   （「三日月眉」、「なまず髭」）
2. （転）［星、光、蜃気楼など（жирвэлзэх, жирвэгэнэх という動詞で）：
   点滅する、鋭い、連続的に］（「ちかちか」、「ちらちら」）

1. Өвгөний хүрэн бор царайд жирвийсэн хар сахал сайхан зохижээ. (С.У 2)
   老人の褐色の浅黒い顔に、細長い黒い口髭がよく似合っていた。

2. Тэртээ говийн зах руу зэрэглээ шиг бор юм жирвэлзээд далд оров. (Л.Т)
   はるか向こうのゴビの端に、蜃気楼のような茶色のものがちかちかして消えた。

224. ЖИРИЙ-

1. ［同種の物：並ぶ、整然、多い］（「ずらり」、「ずらっ」）
2. （転）［人や動物の行為：走る、速い、連続的に］
   （「疾走する」、「飛ぶように走る」、「風を切る」）
3. （転）［星、光、蜃気楼など（жирэлзэх という動詞で）：点滅する、鋭い、
   連続的に］（「ちかちか」、「ちらちら」）
4. （転）［期間（жирэлзэх という動詞で）：過ぎる、感じる、瞬間的に］
   （「あっと言う間に」、「さっと」）

1. Эгнүүлэн тавьсан билет өмнө нь жирийнэ. (С.Л 2)
   一列に置いた切符が、彼の前にずらりと並んでいる。

2. Багачууд горхины усанд өдөржин булхсаар чилдийсэн хөх юмнууд
   болчихсон жирийж явдагсан. (Х.Б)
   小さい子供たちは、小川で一日中水浴びしながら、体のぎゅっと引き
   締まった青黒い者たちとなって走り回っていたんだなあ。

3. Хөндий талын зэрэглээ мяралзан жирэлзэх нь холоос үзэхэд сонин. (Д.Н)
   山谷平原の蜃気楼がきらめきちかちかするのは、遠くから見ると面白
   い。

4. Залуу нас минь зэрэглээ шиг жирэлзэн өнгөрөв. (Цог)
   わが青春時代は、蜃気楼のようにあっと言う間に過ぎ去った。

225. ЖОНДОЙ-

1. [物（椅子など）：突き出る、位置が高い、小さい、不安定]
（「足長の」、「背の高い」）

2. (転) [人の姿：まとまる、小さい、座る] （「ちょこん」、「ちんまり」）

1. Лангууны жондгор сандал дээр сууж хооллов.
カウンターの足長の椅子の上に座って食事をした。

2. ... хүүхнүүд нь жолоодогчийн ард мордож бус хоёр хөлөө нэг тийш буулган жондойтол суусан нь үзэгдэнэ. (Г.Нэ)
…女性たちは、運転する人の後ろにまたがらずに、両足を一方向に垂らし、ちょこんと座っているのが見える。

226. ЖОНИЙ-

[人の目：細い、小さい] （「目の細い」、「細目」、「目を細める」）

Хөгшин чинь чамайг оруулах гээд дийлсэнгүй гээд Цэвээн нүдээ жонийлгон харав. (С.Л 3)
「おれはおまえを入れようとしたができなかった」と言って、ツェウェーンは目を細めながら見た。

227. ЖООТОЙ-

1. [人の目：細長い、小さい] （「細長い目」、「目を細める」）

2. (転) [光（ろうそくなど）（жоотгонох という動詞で）：点滅する、弱い、不鮮明] （「かすかに光る」）

1. Шар Цамба гэгч гуч эргэм настай, ирвэснийх шиг жоотгор шар нүдтэй ... хүн байв. (С.Э)
黄色い顔のツァンバという三十歳くらいの、ヒョウのような細長い黄色い目をした…人だった。

2. Гэр дотор лааны гэрэл жоотгонон байв.
ゲルの中で、ろうそくの光がかすかに光っていた。

228. ЖООХОЙ-

1. [人の目：細長い、小さい、一時的に] （「細長い目」、「目を細める」）

2. (転) [窓：(マイナスイメージで) 小さい、著しい、狭い] （「ちっちゃな」）

1. Тэр байн байн нүдээ <u>жоохойлгон</u> харахыг хичээнэ.
彼は、何度も目を細めて見ようと努めている。

2. Намхан адартай, <u>жоохойсон</u> цонхтой, банзан шалтай агаад таазанд цаас
нааж, хананд хар ногоон маажин түрхжээ. (Л.Т 3)
低い天井、ちっちゃな窓、板の床で、天井には紙を貼り、壁には黒緑
色のニスが塗ってあった。

229. ЖОРВОЙ-

1. ［服（生地など）：一方へ伸びる、垂れる、見かけの悪い］
（「よれよれ」、「型崩れする」）

2. (転)［人の唇：伸びる、垂れる、不満］（「唇を尖らす」）

1. Түүний хувцасны хормой үрчийж <u>жорвойсон</u> байлаа.
彼女の服の裾はしわくちゃになり、よれよれしていた。

2. Хүү нь дургүйцсэн янзтай уруулаа <u>жорвойлгон</u> сууж байлаа.
息子は嫌がった様子で、唇を尖らして座っていた。

230. ЖОРТОЙ-

［人の目：細長い、小さい］（「細長い目」、「目を細める」）
Харин сэргэлэн шийдэмгий нүдээ ёжтой гэгч <u>жортойлгон</u>, шамбигар
уруулынхаа завьжаар мушилзан инээмсэглэж байлаа. (С.Э 2)
しかし、聡明で意を決した目を皮肉たっぷりに細め、薄っぺらな唇の
両端に少し笑みを浮かべながら、ほほ笑んでいた。

231. ЖУУМАЙ-

1. ［人の唇：閉じる、突き出す、小さい］（「唇をすぼめる」）

2. (転)［人の行為（жуумалзах という動詞で）：口を閉じる、笑いをこ
らえる］（「笑いをかみ殺す」、「口元に笑みを浮かべる」）

1. Нэгэнт бичгийг авсан болохоор Бадамдорж нүдний шилээ хийж аажим
хөдөлгөөнөөр дугтуйг задлан бичгийг гаргаж хошуугаа <u>жуумалзуулан</u>
уншив. (Ч.Л)
すでに書類を受け取ったので、バダムドルジは眼鏡をかけ、ゆっくり
した動きで封筒を開け書類を取り出して、口を何度もすぼめながら読

んだ。

2. За тэгвэл бослогын толгойлогчийг хэлээд орхи! гэхэд хүмүүс бас л дуугүй болцгоож, залуучууд нь инээдээ барьж ядан жуумалзав. (Б.Н)

「それじゃ暴動の首謀者を言いなさい」と言うと、人々はまたもや黙り込んでしまい、若者たちは笑いをこらえきれず、口元に笑みを浮かべた。

3

232. ЗАГЗАЙ-

1. [草木、毛髪など：短い、多い、密生、立つ]
   (「ごわごわ」、「もじゃもじゃ」、「剛毛」)

2. [人や動物の体：低い、頑丈、毛深い] (「毛深くてずんぐりした」)

3. (転) [人の感覚：(熱や寒さで) 身震いする、気分のすぐれない、違和感のある] (「ぞくっ」、「ぞくぞく」)

1. Нөгөө загзгар бийрээ норгонгоо "Хөлөө нийлүүл" гэж зандарснаа ... мартсан уу аан" гэлээ. (Д.Э)

   例の剛毛筆を濡らしながら「足をそろえろ」と怒鳴ってから、「…忘れたのか、ええ」と言った。

2. ... нөгөөх нь уртаас урт эрүүтэй, ширүүн босоо үстэй махлаг загзгар хүн билээ. (Д.Э)

   …もう一人は、とても長い顎の、硬くて逆立った髪で、肉付きのよい毛深くてずんぐりした人なんだ。

3. Дотор загзайгаад байна.

   体がぞくぞくしている。

233. ЗАДАЙ-

[物 (服の前合わせなど)：開く、広がる、両方へ]
(「ぱかっ」、「はだけた」、「露出した」)

... сэргийлэгчийн хувцастай өндөр цагдаа үс сэгсгэр, хувцас хунар задайсан эмэгтэйн хамт үзэгдэхэд ... (ТЕГ)

…警察服を着た背の高い警官が、髪の毛がぼさぼさで服装がはだけた女性とともに現れると…。

234. ЗАНТАЙ-

1. [人や動物の頭：大きい、毛深い、不釣合い]
（「頭の大きい」、「頭でっかち」）

2. [動物の体：太い、大きい、厚い]（「ぼってり」、「ぼてっ」）

1. Замаар явсан зантгар толгой, Зайдсанд хууртсан эргүү толгой (М.а.ү)
道を歩いていた頭でっかち、血詰めソーセージにだまされた馬鹿者。

2. Энэ нүхэнд нэг зантгар том тарвага орлоо, чи сахиад хэвтээч. (И.Д)
この穴に一匹のぼってりした大きなタルバガが入ったよ。おまえは見張って伏せていろ。

235. ЗАНХАЙ-

[人や動物の体の一部（頭、胸部などに対して）：大きい、著しい、不釣合い]（「頭でっかち」、「がっちり」）

Тэрээр толгой лантгар, хошуу шантгар, цээж занхгар, бөгс тонтгор тэр мөртөө хэл богино. (Д.Нам 3)
それ（若い狼）は、頭でっかちで口がしゃくれ、胸ががっちりしてお尻が真ん丸、それなのに舌が短い。

236. ЗАРАЙ-

[人の感覚：（寒さや恐怖で）震える、こわばる、不快]
（「ぞくっ」、「ぞくぞく」、「身の毛がよだつ」）

Нойр дөнгөж хүрч байтал хамаг бие зарайж, гар хуруу бадайран учиргүй халуурч эхэллээ. (Ж.Д)
眠気がようやく差してくると、全身がぞくぞくし、手や指がしびれ、ひどく熱が出始めた。

237. ЗУРАЙ-

1. [細長い物（道、眉など）：鮮明、見える]（「くっきり」、「はっきり」）
2. (転) [記憶、描写、表現など：鮮明、思い浮かぶ]

   （「はっきり」、「生々しい」、「生き生きした」）

1. Бургасан шугуйг огтлон зурайсан жимийг дагаж баг цэргийнхэн цувран гэлдэрнэ. (Б.Н)

   柳の林を横切ってくっきりと伸びた細道に沿って、一団の兵士たちが列をなしてゆっくり歩いている。

2. Энэ номыг би зүгээр уншиж чадахгүй зүрхий минь атгаж аваад үнэн амьдрал тэмцлийг зурайтал харуулаад байна шүү гэлээ. (Ц.Д)

   「この本を私はただ平然と読むことができず、私の心をすっかりとらえてしまい、真の生存競争を生き生きと示しているんだよ」と言った。

238. ЗУУВАЙ-

1. [物や人の顔など：細長い、縦に]（「楕円形」、「卵型」）
2. (転) [容器の口：細長い、変形する]（「楕円形」）

1. Оч бадарсан зуувандуу нүд нь ухархай дотроо тогтож ядан эргэлдэнэ. (Б.Н)

   光り輝いたやや細長い目が、眼窩の中で落ち着きなくぐるぐる回っている。

2. Өнхөрч унасан төмөр хувингийн амсар зуувайчихлаа.

   転がって落ちた鉄のバケツの縁が楕円形になってしまった。

239. ЗҮҮДИЙ-

[人や動物の体：細い、弱い、力のない]

（「なよなよ」、「きゃしゃ」、「生気のない」）

Би уг нь зүүдийчихээд нэг муу инээхчээн шүү болдог байлаа. (ШХЗД)

僕はもともとなよなよしていても、何とか笑うようにしていた。

240. ЗЭВИЙ-

1. [物の色、人の顔色：あせる、白っぽい、威厳のない]

   （「青ざめた」、「青白い」）

2. (転)［家の中：冷たい、居づらい、落ち着かない］
　　（「居心地の悪い」、「居場所がない」）

1. Шуугдаж зэвийсэн арьс мах минь арай төлжиж гэгээ орлоо. (С.Э 9)
　やつれて青ざめた私の身体は、少し回復し顔色が明るくなった。

2. Түүнийг өглөө сэрэхэд хүйт даан зэвийсэн өрөөний сараалжин цонхоор
　нар тусаж байв. (И.С)
　彼が朝目を覚ますと、寒々とした居心地の悪い部屋の格子窓から日が
　差していた。

241. ЗЭВХИЙ-

1.［物の色：あせる、不鮮明、白っぽい、灰色］（「色あせた」、「つやがない」）
2.［人の顔色：あせる、暗い、元気のない、輝きのない］
　　（「青ざめた」、「顔色が悪い」）
3. (転)［人の声：普通でない、親しみのない］
　　　　（「よそよそしい」、「冷たい」、「生気のない」）

1. Эмэгтэй хүнгүй айлын юм бүхэн нүнжиггүй зэвхий хүйтэн байдаг ...
　(Ч.Л)
　女性のいない家庭のすべての物は、つやがなく色あせて冷たいものだ。

2. Тэгтэл цэргийн ахлагч үс нь өрвийж, царай нь зэвхийрсэн Балжууг
　хараад ... (Б.Н)
　すると、隊長は髪がつんつん逆立ち、顔色が青ざめたバルジョーを見
　て…。

3. ... Долгор ер бусын зэвхий дуугаар асуув. (Ч.Л)
　…ドルゴルは、いつもと違うよそよそしい声で尋ねた。

242. ЗЭГЗИЙ-

　［人や動物の体（特に足など）：細長い、背の高い、きれい］
　（「すらり」、「すんなり」）

　Түүний хажууд хуучин ногоон дээл дээр хөх бүс бүслээд жижигхэн
　болович шавхарсан зэгзгэр биетэй саарал морь унасан Дулмаа хүүхэн
　явна. (Ч.Л)
　彼の横を、古い緑色のデールに青い帯を締めて、小さいが引き締まっ

た、すらりとした体つきの灰色の馬に乗った女性ドルマーが同行して
いる。

243. ЗЭГИЙ-

1. ［物の色や明るさ、馬の毛色など（特に白、灰色、緑などに対して）：
   （マイナスイメージで）あせる、色味のない］（「灰白色」、「無彩色」）
2. （転）［人の姿：反感を持つ、嫌悪を抱く］
   　　　（「嫌気がさす」、「見た目が冷たい」）

1. Цурамны зүүн талаар нөгөө зэгэл саарал хувцастай бас нэг бүлэг
   морьтой эргүүлэн өнгөрлөө. (Б.Н)
   焼け跡の東側を、例の灰白色の服を着たもう一団が、馬に乗って速歩
   で通り過ぎた。
2. Хоёр зэгийсэн юм үхрийн бэлчээр лүү давхиж яваа харагдсан миний
   дүүг шоглоогүй биз? (Т.Б)
   二人の見た目の冷たいやつが牛の牧草地の方へ駆けて行くのが見えた
   が、おまえをからかってはいないだろうね。

244. ЗЭНЗИЙ-

［人や動物の体：大きい、足の長い、背の高い、きれい］
（「すらり」、「すらっ」）
Уул өлөгчний хошуу шовх, хүзүү урт, хөл цэх болоод зэнзгэр ... (Д.Нам 3)
その雌狼は、口が尖って首が長く、足がまっすぐで、すらりとして…。

245. ЗЭНТИЙ-

1. ［人や動物の頭：（マイナスイメージで）大きい、著しい、不釣合い］
   （「頭の大きい」、「頭でっかち」）
2. （転）［人の感覚：（恐怖で）髪の毛が逆立つ、頭が空白になる］
   　　　（「身の毛がよだつ」、「頭の中が真っ白になる」）

1. Миний муу зэнтгэр толгой таарахгүй биз дээ гэж айлтгаарай л даа
   хэмээн хойноос нь хашгирчээ. (Д.Цэр 2)
   「私のばかでかい頭は（あなたの領主様には）合わないだろうねと申
   し上げてくださいな」と背後から叫んだ。

2. Харанхуйд муухай дуу чимээ гарснаас болж, толгой <u>зэнтийх</u> шиг боллоо.
暗闇の中でいやな物音がしたせいで、頭の中が真っ白になった。

246. ЗЭНХИЙ-

［人や動物の体、体の一部（頭など）：（マイナスイメージで）大きい、
著しい、不釣合い］（「頭でっかち」、「体のがっちりした」）
<u>Зэнхийсэн зэнхийсэн</u> данхар хүүхдүүд унана. (Д.Гл)
体のがっちりした頭でっかちの子供たちが騎乗している。

И

247. ИРВИЙ-

1.［動物の足：突き出る（伸びる）、四方八方へ、固まる］
（「伸びて硬直する」）
2.［毛状の物（まつ毛、草など）（ирвэгэнэх, ирвэлзэх という動詞で）：
揺れる、少し、連続的に］（「ひらひら」、「ゆらゆら」）
3.（転）［星、光、蜃気楼など（ирвэгэнэх, ирвэлзэх という動詞で）：点滅する、
鋭い、連続的に］（「ちかちか」、「ちらちら」）
4.（転）［人の感覚（手足、顔など）（эрвэгэнэх という動詞で）：違和感
のある、しびれる、かゆみのある］
（「ぴりぴり」、「じんじん」、「むずむず」）

1. <u>Ирвийж</u> үхсэн ооны<u>н</u> толгойноос ямаа тургиад зайлж зугтана (Зүйр)
足を伸ばし死後硬直した雄カモシカの頭に、山羊が唇を鳴らして逃走
する（諺：理由なくむやみに恐怖心を抱くの意）
2. Гомбо алтлаг сормуусыг нь <u>ирвэгэнэхийг</u> харж санаа алдаад хасаг
цэргийн муу малгайгаа нүдэн дээрээ даржээ. (С.Э 5)
ゴンボは、彼の黄金色のまつ毛がひらひらするのを見てため息をつき、
コサック兵のおんぼろ帽子を目深にかぶった。

84

3. Зэрэглээнд холхи газар ирвэгэнэн харагдана.
蜃気楼で遠くの場所がちかちか見える。

4. Салхинд нүүр ам ирвэгэнэж эхлэв.
風で顔や口がぴりぴりし出した。

248. ИРЖИЙ-

1. [物の表面：なめらかでない、粒が小さい、均一、密集]
（「ざらざら」、「つぶつぶ」、「ぶつぶつ」、「ぎざぎざ」）

2. [物（歯など）：小さい、そろう、多い]（「つぶつぶ」、「歯並びがいい」）

1. Хоёр дугуйтын иржгэр мөр анх үзжээ. (Б.Б 3)
二輪車（オートバイ）のぎざぎざした跡を初めて見たのだ。

2. Тэгсэн чинь иржийсэн хар нүүрс овоолон хутгагджээ. (Г.Ж)
そしたら、つぶつぶにそろった黒い石炭が山積みにすくい取られたの
だ。

249. ИРИЙ-

[物：並ぶ、整然、多い]（「ずらり」、「ずらっ」）

Чиний өрсөн үсэг сонины хуудсан дээр ирийгээд ... (Ч.Ч)
君の組んだ活字が新聞欄にずらりと並んで…。

Газраар эрийтэл зассан гудсан дээр зарим нь унтаж, зарим нь тааз
ширтэн хэвтэнэ. (Л.Бу 2)
床にずらりと敷いたマットレスの上で、ある者は眠り、ある者は天井
を見つめ横になっている。

Л

250. ЛАГЛАЙ-

1. [人の姿：大きい、太い、重い、座る]（「どっかり」、「どっしり」）

2. （転）[スープ類：汁の少ない、粘り気のある]（「どろどろ」）

1. Гөлөгдэй баатрын гэрт хоймор нь ихэмсэг дүр үзүүлэн <u>лаглайж</u> суусан манж жанжин ... (Б.Р)

   勇将グルグデイの家で、奥には傲慢な振りをし、どっかりと座り込んだ清朝将軍が…。

2. Яана аа, <u>лаглагар</u> хоол болчихлоо.

   どうしよう。汁の少ないどろどろな料理になってしまった。

251. ЛАНДАЙ-

1. ［人や動物の体の全体、一部（頭、手など）：大きい、太い、重い］

   （「頭でっかち」、「がっちり」、「ごつごつ」、「ごつい」）

2. ［物：大きい、厚い、膨らむ］（「ぽてっ」、「厚ぼったい」、「分厚い」）

1. Тэрээр толгой <u>лантгар</u>, хошуу шантгар, цээж занхгар, бөгс тонтгор тэр мөртөө хэл богино. (Д.Нам 3)

   それ（若い狼）は、頭でっかちで口がしゃくれ、胸ががっちりしてお尻が真ん丸、それなのに舌が短い。

2. ... <u>ландгар</u> эсгий шаахайгаараа муур шиг гэтэн ... (Д.Нам 2)

   …分厚いフェルト製の履物を履いて、猫のように忍び寄り…。

252. ЛАНЖИЙ-

［動物の体：（プラスイメージで）大きい、太い、肉付きのよい］

（「がっちり」、「がっしり」）

Бадмаа сайн үүлдрийн <u>ланжгар</u> үнээгээ тугалтай нь арчилна. (С.Э 2)

バドマーは、優れた品種のがっちりした雌牛を子牛と一緒に世話している。

253. ЛАНТАЙ- → ЛАНДАЙ-

254. ЛАХАЙ- → ЛУХАЙ-

255. ЛАШИЙ-

［人や動物の体：大きい、太い、重い、脂肪の多い］

（「どっしり」、「がっちり」）

Бөх дүүрэн өөхтэй, гуя дүүрэн махтай <u>лашгар</u> ат, ингэ байна. (Б.Б)
こぶ一杯に脂肪のついた、太もも一杯に肉のついた、どっしりした去勢ラクダと雌ラクダがいる。

256. ЛОГЛОЙ- → ЛУГЛАЙ-

257. ЛОХОЙ- → ЛУХАЙ-

258. ЛУГЛАЙ-

［人や動物の姿：大きい、太い、重い、ある場所を占める］
（「どっしり」、「どかん」）

Луглайн сууж, чимээгүй дүнсийнэ. (С.Д)
どっしりと座り、静かに黙り込んでいる。

259. ЛУНЖИЙ-

［物や動物の体：大きい、太い、厚い］（「がっちり」、「どでかい」）

За ингээд биеэ сайн бариад огтхон ч ажиг сэжиг авахуулахгүй байгаад нэг <u>лунжгар</u> чоно унагахыг бод доо. (Б.Б)
さあ、こうして気をしっかり引き締め、全く気付かれないようにして、一匹のどでかい狼を撃ち落とすように考えろよ。

260. ЛУХАЙ-

［人や動物の体の一部（首、肩まわりなど）：太い、肉付きのよい、短い］
（「首が短くて太い」、「ごつい」、「がっちり」）

Хонх дарвал томоос том биетэй <u>лухгар</u> эр хаалга онгойлгов. (С.Х)
ベルを押すと、とても大柄で、首のごつい男がドアを開いた。

261. ЛҮГЛИЙ-

［人や物の姿：大きい、重い、ある場所を占める］（「どっしり」、「どかん」）

Цэрэг, хоригдол нийлээд нэгэн урт цуваа болж, тосгоны өмнүүр тэрэг чарганы зам дагаж, <u>лүглэгэр</u> хөх уул чиглэн хөдөллөө. (Б.Н)
兵士と囚人が一緒になって、一つの長い列をなし、村の前方を馬車や

そりの道に沿って、どっしりした大きな青い山に向けて出発した。

262. ЛЭГЛИЙ-

1. ［物：大きい、太い、厚い］（「分厚い」）
2. ［動物や物の毛：厚い、多い、膨らむ］（「ふさふさ」）

1. ... Лэглэгэр цагаан манан тайзны хөшиг шиг унжиж ... (Г.М 2)

…分厚い白い霧が舞台の幕のように垂れ込め…。

2. Хүйтэнд тохирсон лэглэгэр үстэй дээл байна даа.

寒さに適したふさふさした毛皮のデールですね。

263. ЛЭНДИЙ-

［人や動物の体：（冷やかしの意で）大きい、肉付きのよい、頑丈］
（「丸々した」、「ぽてっとした」、「でぶ」）

Мияазаки Хаяаогийн "Төөрсөн нь" гэдэг анимешинд "Бо" гэдэг лэндгэр хүү гардгийг санаж байна уу?

宮崎駿監督の「千と千尋の神隠し」というアニメに、「坊」という丸々と太った子が登場するのを覚えていますか。

... эднийхний багацуул хөөрхөн ах гэцгээхээр нь өвгөн зориуд цаашлуулж лэнтгэр л гэнэ. (С.Э 8)

…この辺の少年たちが皆、「ハンサムな兄さん」と言うと、老人はわざとからかって、「ただのデブ」と言う。

264. ЛЭНТИЙ- → ЛЭНДИЙ-

M

265. МААДАЙ-

1.［人の感情：満足する、自信のある、穏やか］
（「にんまり」、「ほくほく」、「自信満々」）

2. (転) [人の態度：うぬぼれる、傲慢、振舞う]
   (「大きな顔をする」、「胸を張る」、「ふんぞり返る」)

1. Лхамжав: Малдаа өгөх хүрэлцээтэй өвстэй болохоор л би ч бүр
   маадайгаад санаа зовохгүй байна. (МШЖ)
   ルハムジャブ：家畜に与える十分な草があるからこそ、私は全く自信
   満々で心配していないんだ。

2. Цухалхан гудамжаар голдуу улаан, шар өнгийн дээл өмссөн лам нар
   маадгархан алхаж явна. (Ц.У)
   狭い通りを、主に赤や黄色のデールを着たラマ僧たちが大きな顔をし
   て闊歩している。

266. МААЗАЙ-

[人の行為：笑う、騒ぐ、軽率]
(「わいわいがやがや」、「ふざける」、「はしゃぐ」)

Чамтай маазганах заваар муу л байна шүү гэж дургүй нь хүрсэн янзтай
харав. (Д.Нам)
おまえとわいわいがやがやする暇などないぞと嫌がった様子で見た。

267. МААНАЙ-

[人の姿：ぼんやり、思考の欠ける、理解の劣る]
(「ぼうっ」、「頭の回転が遅い」、「愚かな」、「蒙昧な」)

Үзэх өнгөнд дүлий годил оргиж, маанаг царайлавч уулзаж байгаа хүнээ
нэвт тооцож суудаг юм. (Б.Н)
外見上は、耳が遠くて愚かなふりをしても、会っている人をしっかり
と見抜いているのだ。

268. МААСАЙ-

1. [顔の表情：ほほ笑む、うれしそう、無邪気] (「にっこり」、「にこり」)
2. (転) [人の感情：笑う、満足、うぬぼれる]
   (「にたっ」、「にたにた」、「ほくそ笑む」)

1. Аавынхаа өвөр дээр шүлсээ гоожуулан дэгж дэрвэх нялх хүү л
   баясгалантай гэгч нь ганганан маасайх аж. (Б.Ш)

父親の膝の上で、よだれを垂らしながら手足をばたばたさせる幼い息子だけが、とてもうれしそうにアーウーと言って、にっこりしていた。

2. Итгэлт гайхсан нүдээр эхнэрийг харан маасайн инээв. (Ч.Л)
イトゲルトは、驚いた目で奥さんを見て、にたにた笑った。

269. МАЙЖИЙ-

1.［物（靴底、机、いすの脚など）：傾く、片方へ、不安定］
（「（靴底が）すり減って傾いた」、「ぐらぐら」、「がたがた」）

2.［人や動物の足：曲がる、外側へ］（「O 脚」、「がに股」）

3.（転）［人の歩行（主に老人や赤ん坊に対して）（майжганах という動詞で）：
揺れる、左右に］（「よたよた」、「よぼよぼ」、「よちよち」）

1. Харин өвөл болоход уранхай дээл, майжгий гуталтай энэ хоёр хүн яаж амьдрах бол доо. (Ч.Л)
だが冬になると、破れたデールや底のすり減って傾いた靴で、この二人は、どうやって暮らすのだろうかね。

Сандлын хөл майжганаад сууж болохгүй болжээ.
いすの脚がぐらぐらして、座ることができなくなったのだ。

2. Одоо ч энэ муу хоёр майжгар хөл ч хорин литр юм даахаа больжээ. (Л.Д)
今じゃこの二本のがに股の足は、20 リットルの物を持てなくなったのだ。

3. Гэтэл цэрэгт явсан учир амьдрахын эрхээр Итгэлтээс хоёр зуун хонь авч өдөр шөнөгүй майжганан дагаж хөлсөнд авсан юмаар цаддаггүй болович хоосон хонохгүй амьдарч байв. (Ч.Л)
ところが、（息子が）軍隊に行ったので、（母親は）生きるため仕方なく、イトゲルトに 200 匹の羊を借りて、昼も夜もよたよたしながら追って行き、賃金としてもらった物では満腹にならないが、空腹で過ごさずに暮らしていた。

270. МАЙРИЙ-

［人の足：大きい、つま先が曲がる、外側へ］
（「足が大きく、つま先が外に向いた」、「大足で外向き」）

Майргар том хөлөнд нь таарах гутал үгүй. (Ж.Д)

彼の大きくて外向きの足に合う靴はない。

271. МАЙТИЙ-

［人や動物の足：短い、つま先が曲がる、内側へ］（「内股」）

Та ч даргаасаа зэгсэн сайн жавтий хүртэнэ вий гэж тэрээр **майтгар** хөлөө жийн өгүүлрүүн … (Цог)

「あなたは上司にかなり懲らしめられるだろう」と彼は、内股の足を伸ばして言うに…。

272. МАЛИЙ-

1. ［人の体の一部（顔など）：大きい、肉付きのよい、つやのある］（「まるぽちゃの」、「すべすべでぽっちゃり」）

2. （転）［人の感情：笑う、満足、本気］（「にこにこ」、「にんまり」）

1. Өлзий: Харсаар байхад миний дэргэд, ийм залуу эрүүл сайхан **малигар** авгайчууд ажил хийхгүй юу хийх юм бэ? (МШЖ)

ウルズィー：見ていると、私に比べこんなに若くて健康で、きれいでぽっちゃりした奥さんたちが仕事をしないで何をするのですか。

2. Халтар болсноо өөрөө мэдэлгүй **малилзан** сууна. (Д.М)

顔が汚れていることに本人が気づかず、にこにこしている。

273. МАНИЙ-

［人の体の一部（目、顔など）：厚い、肉付きのよい、膨らむ、目の小さい］（「腫れぼったい」、「むくんだ」、「ぱんぱん」）

… өтгөн хөмсөгтэй **манигар** нүднээсээ том том нулимс унаган чив чимээгүй мэгшиж суугаа хүүгээ өрөвдсөндөө дагаад уйлчих шахсан Сүнжид бүсгүй … (Со.П 3)

…濃い眉毛の腫れぼったい目から大粒の涙を流し、静かにすすり泣きしている息子を哀れに思って、もらい泣きしそうになった母スンジドは…。

274. МАНТАЙ-

1. ［人の体の一部（顔など）：（プラスイメージで）太い、大きい、肉付

きのよい]（「ふっくら」、「ぽっちゃり」、「丸々と太った」）

2. ［細長い物の先（柱など）：太い、大きい、丸い］（「太くて丸い」）

1. Сайхь эрийн сэтгэлд <u>мантгар</u> цагаан царайтай хүү ... бодогдоно. (Ж.П)
   あの男の心に、ふっくらした顔の白い男の子のことが…思い出される。

2. Үзүүр нь <u>мантгар</u> том модон шон ... байна. (Ц.У)
   先端が太くて丸い、大きな木の柱…だ。

275. **МАРЗАЙ-**

［物の表面（顔など）：（マイナスイメージで）なめらかでない、粒の
大きい］（「ざらざら」、「ぶつぶつ」）

Марзгар хамартай өвгөн сууж байлаа.
ぶつぶつの鼻をした老人が座っていた。

276. **МАРЛИЙ-**

［人の体の一部（顔など）：（マイナスイメージで）大きい、広い、見
かけの悪い］（「顔が大きくて醜い」）

Тэдний <u>марлигар</u> нүүр царайг хараад нүд хорсох шиг болов. (Цог)
彼らの大きくて醜い顔を見て、目の敵にした。

277. **МАРСАЙ-**

1. ［人の鼻：大きい、（表面が）なめらかでない、見かけの悪い］
   （「だんご鼻」）

2. (転)［人の行為：鼻にしわを寄せる、笑う、満足］
   （「にやり」、「にやにや」、「苦笑する」）

1. Хэсгийн ахлагч гэж <u>марсгар</u> улаан хамартай хүн бий.
   部長って赤いだんご鼻の人なんだ。

2. Үлдсэн хэсгийг бусад хүүхдэд түгээж өгөөд "дууслаа" гэснээ мэдэгдэн
   алгаа үрэн цэвэрлэж хянган хамраа угт нь үрчийлгэн <u>марсайн</u>
   инээмсэглэв. (Ч.Л)
   残った分を他の子供に分け与え、「もうなくなった」ということを知
   らせるように両手をこすり合わせきれいに払って、険しい鼻の根元に
   しわを寄せて、にやりとほほ笑んだ。

278. МАТИЙ-

［細長い物（釘など）：曲がる、一方へ、外圧で］

（「ぐにゃっ」、「ぐにゃり」）

Тэгээд вандангийн шилэн хавхагт хайрцаг руу нүд тусган ажихад, дотор нь ... загасны матигар дэгээнүүд ... байлаа. (Б.Р 3)

そして、カウンターのガラス張りの陳列棚に目を注いで見ると、その中に…ぐにゃっと曲がった釣り針がいくつも…あった。

279. МАХИЙ-

1. ［細長い物（釘など）：曲がる、一方へ、外圧で］
   （「ぐにゃっ」、「湾曲した」）

2. ［人や動物の体：やせる、腹がへこむ、背が曲がる］
   （「腹がへこみ背の曲がった」）

1. Цармын бүргэд ханан цохионы чанх дээр ирмэгцээ гэнэт давхийн, махир савраа сунгаж хэрээг тас базаад хаячихав. (Б.Н)
   高原のワシは、断崖の真上にやって来るや、突然さっと湾曲したかぎ爪を前に伸ばし、カラスをぎゅっとつかんでしまった。

2. Их турж гэдсээ татаж махийсан нь тун ч өрөвдмөөр. (Г.Жа)
   とてもやせ、お腹がへこみ背中が丸まったのは、非常に気の毒だ。

280. МИНЧИЙ-

［人の体の一部（顔、頬など）：（熱などで）赤い、熱い、膨らむ］

（「火照る」、「紅潮する」）

Минчийтлээ халууцсан Тамжид хонин хөнжлөө хөл рүүгээ өшиглөж ... (Б.Н)

顔が火照るほど熱く感じたタムジドは、羊の毛皮の布団を足の方へけって…。

281. МОГДОЙ-

1. ［人や動物の体の一部（指、尾など）：短い、太い、頑丈］
   （「むっくり」、「ずんぐり」）

2. ［物：短い、頑丈］（「がっしり」、「しっかり」、「丈夫な」）

93

1. Намайг Ядамжав гэдэг гээд тэмээлзгэний хөл шиг урт нарийхан хуруутай гараа сарвайхад Ойдов нэрээ хэлж хүүхдийн гар шиг үе болгонд нь хонхор гардаг богинохон <u>могдгор</u> хуруутай гараа хариу сунгажээ. (Ш.В 3)

「私はヤダムジャブです」と言って、トンボの足のような指が長くて細い手を差し出すと、オイドブは自分の名前を言って、子供の手のような関節ごとにくぼみのある、指の短くてむっくりした手を続けて差し出した。

2. Завины <u>могдгор</u> бөгсөн дээр зогсож ... байлаа. (С.Э 6)

小舟の頑丈な船尾の上に立って…いた。

282. МОГЖИЙ-

［人、動物の体の全体、一部（主に幼い子供に対して）：短い、小さい、かわいい］（「小さくて愛らしい」）

Тэрээр сайртаж хагарсан <u>могжгор</u> гараараа эхийнхээ хормойг хумиж базсаныг нь л зэгсэн сайн анзаарч харав. (Д.Э 2)

息子があかぎれの切れた小さくて愛らしい手で、母親の裾をつかみ寄せたことだけを、（運転手は）かなりよく注意して見ていた。

283. МОГЖОЙ- →МОГЖИЙ-

284. МОГЗОЙ-

1. ［細長い物（足、鞭など）：短い、先が曲がる］（「ぐにゃっ」、「がくん」、「がくっ」）

2. ［人の体の一部（鼻、首など）：短い、著しい］（「鼻の短い」、「首の短い」）

1. Хүү нь хөлөө <u>могзойлгон</u> сууна.

息子は、足の指を曲げながら座っている。

2. Түүний онигор нүд гялалзаж үзүүрээс нь өөлчихсөн юм шиг <u>могзгор</u> хамар нь хүртэл минчийж улайгаад, сүүлдээ царай нь цав цагаан болов. (Ш.Г)

彼女の細い目がきらきらし、先を削り取ったかのような短い鼻まで火照り赤くなって、最後に顔色が真っ白になった。

94

285. МОГЦОЙ-

［細長い物（指など）：短い、太い、先の鈍い］
（「ずんぐり」、「短くて太い」）

Ингэж уулздаг байна шүү … гээд нүдээ ээвэргүү ирмээд, шохой шаварт түлэгдсэн могцгор бор гараараа хуушуур аван … (Л.Д 2)

「こうやって会えたね…」と言って、優しく目くばせして、石灰や泥にただれたずんぐりした浅黒い手でホーショールを取り…。

286. МОДОЙ-

1. ［布類など：（寒暖で）硬い、こわばる、真っ直ぐ］
   （「かちかち」、「かちんかちん」）
2. ［人や動物の子の体の一部（尾、編んだ髪など）：細長い、硬い、真っ直ぐ］（「ちょこん」、「かっちり」）

1. Өвөл болохоор угаасан юмаа гадаа өлгөж модойтол нь хөлдөөдөг.
   冬になると、洗濯物を外に干して、かちんかちんになるまで凍らせる。

2. Ээ дээ, хоол олж иднэ гэдэг үү, амаргүй эд шүү, хүү минь гээд буурал толгойгоо сэгсрэхэд үзүүрт нь сур уясан шодон гэзэг нь модолзож байлаа. (Ч.Л)

   「あら、食事を手に入れて食べるというのはね、簡単なものではないよ、おまえ」と言って、白髪の頭を横に振ると、先っぽに皮ひもを結んだ細長くて短い弁髪がちょこちょこ動いていた。

287. МОЖИЙ-

1. ［人の体の全体、一部（手足など）（主に子供に対して）：小さい、太い、かわいい］（「ずんぐり」、「むちむち」、「丸々と太った」）
2. ［物：短い、小さい、丸っこい］（「ずんぐりと丸い」、「ずんぐりと小さい」）

1. Мойногхон бор хуруугаа можгонуулж хэд эрээчээд … (П.Л 2)
   ごつごつした浅黒いずんぐりした指をがさがさ動かし、何度か走り書きして…。

2. Өвөө богино соруултай можгор гаансандаа тамхи нэрж тухтай суугна. (Б.С)
   お爺さんは、吸い口の短い、ずんぐりと小さいキセルにタバコを詰めて、ゆったりと座っている。

95

288. МОЖОЙ- → МОЖИЙ-

289. МОЙНИЙ-

［人の指（特に老人に対して）：関節が曲がる、骨ばる］

（「ごつごつ」、「節くれだつ」）

Даарч хөхөрсөн мойног хуруутай гараа галд ээх зуур ... ярив. (Б.Н)

凍えて青ざめた、指がごつごつ節くれだった手を火で暖めながら…話した。

290. МОНДОЙ-

［物の先（鼻、靴など）：丸い、膨らむ、やや大きい］

（「鼻先が膨らんだ」、「大きくて丸い」、「丸く突き出た」）

Мондойсон хамартай өвгөн өөрийгөө өнөөдрийн жижүүр гэж танилцууллаа.

鼻先が膨らんだ老人は、自分が今日の当直だと紹介した。

... нэхий дотортой өмдөн дээр монтгор эсгий гутал углаж ... (Т.Б 5)

…裏地が毛皮のズボンに、つま先が丸く突き出たフェルト製の靴を履いて…

291. МОНТОЙ- → МОНДОЙ-

292. МООДОЙ-

1.［人や動物の子の体の一部（尾、編んだ髪など）：細長い、硬い、かわいい］

（「ちょこんと短い」、「かっちりと短い」）

2.（転）［人の指：短い、小さい］（「ちっちゃな」）

1. Цэнгэг усанд ханасан бяруунууд моодон сүүлээ өргөн тоглож ... байна. (С.Л)

淡水を十分飲んだ二歳の子牛たちは、ちょこんと短い尻尾を持ち上げ、遊んで…いる。

2. Моодгор хуруугаараа энэ тэрийг барилан ... байв. (Н.Б)

ちっちゃな指であれこれ何度も触って…いた。

293. МОНХОЙ-

[人や動物の鼻：鼻柱が突き出る、曲がる、上へ]（「わし鼻」、「かぎ鼻」）

Чойжав: Нөгөө монхор эмч рүүгээ гүйгээд явчихсан. (МШЖ)

チョイジャブ：あのわし鼻のお医者さんの所に走って行ってしまった。

294. МӨЛИЙ-

1. [物の表面（石など）：なめらか、平ら、角のない、丸い]
   （「すべすべ」、「つるつる」）

2. (転) [刃（ナイフ、はさみなど）：切れない、鈍い]
   （「切れ味の鈍い」、「なまくら」）

1. Балжуу хусан таягныхаа элэгдэж мөлийсөн бариулыг чанга атгаад,
   үзүүрээр нь дурсан шал түсхийтэл цохив. (Б.Н)
   バルジョーは、白樺でできた杖のすり減ってつるつるした取っ手を強
   く握りしめ、その先で、樹皮でできた床をドスンとたたいた。

2. Энэ хайчны ир бүүр мөлийчихжээ.
   このはさみの刃は、全く鈍くなってしまった。

295. МӨЛЧИЙ-

1. [物の表面：なめらか、平ら、角のない、丸い]（「すべすべ」、「つるつる」）

2. (転) [物：光り輝く、きれい]（「ぴかぴか」、「てかてか」）

1. Тарваан хазайж ганхсан хуучин уяагаа авч хаяад оронд нь мөлчийтөл
   харуулдсан хусан уяа зоож байна. (Б.Н)
   タルワーンは、傾いてぐらぐらした古い馬つなぎ用の柱を取り払って、
   その代わりにすべすべになるまでかんな掛けした白樺の柱を打ち込ん
   でいる。

2. Өдөр бүр гэрийнхээ шалыг мөлчийтөл угаадаг байж билээ.
   毎日家の床をぴかぴかになるまで洗っていたんですよ。

296. МУЛЗАЙ-

[人の頭：髪のない、完全に]（「つるつる」、「丸坊主」）

Мулзан толгойтой жаал бусдаас урьдах гэсэн юм шиг түргэн хариулна. (Ч.Л)

丸坊主の男の子は、他より先んじようとしたかのように即答している。

297. МУЛЦАЙ-

1. ［人の頭：なめらか、髪のない、光る］（「つるつる」、「てかてか」）
2. （転）［人の体の一部（手足など）：やや太い、丸い、膨らむ］
   （「ぽてっ」、「ぽってり」）

1. Тэгээд Норов хэд хоногийн дараа үсийг нь <u>мулцайтал</u> хусчихсан ... байв.
   (Л.С)
   そして、ノロブは数日後、彼の髪をつるつるになるまで剃ってしまっ
   て…いた。

2. <u>Мулцгар</u> цагаан хуруунyхаа хумсыг урт ургуулж зассан нь Доржийн
   нүднээ тусав. (С.Л 2)
   ぽてっとした色白の指の爪を長く伸ばし形を整えたのが、ドルジの目
   に映った。

298. МУРИЙ-

［直線状の物（定規、道など）：曲がる、一方へ、固まる］
（「くねくね」、「蛇行した」、「S字型の」）
Сандаг хэд хэдэн хадны сэтэрхий заажэнүүгээр л могой шиг <u>мурилзаад</u>
дамжаад ороод ирнэ. (Б.Б)
サンダグは、いくつかの岩の亀裂を指して、ここだけ通って蛇のよう
にくねくねと伝って出入りしている。

299. МУРУЙ- → МУРИЙ-

300. МУРЧИЙ-

［細長い物：曲がる、一方へ、弾力のある］（「くねくね」、「ぐにゃぐにゃ」）
Могой <u>мурчилзан</u> мөлхсөөр цаашлав.
蛇はくねくねと這いながら、向こうへ行った。

301. МУХАЙ-

1. ［物の先：なめらか、角（かど）のない、丸い］（「先の鈍い」、「角の丸い」）
2. ［動物や家畜の頭：角（つの）のない、なめらか］（「無角の」）
3. ［人の頭：髪のない、完全に］（「つるつる」、「丸坊主」）

4. (転)［物の数量（お金など）：過不足ない、手元にある、すべて］
　（「きっかり」、「きっちり」）

1. Ширээний өнцөг хурц биш <u>мухар</u> ажээ.
　机の角は、尖っておらず丸かった。

2. Харин тэр цагт буга эвэргүй <u>мухар</u> мулзан, адуу сүүлгүй шахам годон
　шодон байсан юмсанжээ. (Д.Цэр)
　一方、その当時、鹿には角がなくはげ頭で、馬には尻尾もないも同然
　でちょこんと短かったのだ。

3. ... <u>мухар</u> толгойтны буутай цэрэг нь ирж бариад хар гэрт хийчихнэ гэж
　хүртэл тэд ярьдаг болсныг бид сонссон. (Ч.Л 2)
　「…丸坊主派の銃を持った兵士がやってきて、捕まえて牢屋に入れて
　しまう」とまで彼らが話すようになったことを、僕たちは聞いた。

4. Одоо надад яг <u>мухар</u> мянган төгрөг л байна.
　今私は、きっかり千トゥグルグだけ持っている。

302.　МУШАЙ- → МУШИЙ-

303.　МУШИЙ-

1. ［細長い物：曲がる、角度の鋭い］
　（「曲がった」、「曲がりくねった」、「くねくね」、「蛇行した」）
2. (転)［人の行為：笑う、少し、口元をゆがめる］
　　　（「笑みを浮かべる」、「笑う振りをする」）

1. <u>Мушгай</u> мод бас байна шүү!
　曲がった木もあるよ。

2. Атаман эзэгтэйн минчийж улайсан нүүр лүү доогтойгоор <u>мушилзан</u>
　харснаа ... (Б.Н)
　親分は、女主人のぽっと赤らんだ顔の方を、冷ややかに少し笑みを浮
　かべながら見てから…。

304.　МЭЛЗИЙ-

　［人の額：広い、大きい、髪の少ない］
　（「おでこが広い」、「額がはげ上がる」）

<u>Мэлзэн</u> духтай эр их л мэдэмхийрэн ... ярилаа. (С.Э 2)
おでこの広い男がかなり知ったかぶりをして…話した。

305.　МЭЛИЙ-

1.［場所（平原など）：広い、平ら、無限］（「広々とした」、「見渡す限り」）

2.［液体（水、涙など）：多い、満ちる、たまる］（「なみなみ」、「うるうる」）

3.（転）［月（十五夜の月など）：大きい、明るい、穏やか、満ちる］
　　　（「丸々と明るい」）

4.（転）［人の額：広い、大きい、平ら］（「おでこが広い」）

5.（転）［人の行為：（マイナスイメージで）見る、目を大きくする、黙る］
　　　（「まじまじ」、「じろじろ」、「じっ」、「目を大きく見開く」）

1. Хаашаа л харвал <u>мэлийсэн</u> тал, саргүй харанхуй шөнө ямар ч баримжаа байхгүй, айл олдохгүй боллоо. (Ц.Д)
　どちらを見ても、見渡す限りの草原で、月のない暗い夜に、何の目当てもなく誰の家も見つからなくなった。

2. Онгоцны цонхоор доош харвал хөлгүй тэнгис <u>мэлийж</u> байлаа.
　飛行機の窓から下を見ると、深い海の水がなみなみと満ちていた。

3. Тэнгэрт арван тавны сар <u>мэлийж</u> харагдав.
　空に十五夜の月が丸々と明るく見えた。

4. Дух нь <u>мэлийгээд</u>, яльгүй хавчиг хамар нь яг мөн, яана аа ... (Д.Э)
　おでこが広くて、少しすぼんだ鼻はまさに彼だ、どうしよう…。

5. Цэрмаа ер сонссон шинжгүй <u>мэлийж</u> суув. (Б.Бр)
　ツェルマーは、全く聞いた様子もなく、ただじっと見ていた。

306.　МЭЛМИЙ-

1.［場所（平原など）：広い、平ら、無限］（「広々とした」、「見渡す限り」）

2.［液体（水など）：多い、満ちる、たまる］（「なみなみ」、「うるうる」）

1. <u>Мэлмийсэн</u> цагаан талд, Мэнгэ адил хэдэн адуу харагдана ... (Н.Т)
　見渡す限りの何もない草原に、ほくろのように数頭の馬が見える…。

2. Айраг цагаа дүүрэн <u>мэлмэлзэх</u> үеэр ... ирлээ. (Д.Ц)
　馬乳酒や乳製品がなみなみに満ちあふれる時期に…やってきた。

307. МЭЛТИЙ-

1. [場所（平原など）：広い、平ら、無限]（「広々とした」、「見渡す限り」）
2. [液体（水、涙など）：多い、満ちる、たまる]（「なみなみ」、「うるうる」）
3. (転)[月など：大きい、明るい、静か]（「丸々と明るい」）
4. (転)[人の行為：（マイナスイメージで）見る、目を大きくする、黙る]
   （「まじまじ」、「じろじろ」、「じっ」、「目を大きく見開く」）

1. Үүр гэгээрч, орчин хавь тавиусан холх газар мэлтийн цэмцийнэ. (З.Б)
   夜が明け視界が開けて、はるか遠くが無限に広がりきれいに見える。

2. Дондог царсан аяга дүүрэн архи мэлтэлзүүлэн барьж ирээд аманд минь
   ойртуулав. (Б.Ч)
   ドンドグは、樫のお椀一杯に酒をなみなみと注いで持ってきて、私の
   口元に近づけた。

3. Тэнгэрт тэргэл саран мэлтийж, орчны юмс тов тодхон. (Г.Д)
   空に満月が丸々と明るく輝き、周囲の物が実にくっきりと見える。

4. Гэвч алаг бяруу гөлийсөн том нүдээр мэлтийтэл харахаас өөр ямар ч
   хариу өгдөггүй байлаа. (Ц.Д)
   しかし、斑の二歳の子牛は、じっと見つめた大きな目でまじまじと見
   る以外、何の反応もしなかった。

308. МЭЛЦИЙ-

[場所（平原など）：広い、平ら、無限]（「広々とした」、「見渡す限り」）
Хөндий тал мэлцийн цэлийгээд, хааяа нэг уулын орой эрвийн үзэгдэнэ.
(Д.Н)
山谷平原が見渡す限り広がり、時折山の頂がごつごつ突き出て見える。

309. МЭХИЙ-

1. [細長い物の先（木など）：曲がる、下へ、角度大]
   （「ぐにゃっ」、「湾曲した」）
2. [人の行為：（敬語）上半身を曲げる、頭を下げる、自発的に]
   （「ぺこっ」、「ぺこり」、「お辞儀する」）
3. (転)[人の行為（仕事に対して）：励む、努力する]
   （「こつこつ」、「精を出す」）

1. Мэхгэр модны сүүдэрт суув.

   ぐにゃっと曲がった木の陰に座った。

2. Япон хүмүүс тэр хаалганы өмнө мэхийн ёслоод алгаа нэг ташаад
   хаалгын доогуур гараад явчих юм. (Ц.Д)

   日本人たちは、その門の前でお辞儀しあいさつして、一回手をたたい
   てから、門の下を通って行ってしまうのだ。

3. Ажилдаа зүтгэн мэхийх нь бахадмаар ... байлаа. (С.Л 3)

   仕事に懸命にこつこつ励むのは、誇りに思うほどで…あった。

310. МЭЭТИЙ-

1. [細長い物の両端：曲がる（反る）、上へ、真ん中がくぼむ]
   (「弓状に反った」、「上に反り曲がった」)

2. (転)［人の顔：額と顎が突き出る、目がくぼむ]
   (「しゃくれた」、「しゃくれ」)

1. Монгол гутал өмссөн өвгөн мээтгэр хоншоор дээр нь гаасныхаа цогийг
   цохиж унагаана.

   モンゴル靴を履いた老人は、上に反った靴の先で、キセルの炭火をた
   たき落としている。

2. 1928 оны улсын их наадамд буур Жамьян арслан түрүүлж, мээтэн Аюур
   үзүүрлэсэн байна. (Ж.Д 3)

   1928 年の国の祭典ナーダムで、ボール（種ラクダ）の異名を持つ大
   関ジャミヤンが優勝し、メーテン（しゃくれ）の異名を持つアヨール
   が準優勝したのだ。

Н

311. НАВСАЙ-

1. [物（布製、木製など）：破れる、垂れる、古い]
   (「ぼろぼろ」、「おんぼろ」)

2. [服：大きすぎる、幅広い、垂れる]（「だぶだぶ」、「ぶかぶか」）
3.（転）[人の行為（навсганах という動詞で）：（冷やかしの意で）軽い、真似する、従う]（「ぺらぺら」、「薄っぺら」）

1. Тэртээ алсад ядуу малчны <u>навсгар</u> хар овоохой бий. (Б.Н)
   はるか遠くに貧しい牧民のおんぼろのあばら家がある。

2. Морь унасан байдал нь Бөмбөөтэй төстэй юм гэхэд <u>навсгар</u> Мэсэн уранхай дээлийнхээ салбархай ханцуйг шамлаж ... дайрлаа. (О.Ц)
   馬に乗った状態がブンブーに似ていると言うと、だぶだぶな服のメセンは、破れたデールのぼろぼろの袖をまくり…突進してきた。

3. Цэвэгийн талд ч хүрэхгүй хирнээ бас дагаад <u>навсганаж</u> явдаг байх нь ээ. (Д.Э)
   実力がツェベグの半分にも及ばないくせに、また彼にくっついて、ぺらぺらしているんだね。

312. НАВТАЙ-

1. [隆起物の上部：低い、短い、平ら]
   （「ぺちゃんこ」、「ぺしゃんこ」、「ぺったんこ」）

2.（転）[人や動物の体：低い、背が曲がる、動作の遅い]（「前かがむ」）

1. Очиж үзэхэд өчигдөр орой овойж байсан хаягдал өнөөдөр бүр <u>навтайчихсан</u> байна. (Ц.Д)
   行って見ると、昨晩は山のように盛り上がっていた（家畜の内臓の）廃棄物が、今日は全くぺちゃんこになってしまっている。

2. Манзач лам орж ирээд, <u>навтайн</u> ойртож ... байлаа. (З.Б 2)
   給仕担当のラマ僧が入ってきて、前かがみになり近づいて…いた。

313. НАВХАЙ-

[物（建物など）：低い、著しい、古い、見かけの悪い]
（「古くて低くかぶさるような」）

... хэн ч тоодоггүй хуучин муу <u>навхгар</u> байшингаас шөнөжин доторх юмыг нь зөөлгөж цэвэрлэж бэлтгэсэн гэдэг. (Д.Бц)
…誰も気にしない古びた天井が低くかぶさるような建物から、一晩中その中の物を運び出させ、掃除して準備したそうだ。

314. НАВЧИЙ-

［空洞の物（靴、鼻など）：つぶれる、平ら、中がくぼむ］

（「ぺしゃんこ」、「ぺちゃんこ」）

Гутлынх нь хоншоорыг навчийтал гишгэжээ. (МУШУА)

靴のつま先をぺしゃんこになるまで踏みつけた。

315. НАВШИЙ-

［人の鼻など：低い、小さい、平ら］（「ぺちゃんこ」、「ぺちゃんこ鼻」）

... хамрын үзүүр навшийх буюу унаж ч болно. (В.П)

…鼻先がぺちゃんこになるか、あるいは落ちることもあり得る。

316. НАГЖИЙ-

1. ［人の体、首など：短い（低い）、著しい］

（「ちんちくりん」、「ずんぐりした首」、「猪首（いくび）」）

2. ［物の高さ（家の天井、荷車など）：低い、著しい］

（「低くかぶさるような」）

3. (転)［人の行為：恐れる、落ち着かない］（「びくびく」、「おどおど」）

1. Нагжийсан эмгэн зуухны өмнө цай ууж суув.

ちんちくりんなお婆さんは、かまどの前でお茶を飲んで座っていた。

2. "Биндэръяа", "Арандалынхан" энэ тэрийг бичсэн Биндэрийн Нямаа авгай гэр хорооллын галлагаатай нагжгар тагзанд тав тухгүй аж төрөн суухдаа гол бүтээлүүдээ хийснийг ... (Д.Цоо)

「ビンデルヤー」、「アランダル一家」などを書いたビンデル・ニャマー氏は、ゲル地区の火を焚く、天井が低くかぶさるようなあばら屋で不便に暮らしていた時に、主要作品を執筆したのを…。

Урагшаа өцийж, хойшоо нагжийтал суучихсан гэрүүдтэй, тэр хээрийн буудалд ... (Д.М)

前方にかがみ、後方に低くかぶさるように傾いたゲル集落のある、その野外の宿営地に…。

3. Гэрийн даалгавар хийгээгүй сурагчид багш руугаа харж чадахгүй хамгийн ард нагжийн суудгаана.

宿題をしなかった生徒たちは、先生の方を見ることができず、一番後

ろでびくびくしながら座っている。

317. НАЛАЙ-

1. [季節、天気など：穏やか、静か、暖かい]（「のどかな」、「うららか」）
2. [土地、場所：広大な、平たい、心地よい]（「ゆったり」、「広々とした」）
3. (転) [人、動物の姿：安心、落ち着く、自由]（「のんびり」、「のびのび」）
4. (転) [場所の雰囲気：和やか、快適、何不自由ない]
   （「ゆったり」、「のんびり」、「居心地のよい」）
5. (転) [人の行為：怠ける、動かない]（「だらっ」、「だらり」）

1. Намрын налгар шаргал говь гэгч чухамхүү ертөнцийн чимэг ээ! (С.Э 6)
   秋ののどかな黄金色のゴビというのは、まさにこの世の飾りだ。

2. Өлгий нутгийн минь налгар хөндийд, Өрнүүн ажлын амжилт арвин ...
   (С.Д 4)
   わが生まれ故郷のゆったりとした谷間に、発展する労働は成功に富ん
   でいる…。

3. Төмөрөөс үргэсэн сүрэг зээр дээр дээр үсрэн давхиж зугатсанаа
   гэнэт эргэж алсаас ирсэн энэ хүнийг таних гэсэн юм шиг баахан харж
   зогссоноо налайн идээшилнэ. (Ч.Л)
   トゥムルにびくっと驚いたかもしかの群れは、ぴょんぴょん跳ね走っ
   て逃げるや突然振り返り、遠くからやって来たこの人間のことを知ろ
   うとしていたかのように、かなりながめ立ち止まってから、のんびり
   と草を食んでいる。

4. Эднийх ч сайхан налгар айл шүү.
   ここの家は、素敵なゆったりした家庭だよ。

5. Бидний жаргал энэ гэсэн шиг нозоорон налайна. (П.Л 2)
   私たちの幸せはこれだと言わんばかりに暑さで参り、だらっとしてい
   る。

318. НАЛБАЙ-

[布製の物：大きすぎる、垂れる]（「だぶだぶ」、「ぶかぶか」）
Налбагар том бүрх нүүрийг нь бараг халхалжээ.
ぶかぶかで大きなつばのある帽子が、彼女の顔をほぼ覆い隠している。

319. НАЛМАЙ-

[布製の物（上着など）：大きすぎる、垂れる]（「だぶだぶ」、「ぶかぶか」）

Хүү налмайсан урт хар цув нөмөрчээ.

男の子は、だぶだぶになった長くて黒いレインコートを羽織っていた。

320. НАЛМИЙ-

[物（帽子など）：変形する、古い、見かけの悪い]

（「ぼろぼろ」、「よれよれ」）

Налмигар эсгий малгай өмсжээ. (И.Д)

よれよれのフェルト製の帽子をかぶっていた。

321. НАЛЧИЙ-

1. [物（草、髪、たてがみなど）：細長い、量感のない、平たい]
   （「ぺたんこ」、「ぺったんこ」）

2. (転) [物（椅子など）：低い、平たい、見かけの悪い]
   （「低くかぶさるような」）

3. (転) [人や動物の体の一部（鼻、こぶなど）：低い、小さい、平たい]
   （「ぺったんこ」、「ぺちゃんこ」、「ぺちゃんこ鼻」）

1. Өвгөн бөхийхөөрөө бөхийж, мориныхоо налчгар дэлэнд гараа хүргэн, хүүгийнхээ тухай бодож явлаа. (О.Ц)
   老人は、できる限り前かがみになって、馬のぺたんこなたてがみに手を触れ、自分の息子のことを考えながら行った。

2. ... хөх даалимбаар бүтээсэн мухлагтай налчгар тэргэнд хөллөсөн бүдүүн шаргал морь нь ... (С.Э)
   …青い粗悪な木綿で覆った幌付きの、低くかぶさるような馬車につないだ太った栗毛の馬が…。

3. Налчгар бөхтэй тэмээ.
   ぺったんこなこぶ付きラクダ。

322. НАМАЙ-

1. [天気：穏やか、静か、風のない]（「のどかな」）
2. [人の態度：穏やか、おとなしい]（「落ち着いた」、「温和な」）

3. (転)［板状の物（намалзах という動詞で）：へこむ、戻る、上下に］
（「ぺこぺこ」、「へこへこ」）

4. (転)［人の行為（намалзах という動詞で）：機嫌を取る、こびる］
（「ぺこぺこ」、「顔色をうかがう」）

1. Намайсан сайхан өдөр болох нь дээ.
穏やかな天気のいい日になりそうだね。

2. Намайсан сайхан өвгөн ажээ. (Д.Ма 3)
落ち着いた感じのいいお爺さんだった。

3. Банзан шалыг намалзтал тэп тэп гишгэлэн бүдүүн түлээ баахныг тэвэрч
ирэв. (Цог)
板の床がぺこぺことへこむほど、どたどた踏みつけながら、太い薪を
たくさん抱えてやってきた。

4. Магсаржавыг тасалгаанд ороход Го Си Лин хар тамхинд шарласан
шүдээ ярзайлган инээж босоод ... намалзан хоёр гараар дээш суухыг
урив. (Ч.Л)
マグサルジャブが部屋に入ると、ゴー・シー・リンは、阿片で黄色く
なった歯をむき出して笑って立ち上がり…ぺこぺこしながら両手で上
座に座るように招いた。

323.　НАМБАЙ-

1.［天気：穏やか、静か、風のない］（「のどかな」）

2. (転)［大人の態度：穏やか、落ち着いた、振舞う］
（「しとやか」、「しゃなりしゃなり」）

1. Намбагар тэр үдшийг дууриах мэт аяархан ярилцана. (Ш.Г)
穏やかなその晩をまねるかのように静かに話し合っている。

2. Хүү минь ингэж алиалахаа боль гэж хэлээд гэр рүүгээ намбалзан алхав.
(О.Ц)
「息子よ、こんなにふざけるのはやめろ」と言って、家の方へしゃな
りしゃなりと歩いた。

324.　НАРМИЙ-

1.［人の鼻：鼻筋の低い、鼻孔の広い］（「ぺちゃんこ」、「ぺちゃんこ鼻」）

2. (転)〔物：壊れる、変形する、不要〕(「ぺちゃんこ」、「ぐしゃっ」)

3. (転)〔人の行為：なぐる、負かす〕(「こてんぱん」、「ぎゃふんとなる」)

1. ... бүдүүн өвсөнд бүдрэх мэт нэг нармийсан шар залууд ойччихжээ. (С.Д 5)
…「(力士も)太い草につまずく」ように、ぺちゃんこの鼻をした顔の黄色いある若者に負けてしまった。

2. Машины хамар нармийж, хажуу тал нь 10 метрийн гүнтэй шуудуунд орсон байлаа. (Ка)
車のボンネットがぺちゃんこになり、側面が十メートルの深さの溝にはまっていた。

3. Гурван зуун мянган цэрэгтэй, мөнгө, зэвсгээр цалгиж байсан мөртлөө тийм амархан нармийчих гэж. (Б.Н)
三十万の兵士がいて、資金や武器であふれていたのに、いとも簡単にこてんぱんにやられてしまうとは。

325. НАХИЙ-

1. 〔細長い物（枝など）：真ん中が曲がる、四方八方へ、弾力のある〕
(「ぐにゃっ」、「ぐにゃぐにゃ」、「しなる」、「たわむ」)

2. 〔体の関節（膝など）：曲がる、折れる、自由自在に〕
(「しなしな」、「しなやか」)

3. (転)〔人の行為(нахилзах という動詞で)：上半身を曲げる、頭を下げる、自発的に〕(「ぺこぺこ」、「お辞儀する」)

1. Том том хуш сүртэйгээр ганхаж, зулзган нарсны үзүүр газар гуядан шахан нахилзана. (Б.Н)
大きなスギの木々がものすごく揺れ、若いマツの枝の先が地面をたたきつけるように、ぐにゃぐにゃにたわんでいる。

2. Тэнд уянгат хөгжим хөгжимдөн нахилзуур бүжгүүдийг бүжиглэж байв. (Ц.Д)
あそこで叙情的な音楽を演奏し、様々なしなやかなダンスを踊っていた。

3. Шагдар туслагч Баваасангийн өмнө гар дэлгэн нахилзаж ... (Б.Н)
補佐官シャグダルは、バワーサンの前で手を広げ、ぺこぺこして…。

326. НУГДАЙ-

［人や動物の行為：首を短くする、体を縮める］

（「首を引っ込める」、「肩をすくめる」）

Шагдар, чацархаг түшмэлийн араас нугдайн дагаж дотогш ормогц гэнэт саа тусчихсан юм шиг татваганан зогсчихлоо. (Б.Н)

シャグダルは、大柄な役人の後ろから首を引っ込めながらついて行き、中に入るやいなや、急に中風にかかったかのようにぴくぴく動いて、立ち止まってしまった。

327. НУГЖИЙ-

［人の行為：頭が低い、体が縮まる］（「体をかがめる」、「体をすくめる」）

Васил өвгөн, хүний ард нугжийн хяржж, буурал толгойгоо гунхуулан ... (Б.Н)

ワシル老人は、人の後ろに体をすくめて隠れ、白髪の頭を揺らしながら…。

328. НУРМАЙ-

［人の姿：元気のない、弱々しい、すっきりしない］

（「生気がない」、「顔色がさえない」、「浮かぬ顔」）

Түдэв өөрийн эрхгүй нурмайн сууж харагдлаа. (Б.Б 3)

トゥデブは、自然と浮かぬ顔をして座っているのが見えた。

329. НЭВСИЙ-

1. ［物（服、覆い、羽など）：大きすぎる、幅広い、垂れる］

（「だぶだぶ」、「だぼだぼ」、「ぼろぼろ」）

2. ［自然（雲、森など）大きすぎる、広い、暗い、覆う］

（「一面に広がる」、「広大無辺の」、「だだっ広い」）

1. ... баруун зах дахь нэвсгэр овоохойд Буянцайг дагуулан оров. (Б.Н)

…西端にあるおんぼろのあばら家に、ボヤンツァイを連れて入った。

2. Тэр хотын том, нэвсгэр гэдэг нь гайхалтай. (Б.Н)

その町が一面広大に広がっているのは驚くほどだ。

330. НЭЛБИЙ-

1. [物（服など）:大きすぎる、幅広い、垂れる]（「だぶだぶ」、「ゆったり」）
2. [自然（雲、森など）大きすぎる、広い、暗い、覆う]
   （「一面に広がる」、「だだっ広い」）

1. ... элбэгдэж нэлбийсэн саарал шинельтэй ... хоёр залуу Сүхбаатарын анхаарлыг татлаа. (Ч.Л)
   …だぶだぶでゆったりした灰色の軍人用外套を着た…二人の若者がスフバータルの注目を引いた。

2. Шатсан нэлбэгэр хар үнсний дунд энд тэнд эвдэрхий шавар байшингийн хана дорсойн харагдана. (Ч.Л)
   燃えた一面に広がる黒い灰の中で、あちこち壊れた泥の建物の壁が出っ張って見える。

331. НЭЛИЙ-

1. [場所（平原など）:広い、平ら、無限]（「広々とした」、「見渡す限り」）
2. [液体（水など）:多い、満ちる、たまる]（「なみなみ」、「うるうる」）

1. Нэлийсэн их талын энд тэнд шувууд нисэн буух нь тэр бүрт бөхөнгийн сэг зэм байгааг илтгэнэ. (Б.Э)
   見渡す限りの大草原のあちこちに、鳥たちが舞い下りるのは、その度にサイガ（オオハナカモシカ）の死骸があることを示している。

2. Дүүгийн асгасан сүү шалаар нэг нэлийж байлаа.
   妹のこぼしたミルクが、床一面にあふれていた。

332. НЭЛМИЙ-

1. [物（服、覆いなど）:大きすぎる、幅広い、垂れる]（「だぶだぶ」）
2. [自然（雲、森など）大きすぎる、広い、暗い、覆う]
   （「一面に広がる」、「だだっ広い」）

1. Өчигдрийн аянчин нэлмэгэр урт цуваа эвхэж ... (Н.Бд)
   昨日の旅人は、だぶだぶで長いトレンチコートを折りたたみ…。

2. Орчны газрыг тужид нь бүрхэн нэлмийсэн нарсан ой дунд юу нуугдаж байгаа нь мэдэгдсэнгүй. (Б.Н)
   あたりの土地を完全に覆い尽くし、一面に広がった松林の中に、何が

隠れているのかわからなかった。

333. НЯЛАЙ-

1. ［液体（泥、水など）：広がる、多量、一面に］
   （「ねばねば」、「べとべと」、「どろどろ」）
2. （転）［人の行為（нялганах という動詞で）：機嫌を取る、優しく接する、
   こびる］（「よいしょする」、「持ち上げる」）

1. Тосгоны айлууд ихэвчлэн жижигхэн 2 давхар байшинтай, гадаа нь
   хэсэгхэн дөрвөлжин газарт нялайсан устай байсан нь цагаан будааных
   нь талбай гэнэ. (Л.Бо)
   村の家々は、大部分が小さな二階建ての家で、外には一部、四角い場
   所にどろどろした水を貯えていたのは、その家の田んぼだそうだ。

2. Эд нар ингэж нялганасан маягтай л ярьдаг юм чинь (Т.Б 7)
   この人たちは、こうやって持ち上げた様子で話すんだから。

334. НЯЛБАЙ-

1. ［物（生肉、果物など）：（マイナスイメージで）水気のある、柔らかい、
   形の崩れる］
   （「べとべと」、「ねとねと」、「にちゃにちゃ」、「べちゃべちゃ」）
2. （転）［物の味、におい：甘い、度が過ぎる、嫌い］
   （「甘すぎる」、「甘ったるい」、「鼻につく」）

1. Хиймэл цастай нялбайх биш байгалийн цасан дээр гулгах нь манайхаас
   урагш амьдардаг олон зуун сая хүний мөрөөдөл билээ. (Д.Ж)
   人工雪でべちゃべちゃするのではなく、天然雪の（さらさらした）上
   を滑るのが、わが国より南の方に暮らす何億人もの夢なのだ。

2. Чихэр нь ихэдвэл нялбагар амттай болно шүү.
   砂糖を入れすぎると、甘ったるい味になるよ。

335. НЯЛЦАЙ-

1. ［物（小麦粉、泥など）：水分の多い、溶ける、粘りのある、くっつく］
   （「ねばねば」、「どろどろ」、「べとべと」）
2. ［物（生肉、海藻など）：水気のある、柔らかい、粘りのある］

(「ぬるぬる」、「ぬめぬめ」、「ねとねと」)

3. (転) [大人の姿 (体調、顔色など) : 元気のない、弱る、すぐれない]
   (「へなへな」、「へたへた」、「しゃきっとしない」)

4. (転) [動物 (нялцгай という名詞で) : 柔らかい、無脊椎、殻で保護]
   (「軟体動物」)

5. (転) [人の思考 (нялцганах という動詞で) : 厳しさのない、不十分]
   (「考えが甘い」、「甘っちょろい」、「生ぬるい」、「中途半端」)

1. Бас их ус хийчихвэл гурил нь нялцайн зууралдаад цуйван биш болдог
   юм. (Л.Д 2)
   さらに水を多く入れてしまうと、小麦粉がねばねばしてくっつき合っ
   て、ツォイワン (蒸し焼き麺) でなくなってしまうのだ。

2. Тороо усанд тавьж, загас шүүрдэж эхлэв, анхан нэг шүүсэнд нялцгар
   замаг гарав. (Ц.Д)
   (お爺さんは) 網を海に投げ、魚をすくい始めた。初めてすくい上げ
   ると、ぬるぬるした藻が出てきた。

3. Чи ер нь энэ нуурын захад шавар шиг нялцайсан муу эр шив дээ. (Ж.П)
   おまえは、そもそもこの湖のほとりで、泥のようにへなへなした最低
   な男のようだな。

4. Нялцгай биетийн томоохон төлөөлөгч бол эмгэн хумс. (Д.Ган)
   軟体動物の大きな代表はカタツムリだ。

5. Удирдаж байгаа би нялцганаад байвал бидний санасан юм бүтэхгүй.
   (Б.У)
   指導している私が甘く振舞っていたら、私たちの考えたことは実現し
   ない。

O

336. ОВОЙ-

1. [物の表面 : 突き出る、盛り上がる (膨らむ)、外へ]

（「ぽこん」、「山のように盛り上がる」）

2. (転)［物（仕事、闘いなど）（оволзох という動詞で）：多すぎる、忙しい、一生懸命］（「山積みになる」、「ばたばた」）

3. (転)［人の感情（喜び、怒りなど）（оволзох という動詞で）：激しい、起こる、自然に］（「ふつふつ」、「わくわく」、「かっと」）

1. Очиж үзэхэд өчигдөр орой <u>овойж</u> байсан хаягдал өнөөдөр бүр навтайчихсан байна. (Ц.Д)
   行って見ると、昨晩は山のように盛り上がっていた（家畜の内臓の）廃棄物が、今日は全くぺちゃんこになってしまっている。

2. Маргааш нь өглөө эрт ажил <u>оволзож</u> байтал замаар олон машин цувран гарч ирлээ. (Л.Т 5)
   翌日早朝、仕事でばたばたしていると、道にたくさんの車が列をなして現われてきた。

3. Баярлах сэтгэл цээж дүүрэн <u>оволзов.</u> (П.Х)
   喜ぶ気持ちが、胸いっぱいにふつふつとわき上がった。

337. ОГДОЙ-

1.［物（尾、服など）：短い、著しい、不釣合い］（「ちんちくりん」、「つんつるてん」、「寸足らず」）

2.［人や動物の体（ネズミなど）：低い、小さい、丸い］（「ずんぐり」）

1. <u>Огдгор</u> шар хөвөнтэй дээлээ өрөөлдөн нөмрөв. (Л.С)
   ちんちくりんな黄色い綿入りのデールを横にして掛けた。

2. Зарц Долдой гэрт хулгана адил <u>огдгонон</u> орж ирээд ... хэлэв. (Л.Т 2)
   使用人ドルドイは、ゲルの中に、ずんぐりしたネズミのようにちょろちょろしながら入ってきて…言った。

338. ОГТОЙ-

1.［物（尾、服など）：短い、著しい、不釣合い］（「ちんちくりん」、「つんつるてん」、「寸足らず」）

2.［人や動物の体：低い、小さい、太い］（「ずんぐり」、「ずんぐりむっくり」）

3. (転)［期間（日に対して）：(比喩表現) 短い、照る］（「日の短い」）

1. <u>Оготор</u> нэхий дээлээ явуут тайлж, хананд шаасан хадааснаас өлгөөд ...

(Б.Н)

ちんちくりんな毛皮のデールを歩きながら脱いで、壁に打ち込んだ釘に掛けて…。

2. Бэлгүтэй оготор хонгор морийг унаж, тарвага агнахаар явсан билээ. (Ц.Д 2)

ベルグテイは、ずんぐりした栗毛の馬に乗って、タルバガ狩りに行ったのだ。

3. Утаа болсон хөх майхны гадна хөл нүцгэлэн намрын оготор шар наранд тарайн хэвтэж байсан Галсан … (Ч.Л)

煙がかかった青いテントの外で裸足になり、日の短い秋の金色の太陽の下、大の字に横たわっていたガルサンは…。

339.　ОГСОЙ-

［物（尾、髪、裾など）：短く見える、持ち上がる、上に］

（「上に短く持ち上げる」）

Жаахан охин шиг үсээ огсойлгон боосон харагдана. (Б.Н)

少女のように髪を上に短く束ねているのが見える。

340.　ОЛИЙ-

1. ［人の目：不ぞろい、異なる、上に向く］

（「斜視」、「ひんがら目」、「ロンパリ」）

2. (転)［人の姿：背が高すぎる、やせる、元気のない］

　　　（「ひょろっ」、「ひょろり」、「ひょろひょろ」）

1. Олигор эр хамгийн түрүүнд босож … үг хэлэв. (С.Д 2)

ひんがら目の男が真っ先に立ち上がり…発言した。

2. Нуурын захад суудлын ногоон "69" машин байх бөгөөд буу барьсан олийсон өндөр хүн машинаасаа гаран, зүүн тийш гүйж харагдав. (Ш.В)

湖岸に緑色のロシア製 69 軍用車があり、銃を手に持ったひょろっとした背の高い人がその車から出て、東の方へ走っていくのが見えた。

341.　ОМОЙ-

1. ［容器の口（茶碗、瓶など）：狭い、小さい、内側に］　（「内側にすぼむ」）

2.（転）［空間（部屋など）：狭い、小さい］

　　　（「手狭な」、「猫の額ほど」、「うさぎ小屋」）

3.（転）［人や家畜の皮など：（熱や乾燥で）しわの寄る、縮む］

　　　（「しわしわ」、「しわくちゃ」）

4.（転）［人の行為（омойлгох という動詞で）：（布類を）縫う、下手に］

　　　（「くちゃくちゃ」、「ぐちゃぐちゃ」）

1. Наана чинь байгаа <u>омгор</u> амсартай лонхыг аваад өгөөч.

　　そっちにある口がすぼんだ瓶を取ってちょうだい。

2. Тулганд түлсэн гал <u>омгор</u> бор гэрийг дорхон нь халааж ... (Д.М)

　　かまどに焚いた火は、ちっちゃな見すぼらしいゲルをすぐに暖めて…。

3. <u>Омойтол</u> хатсан навчис орой дээрээс нь унасан хөх даавуу майхан

　　хөвчийн модонд хөвсийнэ. (Б.Ж)

　　しわしわになるまで乾いた葉っぱが上から天井に落ちた青い布地のテ
　　ントが、丘陵の森林でふんわりしている。

4. Олсны учгаар <u>омойлгон</u> хэрж ... байв. (Ж.Д)

　　麻の糸でくちゃくちゃに粗く縫って…いた。

342.　ОНГОЙ-

1.［閉鎖された物（窓、ドアなど）：開く、すき間ができる］

　　　（「開（あ）く」、「開（ひら）く」、「開け広げる」）

2.［人や動物の鼻孔：より大きい、広い］（「鼻の穴が大きい」）

3.（転）［建物や部屋の中：整理、きれい、十分な空間］

　　　（「きちんとした」、「広々とした」、「開放的な」）

4.（転）［座席、定員など：占有のない、空く］

　　　（「空席がある」、「欠員になる」）

1. Түгжээг мултлахад хүнд үүд аяархан <u>онгойж</u> хүн дөнгөж багтахуйц

　　завсар гарав. (Б.Н)

　　かんぬきをはずすと重い扉が静かに開き、人がやっと入れるほどのす
　　き間ができた。

2. Шонхойх нэг үзүүр, <u>Онгойх</u> хоёр нүх (Оньсого: хамар)

　　尖っている一つの先、開いている二つの穴（なぞなぞ：鼻）

3. Байшин их л сайхан зайтай болж <u>онгойгоод</u> ... ирлээ. (Б.Б 3)

建物は、とてもゆったりしたスペースができ開放的に…なってきた。

4. Онгорхой суудал байна уу?

空席はありますか。

343. ОНДОЙ-

1. ［人や動物の尻：太い、丸い、上へ］
   （「尻がぐっと持ち上がった」、「ぷりっと盛り上がった」）

2. (転)［人の行為（ондгонох, ондолзох という動詞で）：何度も立ち上がる、
   落ち着かない、座る］（「そわそわ」）

1. Биеийн тухайд бөгс нь жаахан ондгор, цээж нь жаахан гударгуу. (А.Т 2)
   （競走馬の）体格に関しては、臀部が少し盛り上がり、胸部が少し前
   傾している。

2. Бат ондгонон суух нь харагдлаа.
   バトはそわそわして座っているのが見えた。

344. ОНИЙ-

1. ［人の目：細い、小さい、著しい］（「目の細い」、「細目」、「目を細める」）

2. (転)［物の大きさ（窓、穴など）：(マイナスイメージで) 小さい、狭い］
   （「ちっちゃな」）

3. (転)［光（電球、ライトなど）（онилзох という動詞で）：小さい、弱い、
   点滅する］（「ちかちか」、「ちらちら」）

1. Тийм том нүгэл хийж чадахгүй гэж Жамбал хэлэхэд Данигай онигор
   нүдээ зальтай цавчлан инээмсэглэж ... (Ч.Л)
   「そんな大きな罪を犯すことはできない」とジャンバルが言うと、ダ
   ニガイは、細い目をずるそうに瞬きしながらほほ笑んで…。

2. Онигор цонхнуудын гэрэл сүүмэлзэхийг харж ... байлаа. (С.Э)
   ちっちゃな窓々の光がちかちかするのを見て…いた。

3. Намрын шөнө комбайны гэрэл газар сайгүй гялалзан онилзож ... байв.
   (Б.Б 3)
   秋の夜、コンバインのライトが至る所にきらきらちかちかして…いた。

345. ООДОЙ-

1. [衣服（デール、ズボンなど）：短い、著しい]
   (「ちんちくりん」、「つんつるてん」、「寸足らず」)
2. [物（尾、馬車のながえ、銃など）：短い、小さい、著しい]
   (「短小の」、「尾の短い」)

1. Эмчид үзүүлнэ гээд алга болдог нь <u>оодон</u> даашинз өмсөж ирснийх ажээ. (С.Э)
   医者に診てもらおうとしていなくなったのは、ちんちくりんなワンピースを着てきたためだった。
2. Жижгэвтэр биетэй, <u>оодгор</u> сүүлтэй үрээндээ эзэн нь <u>Оодон</u> халтар хэмээх нэрийг хайрласан ... юм билээ. (А.Т)
   やや小柄な体をした尾の短い三歳の雄馬に、持ち主は「オードン・ハルタル（尾の短い栗毛馬）」という名前をつけた…のだ。

346. ОРВОЙ-

[人の毛髪：逆立つ、乱れる、見かけの悪い]（「つんつん」)

Үс чинь яагаад <u>орвойчихсон</u> юм бэ?
君の髪は、どうしてつんつん逆立っているのか。

347. ОРСОЙ-

[人の歯：突き出る、一部、外へ]（「出っ歯」、「出っ張る」)

Удахгүй найзынхаа давхар баярыг тэмдэглэнэ гээд инээтэл бусдаас доёийж буруу ургасан <u>орсгой</u> шүд нь ил гаран харагдав. (Ш.Ц)
もうじき友達の二重の喜びを祝うんだと言って笑うと、他よりも飛び出て曲がって生えた出っ歯があらわになって見えた。

348. ОРЧИЙ- → АРЧИЙ-

349. ОЦОЙ-

1. [人や動物の尻：突き出る、後ろへ、大きい]（「尻がつんと突き出た」)
2. (転) [動物の姿（犬など）：前足を立てる、後ろ足で座る]
   (「ちょこんと座る」)

3.（転）［物（荷を積んだ車など）：前部が上がる、後部が下がる］
　　（「後部が沈む」）

1. Алиалагч гэдсээ чангалж бөгсөө оцойлгон зогсов.
　　ピエロは腹に力を入れて、尻をつんと突き出して立った。

2. Хөгшин чоно агуйгаас гарч, оцойн суугаад улив. (Д.Нам)
　　年老いた狼は洞穴から出て、後ろ足でちょこんと座って遠吠えした。

3. Машинд тоосго оцойтол нь ачжээ.
　　車にレンガを後部が沈むまで積んだ。

Θ

350.　ӨГВИЙ-

1.［立っている物：傾く、前に、不安定］（「前のめり」、「前傾した」）
2.［人の姿：かがむ、弱々しい、元気のない］（「腰の曲がった」）
3.（転）［人や動物の姿：貧弱、哀れ］（「みすぼらしい」、「貧相な」）

1. Заасан зүг рүү харвал өгвийсөн ганц бор гэр байлаа.
　　指した方向を見ると、前のめりに傾いた一つのおんぼろのゲルがあった。

2. Сургуулийн манаачаар нэг өгвөгөр өвгөн ажилладаг байсан.
　　学校の守衛として、一人の腰の曲がった老人が働いていた。

3. Өгвийсөн муур гүйж явав.
　　みすぼらしい猫が走って行った。

351.　ӨЛБИЙ-

1.［人や動物の姿：弱々しい、衰える、元気のない］
　　（「ぐったり」、「衰弱した」、「生気のない」）
2.（転）［人や動物の行為（өлбөлзөх という動詞で）：（マイナスイメージで）
　　　　欲しがる、探し回る、欲張る］
　　　　（「ぎらぎらした目で」、「欲望むき出しの」、「物欲しげな」）

1. Тэгээд өлбөр биет охиноо дагуулж Үд хотоор дамжин ... урт замыг туулан явлаа. (Б.Н)

そして、衰弱した体の娘を連れて、ウドゥ市を経由し…長い道のりを通って行った。

2. "Унасан моринд хүртэл өлбөлзөн орж байна" гэж хүмүүс их л дургүй байсныг Сүхбаатарт хэлэв. (Ц.Д)

「(彼らは) 人の乗っている馬まで、ぎらぎらした目で見ている」と人々がひどく嫌っていたことをスフバータルに伝えた。

352. ӨЛИЙ-

1. [人や動物の行為：あごを上げる、首を伸ばす、見る]（「首をもたげる」、「あごを上げ首を伸ばす」）

2. (転)[人や動物の行為(өлөлзөх という動詞で)：(マイナスイメージで) 欲しがる、探し回る]（「ぎらぎらした目で」、「物欲しげな」）

3. (転)[人の態度：横柄、威張る、見下す]（「上から目線で見る」）

1. Тэр хүн буриадаар хэлсэнболовч Кузнецов ойлгочихсон юм шиг олны зүг өлийн харснаа ... (Б.Н)

その人はブリヤート語で言ったが、クズネツォフはすっかり理解したかのように、大衆の方へ首をもたげて見てから…。

2. Болцуу, Санжмаа хоёр шүлсээ залгиж, тогоо руу тэсгэлгүй өлөлзөөд Тамжид эмээдээ хар төмөр шанагаар нь толгойгоо тоншуулаад буцав. (Б.Н)

ボルツォーとサンジマーの二人は唾を飲み込み、鍋の中を我慢できず物欲しげにのぞき込んで、タムジド婆さんに、黒い鉄のひしゃくで頭をぽんとたたかれて戻って行った。

4. Өлийсөн доорхоо гишгэчих шахсан том амьтан болжээ. (И.Д)

上から目線で見た、下のものを踏みつけてしまうような横柄なやつになったね。

353. ӨМИЙ-

1. [人や物の口：狭い、小さい、内側に]（「もぐもぐ」、「内側にすぼむ」）
2. (転)[空間（部屋など）：狭い、小さい]（「狭小の」、「猫の額ほど」）

3. (転)〔人の行為（өмийлгөх という動詞で）：(破れた所を) 縫う、何とか〕
（「縫いつける」、「繕う」）

1. Хүү минь! гээд ам нь <u>өмөлзөн</u> юу юугүй нулимс нь мэлтгэнэж нүд дүүрэв. (П.Х)
「息子よ」と言って、彼は口をもぐもぐさせ、すぐに涙がうるうるし目にあふれた。

2. Та хэзээ миний <u>өмгөр</u> гэрт морилон очих бол? (Ч.Л)
あなたは、いつうちのあばら屋にいらっしゃるのでしょうか。

3. Эмээ минь уранхай цоорхойгоо <u>өмийлгөөд</u> өмсчихөж бай гэдэг сэн.
私のお婆ちゃんは、破れて穴の開いた所を繕って着ていなさいと言っていたなあ。

354. ӨНГИЙ-

1. 〔人の行為：かがむ、上から下へ、見る〕
（「上から見る」、「見下ろす」、「のぞき込む」）

2. 〔物（岩壁、山頂など）：傾斜する、上から覆う、かぶさる〕
（「張り出す」、「突き出る」）

3. (転)〔獣や人の行為（狼など）：欲しがる、見る、ねらう〕
（「のぞき見する」、「うかがう」）

1. Хүн <u>өнгийж</u> хүрэмгүй газарт хоёр гурван нүх гаргуулна гэж хэлсэн. (Б.Н)
人がのぞき込んで届かないような所に、二、三個の穴を開けさせると言った。

2. Хавь ойр харанхуйд умбаж хавцлын хурц оройнууд дээрээс <u>өнгийх</u> нь үнэхээр сүрдэм. (Г.А)
周辺は暗やみに沈み、峡谷の鋭いいくつもの頂が上から張り出しているのは、本当に恐怖を感じる。

3. Хот руу боохой <u>өнгийж</u> байна. (Л.Т 2)
家畜小屋を狼がねらっている。

355. ӨНДИЙ-

1. 〔横たわる人（頭、上半身など）：上げる、高い、少し〕
（「頭をもたげる」、「少し持ち上げる」）

2.（転）［人や動物、家畜など：起きる、座る、立つ］
（「起き上がる」、「体を起こす」、「立ち上がる」）

3.（転）［人の行為（өндөлзөх という動詞で）：何度も立ち上がる、落ち
着かない、座る］
（「そわそわ」、「腰を浮かせる」、「じっとしていられない」）

4.（転）［騎乗の行為：前かがみ、腰を浮かせる、鐙の上に立つ］
（「中腰で前傾の」、「モンキー乗り」）

1. Толгойг нь өндийлгөх гээд чадсангүй. (С.Даш)
彼の頭を少し持ち上げようとしたが、できなかった。

2. Буянцай удалгүй өндийж ... "хар гэрийн хаантай" суудал зэрэгцэв. (Б.Н)
ボヤンツァイは、ほどなく起き上がり…「家の大黒柱」と席を隣にした。

3. Буянцай ч дуусахыг нь хүлээх аргагүй болоод, суудал дээр өндөлзөн ...
(Б.Н)
ボヤンツァイは、それが終わるのを待ちきれなくなって、座席でそわ
そわして…。

4. ... "хүү минь ах нь худалдахгүй" гээд өндийж хатируулжээ. (Ч.Л)
…「おまえさん、兄さんは売らないよ」と言って、中腰の前傾姿勢で
馬を早駆けさせた。

356. ӨӨВИЙ-

1. ［立っている物：傾く、弱い、不安定］（「前のめり」、「前傾した」）

2. ［人や動物の子の毛髪：（親愛の意で）逆立つ、柔らかい、少ない］
（「ふわっ」、「ふんわり」、「ふわふわ」）

3.（転）［人や動物の姿：（マイナスイメージで）弱々しい、元気のない、
哀れ］（「みすぼらしい」、「貧弱な」、「貧相な」）

1. Энэ гайхамшигт сайхан цэцэрлэгийн дэргэд уулын хажууд ядуучуудын
муусайн дэрсэн овоохой өөвийж байх нь зохимжгүй шиг харагдана.
(Ц.Д)
この驚くほど美しい公園のそばの山の横に、貧乏人たちのおんぼろの
ハネガヤ草のあばら家が前のめりに傾いているのは、不相応のように
見える。

2. Өөвгөр бяцхан хүү минь орон дээрээ өндийгөөд ... (Ш.Д)

髪がふわっと立ったちっちゃなわが子が、ベッドの上で体を起こして
…。

3. Морин дээр яваа <u>өөвгөр</u> чинь хэн бэ? (Я.Ц)
馬に乗っているあのみすぼらしいやつは誰だ。

357. ӨРВИЙ-

1. ［細くとがった物（草木、髪、髭など）：逆立つ、短い、乱れる］
　　（「つんつん」、「ちくちく」）

2. （転）［人の行為（өрвөлзөх という動詞で）：警戒する、落ち着かない、
　　　周りを見る］（「おどおど」、「そわそわ」）

3. （転）［人の態度（特に若者に対して）（өрвөлзөх, өрвөс гэх, өрвөс
　　　хийх という形で）：不満を言う、従わない、逆らう］
　　　　（「つんつん」、「つっけんどん」、「とげとげしい」）

1. Тэгтэл цэргийн ахлагч үс нь <u>өрвийж</u>, царай нь зэвхийрсэн Балжууг
хараад ... (Б.Н)
すると、隊長は髪がつんつん逆立ち、顔色が青ざめたバルジョーを見
て…。

2. Түүний <u>өрвөлзсөн</u> нүд нэг л сайхан мэдээ хүргэж байгаа биш бололтой ...
(П.Х)
彼のおどおどした目は、何だか良い知らせを届けているのではなさそ
うで…。

3. <u>Өрвөс</u> гээд л алга болох юм. (С.У)
つんつんして姿を消すのだ。

358. ӨЦИЙ-

［人や動物の姿：上部がかがむ、尻が突き出る、立つ］
（「前かがみに立つ」）

Нэг банди <u>өцийн</u> бөхийн яс мэрэн байна. (Д.Н)
一人の小坊主が、前かがみに立って骨をかじっていた。

П

359. ПААРАЙ-

[服装（主に靴、ズボンなど）：大きい、厚い、見かけの悪い]
（「ぶかぶか」、「だぶだぶ」）

Тэрээр хүлэгтэй монгол гутлаа паарагануулан морио хөтлөн шогшингоо …
(Б.З)

彼は、革紐で縛ったモンゴル靴をぶかぶかさせながら、自分の馬を手
で引いて小走りに駆けるついでに…。

360. ПААЦАЙ- → БААЦАЙ- の強調表現

361. ПАГВАЙ- → БАГВАЙ- の強調表現

362. ПАГДАЙ-

1. [人や動物の体：背が低い、太い、小さい]
   （「ずんぐり」、「ずんぐりむっくり」）

2. [物（容器、瓶など）：低い、丸い、胴が大きい]（「ずんぐり」）

1. Нөгөө пагдгар биетэй эр нь амандаа зууж байсан хадаасаа авч ширэн
   уутанд хийгээд алхаа ишээр нь түрийлэх зуур "Дарга аа гүйцлээ" гэж
   бүдүүн паргиа дуугаар хэлэв. (Ч.Л)
   あのずんぐりした体の男は、口にくわえていた釘を取り出し皮袋に入
   れて、金づちを柄の方から長靴の胴に入れながら、「長官、終わりま
   した」と太いしわがれ声で言った。

2. Пагдгар шилэн сав сонголоо.
   ずんぐりしたガラスの容器を選んだ。

363. ПАЙЛИЙ-

[細長い物（手足、眉、線など）：より大きい、太い、広い、見かけの悪い]
（「どでかい」、「ばかでかい」）

Пайлгар том хөлдөө бухаар ширэн гутлыг холхиндог шахуу өмсчээ. (С.Даш)

ばかでかい足に馬革製の靴を、脚絆を巻かずゆったりした状態で履いた。

364. ПАЛАЙ- → ПАЛИЙ-

365. ПАЛБИЙ-

［細長い物（手足など）：大きい、より太い、見かけの悪い］
（「ごつごつ」、「ごつい」）

Өвөө маань эвэршиж палбийсан хуруугаараа зааж тайлбарлалаа.

うちのお爺ちゃんは、たこのできたごつごつした指でさして説明した。

366. ПАЛИЙ-

［細長い物（手足、眉など）：大きい、太い、広い、見かけの悪い］
（「どでかい」、「ばかでかい」）

Самдан тэмээн таваг мэт палигар агаад үсэрхэг хөлөө ... ил гарган ... (Д.Ц)

サムダンは、ラクダの足のようにばかでかくて、毛深い足を…あらわにし…。

367. ПАЛТАЙ- → БАЛТАЙ- の強調表現

368. ПАЛХАЙ- → БАЛХАЙ- の強調表現

369. ПАЛЦАЙ- → БАЛЦАЙ- の強調表現

370. ПАМБАЙ- → БАМБАЙ- の強調表現

371. ПАНДАЙ- → БАНДАЙ- の強調表現

372. ПАРВАЙ- → БАРВАЙ- の強調表現

373. ПАРВИЙ- → **БАРВИЙ-** の強調表現

374. ПАРЛИЙ-

［細長い物（手足、眉、線など）：大きい、より太い、広い、見かけの悪い］
（「げじげじ眉」、「濃くて太い眉」、「どでかい」）

Парлийсан хар хөмсөгтэй хүн ирсэн.
黒いげじげじ眉の人がやってきた。

375. ПИНДИЙ- → **БИНДИЙ-** の強調表現

376. ПОГДОЙ-

［人や動物の体：背の低い、太い、丸い］
（「小柄で小太り」、「ずんぐりむっくり」）

Монгол Улсын гавьяат жүжигчин "погдгор" Д. Батсүхийг Монголд танихгүй хүн байхгүй билээ.
モンゴル国功労俳優で、「ずんぐりむっくり」のD. バトスフのことを、モンゴルで知らない人はいないんだよ。

377. ПОЛДОЙ-

［人や動物の体：背の低い、太い、丸い］
（「小柄で小太り」、「ずんぐりぽっちゃり」）

Өндийн харвал жижиг өрөөний полдгор шар өмнө нь зогсож байжээ. (Д.Э)
起き上がって見てみると、小さい部屋の、ずんぐりぽっちゃりした顔の黄色い子が目の前に立っていた。

378. ПОМБОЙ- → **БОМБОЙ-** の強調表現

379. ПӨМБИЙ- → **БӨМБИЙ-** の強調表現

380. ПӨӨНИЙ- → **БӨӨНИЙ-** の強調表現

381. **ПУМБАЙ-** → **БУМБАЙ-** の強調表現

382. **ПЭЛБИЙ-** → **БЭЛБИЙ-** の強調表現

383. **ПЭЛЦИЙ-** → **БЭЛЦИЙ-** の強調表現

384. **ПЭМБИЙ-** → **БЭМБИЙ-** の強調表現

385. **ПЭНДИЙ-** → **БЭНДИЙ-** の強調表現

C

386. **СААСАЙ-**
   ［犬の行為：甘える、尻尾を振る、耳が下がる］
   (「じゃれる」、「じゃれつく」)

   Араас минь дагаад саасганаж давхидаг нялх гөлөг, амьтны хорвоог
   туулаад цагийн өмнө иржээ. (П.Б 2)
   僕の後ろからじゃれついて駆けていた幼い子犬が、天寿を全うして死
   に際を迎えた。

387. **САГЛАЙ-**
   1. ［草木、枝など：四方八方へ、密生］(「こんもり」、「もじゃもじゃ」)
   2. ［毛髪など：乱れる、多い、密生］(「ふさふさ」、「ぼさぼさ」)

   1. Учир нь дээрээс орсон цасны ихэнх модны саглагар мөчир шилмүүс
      дээр тогтож, газар бага цас буудаг юм байна. (Ц.Д)
      なぜなら、上から降ってきた雪のほとんどが、木のこんもりとした枝
      や針葉樹の葉にたまり、地面にわずかな雪が落ちるからである。
   2. Саглагар сүүлтэй жижигхэн хэрэм хуш модны орой дамжин нэгээс
      нөгөөд дамжин үсэрч байв. (С.Л 2)

尾がふさふさしたちっちゃなリスが、シベリアマツの天辺を伝って、一方から他方に跳び移っていた。

388. САГСАЙ-

1. [毛髪、草、枝など：密生、乱れる、四方八方へ]
   (「ぼさぼさ」、「ぼうぼう」、「ふさふさ」)
2. (転) [人の行為（сагсганах という動詞で）：特別視する、機嫌を取る]
   (「へいこらする」、「顔色をうかがう」)

1. Тэнд бүлтгэр нүдтэй сагсгар сүүлтэй хэрэм сүүлээ өргөөд биднийг ажиглан зогсож байх нь харагдав. (Ц.Д)
   あそこにくりくりとした目の、ふさふさした尾のリスが、尾を立てて私たちをじっと見つめながら立っているのが見えた。

2. Тан шиг сайхан хүүхний морийг эс авбал би эр хүн биш болно гэж гамингийн дарга эрх хав шиг сагсганан хэлэв. (Ч.Л)
   「あなたのようなきれいな女性の馬をもらわなければ、私は男でなくなる」と中国革命軍の隊長は、甘えん坊のチンのように、へいこらしながら言った。

389. САЙРИЙ-

[人や動物の足：（膝の所で）曲がる、外側へ、Х 字型]
(「Х 脚」、「外反膝（がいはんしつ）」)

Залуучуудыг дууриан гараа халаасандаа хийж тасалгаан дундуур сайрганан гүйвганан ... (С.Э 3)
若者たちをまねて手をポケットに入れ、部屋の中を Х 字型の足取りでふらふらしながら…。

390. САЛБАЙ-

1. [物（布、フェルト、木など）：破れる、垂れる、古い、見かけの悪い]
   (「ぼろぼろ」、「ずたずた」)
2. (転) [衣服、スカートの裾など：大きすぎる、垂れる、長い]
   (「だぶだぶ」、「ぶかぶか」、「ひらひら」)
3. (転) [人の行為（салбаганах という動詞で）：（冷やかしの意で）軽い、

まねる、関わる]（「でしゃばる」、「出過ぎたまねをする」）

1. Сарны туяа орсон, Салбагар уранхай үүдтэй (Ч.Лх)
   月の光が射し込んだ、ぼろぼろに裂かれた扉あり。

2. Энэ үед майхнаас нөгөө салбагар хувцастай орос авгай гарч ирээд
   "Хонгор! Солонго!" гэж дуудав. (Ч.Л)
   その時、テントの中から、あのひらひらした裾の服を着たロシア夫人
   が出てきて、「ホンゴル！ソロンゴ！」と呼んだ。

3. Дээд газраас л хүн ирээд байгуулахгүй бол бид салбаганадаг нь юу
   билээ. (Л.Т)
   まさに上の管轄から誰かがやってきて組織しないなら、我々がでしゃ
   ばるのはいかがなものか。

391. САЛЖИЙ-

1. ［物：傾く、一方へ、固まる］（「ぐらっ」、「ぐらり」）
2. （転）［人の体調：元気のない、弱い、不安定］（「ふらふら」、「よろよろ」）

1. Тэрэгний арлыг буруу тийш нь битгий салжийлгаад бай! (Цог)
   荷車のかじ棒を、反対の方にぐっと傾けるな。

2. "Ойрдоо бие салжийгаад нэг л биш" гэж эмээ маань ярьж байсан.
   「近頃体がふらふらして何だか変だわ」とうちのお婆ちゃんが話して
   いた。

392. САЛМАЙ-

1. ［布類：古い、破れる、垂れる、見かけの悪い］（「ぼろぼろ」、「ずたずた」）
2. （転）［衣服、スカートの裾など：大きすぎる、垂れる、長い］
   　　（「だぶだぶ」、「ぶかぶか」、「ひらひら」）

1. Тэгээд л салмайсан дээлтэйгээ явсаар нэг ламынд очиж асууж
   гэнэ. (Тек.)
   そして、ぼろぼろになったデールを着たまま歩きながら、あるラマ僧
   の家に行って尋ねたそうだ。

2. Хүүхэн урт хормойгоо салмалзуулсаар хүрч ирлээ.
   女性は、長い裾をひらひらさせながらやってきた。

393. САНЖИЙ-

1. ［物：垂れる、上から、不安定］（「ぶらり」、「ゆらり」、「ゆらゆら」）
2. （転）［人の行為（санжганах という動詞で）：役に立たない、無駄］
   （「無駄足を踏む」、「徒労に終わる」）

1. Өлзийн санжганасан толгой төв болж "Тийм үү, хүү минь" гэснээ ард нь амандаа ямар нэгэн дуу гиншин савлаж явсан өвгөндөө ... (Ч.Л)
   ウルズィーのゆらゆらした頭が安定し、「そうかい、おまえ」と言ってから、彼の後ろで何か歌を口ずさみながら、ふらふら歩いていた老人に…。

2. Мөнгөө хаячихаад санжганаад иржээ.
   お金をなくしてしまって、無駄足を踏んだだけで戻ってきた。

394. САРАЙ-

1. ［細長い物（木、角など）：突き出る、分かれる、あちこちへ］
   （「四方八方」、「ばらばら」）
2. （転）［物（建物の壁など）：間隔のある、多い］
   （「すき間の多い」、「すき間だらけ」）

1. Өрхийн хоёрдугаар эзэн нэгэн шөнө "Хайнагийн шар шиг саргар эвэртэй, илд сэрээ барьсан амьтад хүрч ирээд ..." гэж зүүдэлсэн ч удаатай. (Б.Н)
   家の第二主人は、ある夜「去勢した雑種牛のように四方八方に突き出た角のある、剣やフォークを手に持った動物たちがやってきて…」と夢見たこともある。

2. Эмнэлгийн саргар модон байшинг эсгийгээр доторлож билээ. (Ж.П)
   病院のすき間だらけの木造建築をフェルトで裏打ちしたんだよ。

395. САРВАЙ-

1. ［人や動物の手足の指：突き出る、広げる、四方へ］（「ばたばた」）
2. ［細長い物（木、枝など）：突き出る、分かれる、あちこちへ］
   （「四方八方」、「ばらばら」）
3. （転）［服の裾：広がる、折り目、多い］（「ひらひら」、「ひだの多い」）
4. （転）［人の行為：（マイナスイメージで）物を渡す、手で］

（「手を差し出す」、「手渡す」）

1. Сайхан танилцсан нөхөр Вон Жин Пинь элэгсэг нүдээрээ харж талархан гараа сарвалзуулсаар үлдэв. (Ц.Д)
親しく知り合った友のウォン・ジン・ピンは、友好的な目で見つめ感謝し、手をばたばた振りながら、その場に残った。

2. Олон ацат сарвагар мод хатуу тул хэн ч үл дэвсэх мэт. (Ц.Д, Ж.Д)
たくさんの枝分かれした四方八方に突き出た木は硬いので、誰も敷かないが如し。

3. Сарвагар хормойтой юбка өмсөв.
裾がひらひらのスカートを履いた。

4. Гэтэл аав надад юу ч өгөхөө больсон. Сохор зоос ч сарвайдаггүй гээч. (Б.Н)
ところが、父は僕に何もくれなくなった。本当に一文の金も手渡してくれないんだよ。

396. САРЗАЙ-

1. [物の表面（地面、山など）：平らでない、角張る、まばら]
（「ごつごつ」、「でこぼこ」）

2. (転) [布地：きめの粗い、質の悪い、薄い]（「ごわごわ」、「目の粗い」）

1. Нэгэн даваа давбал тэртээ баруун урд арзгар сарзгар хад чулуутай нэгэн уул их л сүртэй хөхрөн үзэгдэнэ. (С.Даш)
一つの峠を越えれば、はるか向こうの南西に、ごつごつでこぼこした岩石の一つの山がひどくどっしり青々として見える。

2. Ийм сарзгар даавуугаар аяганы алчуур хийвэл зүгээр дээ.
こんなごわごわした布を茶碗拭きにすればいいんだよ。

397. САРИЙ-

[細長い物：曲がる、一方へ、固まる]（「くねくね」、「ぐにゃっ」）
Төмөр илээсээр хийсэн тэр байшин мурийж сарийгаад овойж үлдсэнийг хэвээр нь хадгалжээ. (Ц.Д)
鉄骨で作ったその建物が曲がりくねって、盛り上がって残ったのをそのまま保存したのだ。

398. САРМАЙ-

[人の体：やせる、弱い、色白]（「ひ弱な」、「弱々しい」）

Сармагар цагаан залуу олон юм үглэнэ. (С.Л 2)

ひ弱で色白の若者がたくさんのことをぶつぶつ言っている。

399. САРМИЙ-

1. [人や動物の耳：薄い、硬い、大きい]（「ぺらぺら」、「薄っぺら」、「極薄」）
2. [物（服、皮など）：薄い、硬い、もろい]（「ぺらぺら」、「薄っぺら」）

1. Хэдэн жил гянданд сууж хэдрэг болтлоо турсан түүний цав цагаан сармигар чих нэвт гэрэлтэх ажээ. (Г.Н)

   数年間刑務所で暮らし、骨と皮になるまでやせた彼の真っ白で薄っぺらな耳が、光で透けて見えるのだった。

2. Нэг үе залуус дээл өмсөхөөсөө ичиж, сармигар куртик өмсдөг байлаа.

   一時期若者たちは、デールを着るのが恥ずかしくて、ぺらぺらのジャンパーを着ていた。

400. САРНАЙ- → САРТАЙ-

401. САРТАЙ-

[人や動物の鼻孔：大きい、広がる]

（「鼻の穴が大きい」、「鼻の穴が膨らむ」）

Тэр хамраа сарнайлган алсыг ширтэж зогслоо. (Б.Н)

彼は鼻の穴を膨らませながら、遠くを見つめて立っていた。

402. САРУЙ- → САРИЙ-

403. САРХАЙ-

1. [人や動物の鼻孔：大きい、より広がる、目立つ]
   （「鼻の穴が大きい」、「鼻の穴が膨らむ」）
2. (転) [人の態度（сархганах という動詞で）：うぬぼれる、傲慢、振舞う]
   （「小鼻をうごめかす」、「天狗になる」）

1. Тайжийн хотонд дажин болж, хүнд данх, хүйтэн хар цайн зодооноор

дуусаж байна гээд маг маг инээхэд нь, Итгэлтийн нүд сэргэж хамар нь угтаа хүртэл атиран <u>сархайдаг</u> байв. (Ч.Л)

「タイジの家畜の囲い場で騒動が起こり、重いやかんや冷たい紅茶の奪い合いのけんかで終わっているんだ」と言って、彼がげらげら笑うと、イトゲルトの目が輝き、鼻が根元までしわくちゃになり、鼻の穴が膨らむのだった。

2. Чиний <u>сархганахаас</u> хэн ч айхгүй шүү дээ, больж үз. (И.Д)

おまえが天狗になるのを誰も怖くないぞ、やめなさい。

404. СИЙМИЙ-

1. [物（布類など）：薄い、粗い、弱い、透ける]
   (「すけすけ」、「ぺらぺら」、「薄手」、「目の粗い」)

2. (転) [物（フェルト製のゲルなど）：古い、薄い、穴のある]
   (「ぼろぼろ」、「ぺらぺら」)

1. Энэ алчуур хэзээ нэгэн цагт зотон даавуу байсан бололтой, харин одоо цаас шиг <u>сиймийсэн</u> юм харагдана. (Есүс)

このスカーフは、かつては麻布だったようだが、今では紙のようなぺらぺらしたものに見える。

Энгийн номхон ардаас сэтэрхий зүү <u>сиймхий</u> самбаа авсан хүнийг хамгийн хатуу цээрлүүлнэ гэж Сүхбаатар өндөр дуугаар хэлэв. (Ч.Л)

従順な平民から、針穴の欠けた針や目の粗い薄絹を奪った者を最も厳しく罰するぞとスフバータルは、大声で言った。

2. <u>Сиймхий</u> ч гэсэн гэр минь, Сэгсгэр ч гэсэн ээж минь (Зүйр)

ぼろぼろであってもわが家、ぼさぼさであってもわが母（諺）

405. СОГСОЙ-

[子供や小動物の毛髪：（親愛の情を込めて）細い、短い、上に立つ]
(「ぼさぼさ」、「毛羽立つ」)

<u>Согсойсон</u> үстэй охин. (И.Д)

髪がぼさぼさに毛羽立った女の子。

406. СОЛЖИЙ-

[動物の対の一方（角など）：不ぞろい、異なる]

（「左右不ぞろい」、「左右非対称」）

Дэргэдүүр нь хэдэн ямаа, баруу дагуулсан солжир хүрэн үнээ бэлчиж явна. (Б.Н)

彼のそばを、何匹かの山羊や二歳の子牛を連れた、角が左右不ぞろいの褐色の雌牛が草を食んでいる。

407. СОЛИЙ-

[人の目：不ぞろい、異なる、片寄る]

（「斜視」、「ひんがら目」、「ロンパリ」）

Их ядарсан хүүхдийн нүд солир болох, хараа нь муудах, бүр цаашилбал сохорч болох аюултай. (Цаг)

非常に疲れた子供の目が斜視になり、視力が悪化する、さらに言えば盲目になりうる恐れがある。

408. СОНДОЙ-

1. [そろっている物の一部：突き出る、外へ、不安定]
   （「飛び出る」、「浮き上がる」）

2. [物の後部：上がる、高い]（「後部が持ち上がる」）

1. Өвдсөн шүд нь сондойгоод юм зажилж болдоггүй. (И.Д)
   痛くなった歯が浮いて、物をかむことができないのだ。

2. Шаварт шигдсэн машины бөгс сондойж харагдав.
   泥にはまった車の後部が、持ち上がって見えた。

409. СООТОЙ-

1. [動物の耳：突き出る、立つ、尖る、恒常的に]
   （「ぴん」、「ぴんぴん」、「耳の尖った」、「尖った耳」）

2. (転) [人の行為（主に大人に対して）（соотолзох という動詞で）：落ち着きのない、詮索する、軽率]
   （「首を突っ込む」、「ちょっかいを出す」、「干渉する」）

1. ... үүрийн цагаан гэгээгээр мордож цааш явахад эзэнтэйгээ хамт нойргүй

хоносон морины нь хамар тачигнаж, чихээ солбин <u>соотолзож</u> хулгана. (Ч.Л)

…夜明けの白む頃、馬に乗って先へ進むと、自分の主人と一緒に徹夜した彼女の馬は鼻を鳴らし、耳を交差しぴんぴん立てて、おどおどしている。

2. Хоточ банхар шиг <u>соотолзох</u> гэлээ гээд тэр өөрөө ч явсангүй намайг ч явуулсангүй. (Да.Э)

「番犬のようにちょっかいを出そうとした」と言って、彼は自分も行かなければ、私も行かせなかった。

410. СООХОЙ-

1. [動物の耳：突き出る、立つ、尖る、恒常的に（現在では頻度小）]
   (「ぴん」、「尖った耳」)
2. (転) [人の感覚（соохолзох という動詞で）：興味を示す]
   (「うずうず」、「わくわく」、「ぞくぞく」)

1. Амьтны чихний боссон байдлыг <u>соохойх</u> ч гэж хэлдэг.
   動物の耳の立った状態を「ソーホイフ」とも言う。
2. Сонин дээрээ <u>соохолзох</u>, Сониноо буурахаар хоохолзох (Зүйр)
   珍しいときはうずうず、興味が失せるとあきあき　(諺)

411. СОРТОЙ-

[動物の耳：突き出る、立つ、動く、一時的に]
(「耳をぴんと立てる」、「耳をそばだてる」)

Гэтэл унасан морины чих нь <u>сортгонож</u>, хамар нь хуухинахад сэр хийтэл сочиж ийш тийш ажиглавал, тэртээ хажууд нэг амьтан явна. (Д.Н)
ところが、乗った馬が耳をぴんと立て鼻を鳴らすと、はっと驚いてあちこちよく見てみると、はるか横を何か動物が通って行く。

412. СОХОЙ-

1. [光（ランプなど）：弱い、薄暗い、不鮮明] (「ぼんやり」、「かすか」)
2. [人の目（視力など）：悪い、はっきり見えない]
   (「目がかすむ」、「ぼやけて見える」)

3. (転)［人や動物の目（сохор という名詞で）：悪い、見えない］
　　（「目の見えない」、「盲目の」）

4. (転)［物（窓、穴など）（сохойх という動詞で）：(マイナスイメージで)
　　小さい、狭い、著しい］（「とてもちっちゃな」）

1. Энэ чийдэн сохойгоод юу ч харагдахгүй юм.
　　この電球はぼんやりして何も見えないんだ。

2. Лааны гэрэлд юм оёх гээд сохолзож сууна даа.
　　ろうそくの光で縫い物をしようとして、目がかすんでいるんだよ。

3. Гомбо өрөөсөн нүд сохор буурал морио бас нэг хоёр жил унасан байх.
　　(Ц.Д)
　　ゴンボは、片目が見えない灰色の馬をもう一、二年も乗っただろう。

4. Бүхэл бүтэн суурин газрын төвд ганц сохойсон жижиг цонх гэрэлтэнэ.
　　(Л.Т 3)
　　整備された定住地の中心で、唯一とてもちっちゃな窓が光を放ってい
　　る。

413. СӨДИЙ-

1.［物の端（敷物など）：折れ曲がる、上へ］（「めくれる」、「まくれる」）
2.［人の上唇：曲がる、反る］（「(上唇が) めくれる」、「めくれ上がる」）

1. Дэвсгэрийн сөдийсөн хэсэг дээр юм тавьчих.
　　敷物のめくれ上がった部分に何かを置いておきなさい。

2. Будагтай уруулаа сөдийлгөн янжуур татна. (Ж.П)
　　口紅のついた上唇をめくり上げながら、紙巻きタバコを吸っている。

414. СӨЛЖИЙ- → СОЛЖИЙ-

415. СӨЛИЙ-

1.［人の目：不ぞろい、異なる、片寄る］
　　（「斜視」、「ひんがら目」、「ロンパリ」）
2. (転)［細長い物の先（柄など）（сөлөр という名詞で）：曲がる、外側に］
　　（「外側に反る」）

1. Богд гэгээн дээгүүр сөлөлзөн харж айлдав. (Б.Р 3)

ボグド活仏は、上方を斜視の目で見ておっしゃった。

2. <u>Сөлөр</u> ишлэгдсэн шимээсгэний идэц нь их байхад бэхгэр ишлэгдсэн шимээсэг бага идэцтэй байдаг. (Ж.С)

柄が外側に反った大鎌の威力は大きいのに対し、柄が内側に入り込んだ大鎌の威力は小さいのである。

416. СӨӨВИЙ-

［赤ん坊や小動物の毛髪：（親愛の意で）柔らかい、短い、少ない、逆立つ］（「まばらでふわふわした」）

<u>Сөөвгөр</u> ботгоо үнэрлэж, ингэн тэмээд буйлна. (С.Д)

まばらでふわふわした毛の子ラクダのにおいを嗅いで、母ラクダたちは鳴いている。

417. СӨӨСИЙ-

1. ［細長い物（草、毛髪など）：逆立つ、数本、短い］（「数本逆立った」）
2. （転）［人の姿：（親愛の意で）年齢の低い、未成熟］
　　（「まだ幼い」、「年端も行かぬ」、「あどけない」）

1. Арын эгнээнээс <u>сөөсийсөн</u> халимагтай, өндөр залуу босож ирэв. (Ч.Ч)
後列から、毛が何本か逆立った短髪で、背の高い若者が立ち上がってきた。

2. Телевизийн буудлаас <u>сөөсийсөн</u> хүү суулаа. (Так)
テレビ局前のバス停から、年端も行かぬ男の子が乗ってきた。

418. СӨРВИЙ-

1. ［細長い物（草木、毛髪、髭など）：逆立つ、短い、突き出る（尖る）］（「つんつん」、「ちくちく」）
2. （転）［人の行為（特に若者に対して）（сөрвөлзөх という動詞で）：不満を言う、従わない、反対する］
　　（「つんつん」、「逆らう」、「歯向かう」）

1. Түнтгэр тарган духнаас нь хөлс цувж төмөр утас шиг <u>сөрвөгөр</u> ширүүн хөмсгөнд нь тээглэнэ. (Б.П)
彼のぽっちゃりと太った額から汗がしたたり、まるで針金のようなつ

んつんした硬い眉毛に留まる。

2. Сөрвөлзөөд байгаа сөрөг хүчнийг дарах оролдлого ... (Ж.Н)
抵抗している野党をやっつける試み…。

419. СӨРДИЙ-

1. [物の端（板、裾など）:折れ曲がる、上へ]（「めくれる」、「まくれる」）
2. (転)［細長い物の先（毛髪、草など）:突き出る、上へ、一部］
（「ぼさぼさ」、「毛先が逆立った」）

1. Оросын рублийг хуруугаараа илэхэд нэг ч сөрдийх, саад болох юм байхгүй. (Н.Н.М)
ロシアのルーブルを指でさすると、全くめくれたりつかえたりすることはない。

2. Өвөл хуурай шампуниар угаавал үсний өнгийг гундуулж, дээр нь сөрдийлгөх гээд байдаг гэж үсчид зөвлөдөг.
冬にドライシャンプーで洗うと、髪のつやをなくし、さらにぼさぼさにしてしまいがちだと美容師たちは助言している。

420. СУГСАЙ-

[毛髪、草木など：(プラスイメージで) 生える、多い、一様に]
（「ふさふさ」、「ぼうぼう」）

... энэ зун ногоо газар сайгүй сугсайн ургав. (И.Д)
…この夏、草が至る所にぼうぼうに生えた。

421. СУЛБАЙ-

1. [飲食物：味のない、味の薄い、食欲をそぐ]（「水っぽい」、「まずい」）
2. (転)［人の体調：弱々しい、体力のない、疲労する］
（「ぐったり」、「衰弱した」）

1. Эмээ маань сулбагар цайнд дургүй.
うちのお婆ちゃんは、水っぽいお茶が嫌いだ。

2. Буянцай өтгөн шөлтэй тэр сайхан хоол багалзууртаа тултал идээд ясны нь хөлс цутган, бие нь нозоорч сулбайв. (Б.Н)
ボヤンツァイは、濃いスープのそのおいしい料理を喉につかえるまで

食べて全身の汗を流し、体は暑さで参りぐったりした。

Нүд нь улаанаар эргэж, бие нь сулдайжээ гэдгийг мэдэв. (Б.Б)

彼は、目が赤く充血してぐるぐる回り、体がぐったりしてしまったこ
とを知った。

422. СУЛДАЙ- → СУЛБАЙ-

423. СУНАЙ-

1. ［人の体：背の高い、細い、格好のよい］（「すらり」、「均整のとれた」）
2. ［物（編んだ髪、竿など）：細長い、きれい、たわむ］
   （「しなやか」、「しんなり」）
3. (転)［道：長い、遠い、続く］（「延々と」、「長々と」）

1. "... Тэр гэзгий нь ... суналзаад нуруу нь" гэж Түгжил бодож байлаа. (Ч.Л)
   「…彼女のその髪を…すらりとしたその背中は」とトゥグジルは思っ
   ていた。

2. ... Суналзсан уургаа барьсаар мань Харамчийнхан
   Сумын төв дээр адуугаа багширтал хурааж ирлээ ... (Дө.Ц)
   …しんなりとたわんだ馬捕り竿を手に持ちながら、あのケチなやつら
   は、ソムの中心に自分たちの馬がいっぱいに群がるほどに連れてきた
   …。

3. Арван хоёр сунагар өртөө хол зам туулж Улиастай орох ... (Л.Т 3)
   十二の延々と続く宿駅のはるかな道を通り抜け、ウリヤスタイへ行く…。

424. СУНЖИЙ-

［物（尾など）：垂れる、下に、伸びる］
（「ぶらり」、「ぶらぶら」、「垂れ下がる」）

Тэр доор сүүл шиг юм сунжганаад байна. (МУШУА)
その下に、尻尾のようなものがぶらぶら揺れている。

425. СҮГЛИЙ-

［自然（連山、森林など）：黒っぽい、密生、威厳のある］
（「うっそう」、「こんもり」、「どっしり」）

Тэр сүглийн байгаа уулыг баримжаалаад явбал болно. (П.Х)
あのうっそうと茂っている山を目当てにして行けばいい。

426. СҮҮДИЙ-

1. ［物の姿：不鮮明、かすむ、見える］（「ぼんやり」）
2. （転）［光、ろうそくなど（сүүдгэнэх, сүүтгэнэх という動詞で）：光る、
弱い、薄暗い］（「ぼんやり」、「かすか」、「うっすら」）

1. Хажуухандаа нь явган хүн сүүдгэнэн харагдав. (М.Ч)
すぐ横を歩いている人がぼんやりと見えた。

Довжооны цаана өндөр бараан морьтой хүн сүүтийсээр ирж зогсов. (Б.Н)
玄関先の向こうに、背の高い黒っぽい馬に乗った人が、薄暗くぼんや
りしながらやって来て立ち止まった。

2. Майхан дотор лааны гэрэл сүүдгэнэж байлаа.
テントの中で、ろうそくの光がうっすらと見えていた。

Тэгвэл мотороо унтраахаас өмнө гэрэлтэйд хийчихэж байгаач.
Сүүтгэнээд л ямар олиг байв гэж гэхээр … (Д.Э)
それじゃ発電機を消す前に、明るいうちにやってしまいなさいよ。ぼ
んやりと薄暗くては、何も良いことはないだろうと言うと…。

427. СҮҮМИЙ-

1. ［光、ランプなど：弱い、薄暗い、不鮮明］
（「ぼんやり」、「かすか」、「ちかちか」）
2. ［物の姿：不鮮明、かすむ、見える］（「ぼんやり」）
3. （転）［人の目：元気のない、弱々しい、細い］
（「うつろな」、「生気のない」）

1. Бурхны өмнөх зул сүүмэлзэн жаргахыг завдана. (С.Б)
仏前の燭台の灯がちかちかして消えようとしている。

2. Хэдэн жижигхэн юм түүний дунд сүүмэлзэх нь яахин даруй танигдана.
(Д.Н)
いくつかの小さな物がその中でぼんやりしているのは、どうしてもす
ぐにわからない。

3. Өвгөний аймаар зэвхийрсэн нүүр, сүүмийж хөхөрсөн нүдийг хараад

гэрийнхэн нь бага ихгүй хэрдхийжээ. (Б.Н)

老人のひどく青ざめた顔やうつろな疲れ果てた目を見て、家族の者は、大人も子供も誰もがはっと驚いた。

428. СҮҮТИЙ- → СҮҮДИЙ-

429. СЭВИЙ-

［人の毛髪：少し逆立つ、膨らむ、乱れる］

（「ふんわり」、「ふわふわ」、「つんつん」）

Хааяа үсээ сэвийлгэн дух руугаа түрж алчуураа хачин гоё зангидна. (Г.Ба)

時には髪をふんわりさせて額に垂らし、スカーフをとてもきれいに頭に結んでいる。

430. СЭВСИЙ-

［物（雪、雲、パンなど）：膨らむ、柔らかい、軽い］

（「ふんわり」、「ふわふわ」）

Бүх юм хэд хоногийн өмнө орсон сэвсгэр цасанд дарагдаад нарны гэрэлд гялалзан тоглож урт ургасан хялганы үзүүр цагаан хорвоог шаргал хачиртай дэвсгэрээр бүрхэнэ. (Ч.Л)

すべてが数日前に降ったふんわりした雪に埋もれて、太陽の光できらきらしながら踊り、長く生えたハネガヤの先端が、白銀の世界をクリーム色の飾りの敷き物で覆っている。

431. СЭГЛИЙ-

［毛髪、草など：乱れる、密生、四方八方へ］（「ぼさぼさ」、「ぼうぼう」）

Магнай гүйсээр нөхөд рүүгээ дөхөж явтал өмнөө нэгэн сэглэгэр бухал дайралдахад дээгүүр нь үсрээд гарчихмаар санагдлаа. (Л.Т)

マグナイは、走り続けて仲間たちに近づいて行くと、目の前に一つのぼうぼうとした干し草の山に出くわし、その上を跳び越えてしまいたく思われた。

432. СЭГСИЙ-

［人の毛髪：乱れる、ほどける、四方八方へ］

（「ぼさぼさ」、「ぼうぼう」、「もじゃもじゃ」）

Гэзэг нь задран сэгсийж, бүх юм нь цус болсон Долгор шууд явсаар Эрдэнийн гэрийн дэргэд очиж зогсов. (Ч.Л)

髪が解けぼさぼさになり、すべてが血まみれになったドルゴルは、まっすぐ行きながら、エルデネのゲルのそばに行って立ち止まった。

433. СЭЛБИЙ-

1. ［布類：破れる、垂れる、古い、見かけの悪い］

（「ぼろぼろ」、「ずたずた」、「びりびり」）

2. (転)［人の態度（сэлбэлзэх という動詞で）：うぬぼれる、見る、あちこちへ］（「偉そうに目をやる」）

1. Гэрийн үүдэнд шар туг сэлбийн зөөлөн салхинд дэрвэлзэн хийснэ. (Н.Б)

ゲルの扉の所で、黄色い旗がずたずたになり、そよ風にひらひらとはためいている。

2. Ер тоосон шинжгүй ийш тийш харж сэлбэлзэв. (Л.Т)

全く気にした様子もなく、あちこちながめ偉そうに目をやった。

434. СЭЛДИЙ-

［服装（デールなど）（сэлдэн、нөмгөн сэлдэн という形で）：帯やボタンを締めない、見かけの悪い］（「懐を開けっ放しにする」）

Тэмээний хамар гунганах чимээнээр эзэн нь гэрээсээ нөмгөн сэлдэн гүйж гарснаа ... (С.П 5)

ラクダの鼻を鳴らす音を聞いて、家の主人は、家からデールの帯を締めずに飛び出したが…。

435. СЭРВИЙ-

1. ［草木、髪、髭など：逆立つ、短い、突き出る］（「つん」、「つんつん」）

2. ［岩山：先が尖る、硬い、突き出る］（「ごつごつ」、「でこぼこ」）

3. (転)［人の行為（сэрвэлзэх という動詞で）：警戒する、落ち着かない、周りを見る］（「おどおど」、「そわそわ」）

1. Үзүүр нь дээшээ <u>сэрвийсэн</u> сахал, богинохон хөмсөг зэрэг нь идрийн жавхаат нүүрэндээ яв цав зохижээ. (Б.Н)
   先が上へつんと伸びた髭、短い眉毛などは、若々しくはつらつした顔にぴったり似合っている。

2. ... тэртээ уулын орой эрвийн <u>сэрвийн</u> үзэгдэнэ. (Д.Н 2)
   …はるか向こうの山の頂がごつごつ突き出て見える。

3. Тэр хоёрыг өртөөн дээр очиход хүмүүс Хонгороос айн хоорондоо шивэр авир ярилцаж чоно харсан зээр шиг <u>сэрвэлзэж</u> байлаа. (Ч.Л)
   あの二人が宿駅に着くと、人々はホンゴルを恐れ、お互いにひそひそ話し合い、まるで狼を見たカモシカのようにおどおどしていた。

436. СЭРИЙ-

［細長い物（木、角など）：突き出る、立つ、真っ直ぐ、大きい］
（「真っすぐそびえ立つ」、「直立する」）

Хайнагийн олон шар сэлмэн эврээ <u>сэрэлзүүлэн</u> зогсоно. (И.Д)
たくさんの去勢した雑種牛が、剣のような角を真っ直ぐそびえ立たせて立っている。

437. СЭРТИЙ-

1. ［物の先端：突き出る、上へ、目立つ］（「つん」、「つんつん」）
2. ［人や動物の耳：突き出る、立つ、動く、一時的に］
   （「耳をぴんと立てる」、「耳をそばだてる」）
3. （転）［動物の行為：聞く、注意を払う、集中する］
   （「耳を立てる」、「耳をそばだてる」）

1. Ийш тийш бөртийсэн <u>сэртийсэн</u> юмыг харж явсаар, нэг мэдвэл ... хүн амьтан үзэгдэхгүй цөл газар иржээ. (Д.Н)
   あちこちのぼんやりとつんと突き出たものを見て行きながら、気がつくと…人々が見えない砂漠に来ていたのだ。

2. Ахынхаа заасан хэлснийг гүйцээн хийж чадвал энэ орой нэг чоnon <u>сэртгэр</u> чих атгана гэж мэдээрэй. (Б.Б)
   おれが教えて言ったことを完全にやり遂げることができれば、今晩、一匹の狼のぴんと立った耳をつかめるものと思いなさい。

3. Чоно тэр зүг чих <u>сэртийлгэн</u> цээж өндийлгөн хөндөлдөөд зогсож өгөв. (Б.Б)

狼は、その方向へ耳をそばだて胸を持ち上げながら、横向きになって立ってしまった。

438. СЭЭТИЙ-

1. ［人の耳の先：突き出る、上へ、大きい］
　　（「耳の上部が大きい」、「魔法使いの耳」）
2. （転）［人の行為（異性間で）（сээтгэнэх という動詞で）：（マイナスイメージで）注目を引く、軽率］（「いちゃいちゃ」、「いちゃつく」）

1. Сээтэн чихтэй эмгэн байлаа.
　　耳の上部が大きいお婆さんだった。
2. Тамжид гэгч бүсгүйтэй <u>сээтгэнэн</u>, бүр сүүлдээ гэрт нь орогнох болов. (Б.Н)
　　タムジドという女性といちゃいちゃして、結局のところ彼女の家に身を寄せるようになった。

Т

439. ТААДАЙ-

1. ［服（上着、スカートなど）：短い、著しい、合わない］
　　（「ちんちくりん」、「つんつるてん」、「寸足らず」）
2. ［人や動物の体：低い、肉付きのよい］（「ずんぐりむっくり」）
3. （転）［人の態度（太った男に対して）（таадганах, таадалзах という動詞で）：威張る、自慢する、振舞う］（「意気揚々」、「肩で風を切る」）

1. Тэр <u>таадгардуу</u> хүрэм өмсчээ. (Л.Д 2)
　　彼は、ややちんちくりんなジャンパーを着ていた。
2. <u>Таадгар</u> биетэй тэр эр над руу харав. (УЗУ)
　　ずんぐりむっくりした体のその男は、私の方を見た。
3. Нэг өрөх гэснээ больж зааны сүр үзүүлэн шилээ шөргөөн нааш цааш

таадаганан алхана. (Н.С)

一度身構えようとしたのをやめ、関脇の威厳を示しながら首を後ろに
引いて揺さぶり、あちこち意気揚々と歩いている。

440. ТААХАЙ-

1. ［人の体：低い、短足、太い］（「ずんぐりむっくり」、「ちんちくりん」）
2. （転）［人の態度（太った男に対して）（таахганах, таахалзах という動
   詞で）：威張る、自慢する、振舞う］
   （「意気揚々」、「肩で風を切る」、「ふんぞり返る」）
3. （転）［子供の行為（特に男の子に対して）（таахганах, таахалзах とい
   う動詞で）：（親愛の意で）大人をまねる、歩く］
   （「のしのし」、「大人ぶって歩く」）

1. Таахгар хархүү хэлэв. (Н.Б)
   ずんぐりむっくりな青年は言った。

2. Тэгэхээс нааш ярихгүй шүү гэж таахалзав. (Б.Н)
   そうしないうちは話さないぞと肩で風を切った。

3. Мань хүн шарваарынхаа шаврыг үрчингээ зориуд таахганан дэргэд минь
   ирсэнээ ... (Д.Э 3)
   あいつは、綿のズボンの泥を何度もこすりながら、わざと大人ぶって
   のしのし歩いて私のそばにやってきて…。

441. ТАВХАЙ-

1. ［物の上部（釘など）：平ら、大きい、全体が低い（短い）］
   （「頭が大きくて平ら」、「大平頭（おおひらあたま）」）
2. ［人の体の一部（男性の胸部など）：広い、厚い、背の低い］
   （「がっちり」、「胸板が厚い」）

1. Тавхайсан тавтай хадаас оллоо.
   頭の大きな釘を見つけた。

2. Бөхчүүдийн дунд огт үзэгдээгүй жижигхэн тавхгар бор хүү ганц ч өвдөг
   шороодсонгүй.
   力士たちの中で全く登場したことのない、体が小さくて胸板が厚い、
   顔の浅黒い青年が一度も負けなかった。

144

442. ТАГДАЙ-

1. ［人の体：低い、太い、丸い］（「ずんぐり」、「寸胴の」）
2. ［物（服など）：短い、合わない］
（「ちんちくりん」、「つんつるてん」、「寸足らず」）

1. Халуун усанд орж биеэ цэвэрлээд цай уугаад унтахыг завдаж байтал дунд насны буурал үстэй, тагдгар биетэй япон хүн хэлмэрчтэй орж ирлээ. (Ц.Д)
風呂に入って、体をきれいにしてから、お茶を飲んで寝ようとしていると、中年で白髪のずんぐりした体の日本人が通訳とともに入ってきた。

2. Тагдгар дээлтэй хөвгүүд гүйлдэнэ. (Д.Сод)
ちんちくりんなデールを着た男の子たちが走り回っている。

443. ТАГЖИЙ-

1. ［人や動物の体：低い、小さい、やせる］（「ちんちくりん」、「ちび」）
2. ［物（服、歯など）：短い、著しい］（「ちんちくりん」、「寸足らず」、「矮小」）

1. Тулгын хажууд сууж байсан орсгой шүдтэй тагжгар бор хүн тэднийг хармагцаа нөхөд рүүгээ нүд ирмэж ... (Б.Н)
五徳のそばに座っていた出っ歯で、ちんちくりんな顔の浅黒い人が、彼らを見るやいなや仲間たちに目くばせして…。

2. Наймаас арван насанд: үүдэн шүдний элэгдэл улам лавширч голоосоо хотойх, богиносч тагжийх ба хоорондоо зай гарч эхэлнэ. (ХХЯ)
八歳から十歳の時、前歯のすり減りはさらに進行し、中心部からへこみ、他より短く矮小し、歯間にすき間ができ始める。

444. ТАЖИЙ-

1. ［生える物（毛髪、草木など）：短い、著しい、つかめない］
（「短髪の」、「丸刈りの」、「いがぐり頭」）
2. （転）［人の体：低い、小さい、やせる］（「ちび」、「ちんちくりん」）

1. Чи яагаад үсээ тажийлгачихаа вэ?
君は、どうして髪の毛を丸刈りにしてしまったのか。

2. ... Тажгар туранхай биеийг минь Тантайчихсан тарган гэх ... (Ц.Д)

…ちびでやせたわが身を、ずんぐりした太っちょと言う…。

445. ТАЙРИЙ-

［人の足：長い、（膝の所で）曲がる、外側へ、Ｘ字型］
（「Ｘ脚」、「外反膝（がいはんしつ）」）

Цайндаа явцгаая! гээд ихэд ядарсан янзтай тайргар хөлөө жийж, түр амсхийхээр өвс дэрлэн хажуулав. (Д.У)

「みんなで昼ご飯に行こう」と言って、ひどく疲れた様子でＸ字型になった長い足を伸ばし、ひと休みするために、草を枕代わりにして横になった。

446. ТАНТАЙ-

［人の体：太い、大きい、肉付きのよい、低い］（「ずんぐり」）

Монгол дээлтэй тантгар шар хүн майхны зүүн хаяанд бүхлээрээ тэрийн унтаж тачигнатал хурхирч байв. (Ц.У)

モンゴルデールを着た、体のずんぐりした顔の黄色い人が、テントの東側の下端で、服を着たまま大の字に寝て、ぐーぐーと大いびきをかいていた。

447. ТАРВАЙ-

［人や動物の手足：横たわる、突き出る、動く、四方八方へ］（「ばたばた」）

Дулмаа ... хүүгээ өлгийдөх гэхэд нь "Жаахан тарвалзаг" гэж нөхөр нь хориглов. (Ч.Л)

ドルマーは…息子をおくるみでくるもうとすると、「少し手足をばたばたさせておけ」と彼女の夫がやめさせた。

448. ТАТАЙ-

1. ［物（服など）：（マイナスイメージで）短い、窮屈、縮む］
   （「短くてきちきち」、「短くて窮屈な」）
2. （転）［人の体の一部（手足、唇、目など）（татганах という動詞で）：引きつる、動く、小刻みに］（「ぴくぴく」）
3. （転）［人の行為（татганах という動詞で）：（お金や物を）出さない、

惜しむ]（「けちけち」）

1. Болд ахынхаа өгсөн нэг татайсан дээлийг өмсдөг юм.
   ボルドは、兄のくれた一着の短くてきちきちなデールをいつも着ている。

2. Хоолой нь хорд хордхийн, өвч бие нь татганаад ам нь хэд ангалзсанаа амьсгал хураалаа. (Б.Н)
   のどがごろごろ音を立て、全身がぴくぴくして、口が数回ぱくぱくしてから息を引き取った。

3. Яг шагнадаг дээрээ ирсэн чинь татганаад эхэлж. (Цаг 2)
   まさに報奨金を与える時になって、けちけちしだしたのだ。

449. ТАХИЙ-

［細長い物：曲がる、角度の鋭い］

（「曲がりくねった」、「くねくね」、「蛇行した」）

Шавар шавхай болсон мурий тахир гудамжууд эцэс төгсгөлгүй ... үргэлжилнэ. (Б.Н)
泥だらけになったくねくねと曲がった通りが果てしなく…続いている。

450. ТОВОЙ-

1. ［物の表面：突き出る、盛り上がる（膨らむ）、外へ］
   （「ぽこん」、「山のように盛り上がる」）
2. （転）［人の能力：目立つ、優れる、大勢の中］
   （「抜きん出る」、「ずば抜ける」、「傑出する」）
3. （転）［人の行為（товойлгох という動詞で）：ほめる、誇張する］
   （「過大評価する」、「ほめちぎる」）

1. Уянга нэг товгор газар дээр гарч суув. (С.Л 2)
   オヤンガは、あるぽこんと突き出た所に登って腰を下ろした。

2. Чи олны дундаас онцгой шалгарч товойж гарах хэрэгтэй. (Ц.Д)
   おまえは、大勢の中から特に際立って抜きん出る必要がある。

3. Би угаасаа өөрийгөө товойлгоход дургүй. (Н.Б)
   私は、そもそも自分自身が過大評価されるのが嫌だ。

451. ТОВХОЙ-

[物：突き出る、積み重なる、厚い]（「層をなす」、「堆積する」）

Одоо ч хөдөө явахад товхойсон аргал харагдвал түүчихмээр санагдаж, хорхой хүрдэг хэвээр. (Э.Н)

今でも田舎に行くと、堆積したアルガル（乾燥牛糞）が見えたら、拾ってしまいたくなって、いつもうずうずしてしまうんだ。

452. ТОГДОЙ-

1. [人の体：低い、丸い、かわいい]
（「小柄で小太り」、「ずんぐりぽっちゃり」）

2. [物（服など）：短い、合わない、かわいい]
（「ちんちくりん」、「つんつるてん」、「寸足らず」）

1. Тогдойсон бор хүү уян дээр бууж байх нь сэтгэлд их бүлээн санагдав. (С.Л)
ずんぐりぽっちゃりした顔の浅黒い子が馬つなぎ紐の所で下馬しているのが、心にとても温かく感じられた。

2. Дээлээ тогдойтол өмсч саравч нь хугарсан малгай өмсчээ. (С.Д 2)
デールをちんちくりんに着て、つばが折れた帽子をかぶっていた。

453. ТОГЖИЙ-

1. [人の体：低い、著しい、小さい]（「ちび」、「ちんちくりん」）

2. [物（服など）：短い、著しい、小さい]（「ちんちくりん」、「寸足らず」）

1. ... тогжгор бор өвгөн "Намайг Зундуй, эмгэнийг Шархүүхэн гэдэг ..." (Т.Н)
…ちんちくりんの顔の浅黒い老人は、「わしはゾンドイ、家内はシャルフーヘンと言うんだ…」。

2. ... гээд л тогжгор дээлтэй нөхөр түгдрэлгүй авна даа. (Т.Да)
…などと、ちんちくりんのデールを着た僕は、詰まらず流暢に詩を読んでいたんだね。

454. ТОЖИЙ-

1. [生える物（毛髪、草木など）：短い、著しい、少ない]（「短くなる」）

2. [人や動物の体：低い、小さい、やせる]

(「小さくてやせた」、「小柄でほっそり」)

1. Мөчир шилмүүс нь юу ч үгүй хуйхлагдан тожийжээ. (Л.Д 2)
枝や針葉樹の葉が跡形もなく焼かれ、短くなっていた。

2. Ганц тожгор бяруу өвс идэж байлаа.
一頭の小さくてやせた二歳牛が草を食んでいた。

455. ТОЛИЙ-

1. [物の表面（地面、皮、布など）：なめらか、平ら、しわのない、きれい]
(「ぴかぴか」、「ぴしっ」、「すべすべ」、「つるつる」)

2. [人の皮膚（特に顔に対して）：なめらか、きめの細かい、きれい]
(「すべすべ」、「つるつる」、「しわ一つない」)

1. Би цагаан хормогчоо толийтол индүүдэн өмсч очив. (Д.Ц)
私は、白いエプロンをぴしっとアイロンがけし、身につけて行った。

2. Лууван бол арьсыг булбарай, толигор байлгахад тустай хүнсний нэг юм.
(Mas)
人参は、皮膚を柔らかくすべすべにするのに役立つ食品の一つである。

456. ТОМБОЙ-

1. [地形や体の一部（頬など）：突き出る、膨らむ、小さい]
(「ぷっ」、「ぽこん」)

2. (転) [人の姿（主に子供に対して）：座る、行儀のよい、静か]
(「ちょこん」、「ちんまり」)

1. Гэтэл цаадах нь нүдээ аньсхийж уруулаа томбойлгоно. (Б.Н)
ところが、その人は目を少し閉じて、唇をぷっと尖らせている。

2. Хүү аавынхаа өвөр дээр томбойн сууж зургаа авахуулав.
息子は、父親の膝の上でちょこんと座って、写真を撮ってもらった。

... лам хэдэн давхар олбог дээр хэт идсэн хоолоо шингээж ядах мэт
тумбайн сууна. (Д.Нам 2)
…ラマ僧は、数枚重ねの座布団の上で、食べ過ぎた料理が消化しきれ
ないかのように、ちょこんと座っている。

457. ТОНГОЙ-

1. ［人や動物の行為：かがむ、頭を下げる、自発的に］
（「うつむく」、「うなだれる」、「下を向く」）

2. (転)［天体（太陽など）：斜めになる、それる、時間の遅い］（「日が傾く」）

3. (転)［人の行為（тонголзох という形で）：機嫌を取る、こびる］
（「ぺこぺこ」、「顔色をうかがう」、「米つきバッタのよう」）

1. Тэднийг тэгж шуугилдан эхэлтэл Арандал гарч ирээд, багачуудын дээрээс тонгойн, "За хүүхдүү минь, та нар намайг таньж байна уу?" гэж асуув. (Б.Н)
   彼らがそうやって騒ぎ始めると、アランダルが出てきて、子供たちの上からうつむきながら、「さあ子供たちよ、みんなは私のことを知っているかい」と尋ねた。

2. Тэрэгний сүүдэрт хэвтсээр нар тонгойх үеэр цааш хөдлөв. (Н.Б)
   車の影に横になりながら、日が傾く頃に先へ出発した。

3. Даргынхаа өмнө дахин дахин тонголзоод гарлаа.
   上司の前で何度もぺこぺこして出て行った。

458. ТООДОЙ-

1. ［物（大人の服に対して）：（冷やかしの意で）短い、著しい］
（「ちんちくりん」、「つんつるてん」、「寸足らず」）

2. (転)［人の体（主に子供に対して）：（親愛の意で）背の低い、体の小さい］
（「ちんちくりん」、「ちび」）

1. Тоодон дээлийн хүйт их. (Ж.Да)
   ちんちくりんなデールは、非常に寒い。

2. Хөрст дэлхийд хүн болж төрснөө хариулж тоодгор биендээ торго нөмөрч үзэх юмсан гэтэл ... (Б.Н)
   この世に人間として生まれたことに報い、このちんちくりんな体に絹を羽織ってみたいものだと言うと…。

459. ТОНТОЙ-

［人の尻：太い、丸い、外へ］
（「まるまる」、「ぷりぷり」、「丸くてぷりぷり」）

Доржийн мөлхөх гэдэг уул өөд авирч буй ямаа шиг гялалзаад алга болж байхад, нөхөр нь араас нь бөгсөө тонтойлгочихоод мөлхөх суугаагаараа явахын хооронд явав. (Б.Б)

ドルジの這う姿は、山に登っている山羊の如くさっと姿を消しているが、彼の仲間は、その後ろからお尻をぷりぷりさせて、這うかしゃがんで進むかのどっちつかずで進んだ。

460. ТОРМОЙ-

[人の目：大きい、きれい、二重、まつ毛の長い]

(「ぱっちり」、「ぱちくり」、「くりくり」、「どんぐりまなこ」)

Сүрэнгийн хөгжүүн задгай ааш, тормолзсон хар нүд, нимгэн цагаан царай түүний сэтгэлийг хөнджээ. (Ч.Л)

スレンの愉快で開放的な性格、ぱちくりした黒い目、薄白い顔が彼の心を刺激した。

461. ТОРОЙ-

1. [物の姿（特に縦状のもの）：見える、遠い、立つ、不鮮明]

(「ぼんやり」、「ぼやけた」、「かすか」)

2. (転)[人の能力：目立つ、優れる、大勢の中で]

(「抜きん出る」、「ずば抜ける」、「傑出する」、「際立つ」)

1. Дэлгүүрийн үүдэнд Дамиран Янжин хоёр хоёулхнаа торойгоод зогсож байгаа харагдана. (Б.Н)

店の入口で、ダミランとヤンジンが二人っきりで遠くでぼんやりとして立っているのが見える。

2. Болд бусад оюутнаас мэдлэгээрээ торойж байлаа.

ボルドは、他の学生よりも知識が抜きん出ていた。

462. ТОХИЙ-

1. [細長い物（竿、指など）：曲がる、一方へ、固まる]

(「ぐにゃっ」、「折れ曲がる」)

2. [人の体：曲がる、細い、高い]（「ほっそりした猫背の」）

1. Бас Тэмүлэн охиныхоо өмнөөс үнсье гээд мойнийж тохийсон гараа эх нь

сунгав. (С.Ж, Л.У)

さらに、娘テムレンの代わりにキスするわと言って、ごつごつして折れ曲がった手を彼の母親は差し伸べた。

2. Уранхай дээлтэй, өндөр <u>тохигор</u> нуруутай хүн байв. (П.Х)

ぼろぼろのデールを着た、背が高くほっそりした猫背の人だった。

463. ТӨВИЙ-

1. [物の表面（地面など）：突き出る、盛り上がる、外へ]
（「ぽこん」、「山のように盛り上がる」）

2. [牛乳：沸く、表面が膨らむ、上へ]（「ぽこっ」、「ぽこん」）

3. (転)[人の行為（主に төвийлгөх の動詞で）：ほめる、誇張する]
（「過大評価する」、「ほめちぎる」）

1. Ямааны хэвтрийг байнга сэлж <u>төвгөр</u> сэрүүн газар хэвтүүлж байх хэрэгтэй. (Ж.С)

山羊の寝床を常に変え、ぽこんと盛り上がった涼しい所に寝させるべきだ。

2. ... гэж Сүрэн ажиггүй хэлээд <u>төвийсөн</u> сүүгээ самарснаа ... (Ч.Л)

…とスレンは平気で言って、煮立って表面がぽこっと膨らんだ牛乳をかき混ぜてから…。

3. Эмээ маань хүүхдийг нүүрэн дээр нь <u>төвийлгөхөд</u> дургүй.

うちのお婆ちゃんは、子供を面と向かってほめちぎるのが嫌いだ。

464. ТӨМБИЙ-

[物の表面：突き出る、膨らむ、丸い]
（「ぷっ」、「ぽこん」、「ふっくら」、「半球形の」）

Өрвөгөр шар үстэй <u>төмбөгөр</u> духан дээр нь үнсэв. (Л.Т 2)

つんつんした黄色い髪の、ぽこんと突き出たおでこにキスをした。

Баваасан амаа гараараа хашаад, завьжаа <u>түмбийлгэн</u>, уруулаа шомбойлгож ... (Б.Н)

バワーサンは、口を手で囲って、口角をぷっと膨らませ、唇をつんととがらせて…。

465. ТУГДАЙ-

［人や動物の姿：首を短くする、体を縮める］

（「首を引っ込める」、「肩をすくめる」）

Болчимгүй үг хэлчихсэндээ абиртасандаа, нугдайж тугдайгаад сууж байж билээ, хөөрхий. (Г.Г)

軽率なことを言ってしまったために恥ずかしくて、体を丸め肩をすくめて座っていたんだよ、かわいそうに。

466. ТУМБАЙ → ТОМБОЙ-

467. ТУЯИЙ-

［人や植物の動き：細長い、弾力のある、きれい］

（「しなしな」、「しなやか」、「くねくね」、「しなう」、「たわむ」）

... Цэвэрхэн охидын туялзсан алхаа нь ... (Д.Р)

…きれいな女性たちのしなやかな歩き方が…。

468. ТҮГДИЙ-

1. ［人の体：首の短い、肩の盛り上がる、かがむ］

 （「猫背の」、「背中が丸まった」）

2. (転)［物（主にカバン、袋など）：大きい、膨らむ、詰め込む］

 （「ぱんぱん」、「はち切れそうな」）

1. Цолмон хүү аавынхаа авчирч өгсөн чихрийг атгаад түгдийтэл унтжээ. (Д.Ц)

少年ツォルモンは、父親が買ってきてくれた飴を手に握って、丸まって寝ていた。

2. Хэдэн өдрийн дараа монголын цэрэг нутгийн зүг хөдлөхөд байран дээр нь жижиг боодолтой хатсан цагаан мөөг энд тэндгүй түгдийн хэвтэж байлаа. (Ч.Л)

数日後、モンゴルの軍隊が故郷の方へ出発すると、その宿営地には、小さな包みに入った白い干しきのこが、あちこちにぱんぱんに詰まって転がっていた。

469. ТҮГЖИЙ-

［家畜や動物の頭：角のない、なめらか］（「無角の」）

Тогтох гуай түгжгэр бяруундаа өвс тавьж өгөв.

トグトフさんは、角のない二歳の子牛に草を与えてやった。

470. ТҮМБИЙ- → ТӨМБИЙ-

471. ТҮНЖИЙ-

1. ［人の頭：髪のない、完全に］（「つるつる」、「丸坊主」）

2. ［家畜や動物の頭：角のない、なめらか］（「無角の」）

3. (転)［小山や丘：草木のない、全体的に］（「はげ山」、「裸の丘」）

1. Эцэг нь өрөвтөл шиг ширүүн гараар түнжгэр толгойг нь нэгэнтээ илээд ... (Б.Бр 2)

父親は、やすりのようなごわごわした手で、息子の坊主頭を一回なでて…。

2. Тэднийх түнжин үхэр олонтой.

彼の家は、角のない牛が多い。

3. Алсад харагдах уулын наана нэг түнжин толгой харагдана.

遠くに見える山の手前に、一つの裸の丘が見える。

472. ТҮНТИЙ-

1. ［人の体の一部（頭など）：大きい、丸い、膨らむ］（「ぽっちゃり」）

2. ［物（袋など）：大きい、膨らむ、詰め込む］（「ぱんぱん」）

1. ... харвал дөрөв тав орчим настай болов уу гэмээр халзан толгойтой, онигор нүдтэй түнтгэр бор хүү зогсоно. (Т.Б 3)

…見ると、四、五歳くらいの年齢かと思われる丸坊主で、細目のぽっちゃりした、顔の浅黒い男の子が立っている。

2. "... Харин энэ галзуу ногоон навчаа үхэн үхэтлээ баагиулна шүү" гэж бодоод навчин тамхи мохор хоёрыг хольж жижиг уутаа түнтийтэл чихэв. (Б.Н)

「…しかし、このタバコをまさに死ぬ直前までもくもく吸うんだよ」と思い、葉タバコとモホールタバコの二つを混ぜて、小さな袋がぱん

ぱんになるまで詰め込んだ。

473. ТҮХИЙ-

1. [人の体の一部（胸など）：太い、広い、厚い、突き出る]（「はと胸」）
2. [動物の体の一部（腹など）：大きい、肉付きのよい、突き出る]
   （「ぽっこり」、「太鼓腹」、「がっちりと盛り上がる」）

1. Уг нь түхгэр цээжтэй хотгор нуруутай өндөрхөн биетэй бүсгүй байжээ.
   (С.Э)
   元々はと胸で、腰の反った、かなり背の高い女性だった。
2. ... сэрвээ нь уулын хяр мэт түхийсэн айж сүрдмээр бух болсон доо. (Г.Н)
   …背中の隆起部分が山の尾根のようにがっちりと盛り上がった、恐れ
   おののくほどの種ヤクとなったんだよ。

474. ТЭВХИЙ-

1. [物：四角い（そろえる）、厚い、上へ]（「きちんと」、「整然と」）
2. [人の体の一部（肩、胸など）：（プラスイメージで）大きい、厚い、広い]
   （「がっちり」、「胸板が厚い」）
3. [馬の背中：（プラスイメージで）太い、厚い、四角い]
   （「がっちり」、「筋骨隆々とした」）

1. Номоо тэвхийтэл нь хураажээ.
   本をきちんと上にそろえて片付けた。
2. Тэгээд Сүхбаатарыг үзэх гэж очиход урт хүзүүтэй тэвхгэр өндөр гуалиг
   хүн байлаа. (Д.Г)
   そして、スフバータルを見に行くと、首が長く胸板の厚い、背が高く
   すらりとした人だった。
3. Тэвхийсэн дөрвөлжин зоотой пагдгардуу хээр мориноосоо буулаа. (Т.Д)
   がっちりした四角い背骨のややずんぐりした栗毛の馬を下りた。

475. ТЭГДИЙ- → ТАГДАЙ-

476. ТЭГЖИЙ-

[家畜や動物の歯：短い、太い、そろう]（「幅広く角張った」）

155

Түүний дараа Дорж, царайны өнгө нь хүрэн бор, шанааны яс өргөн, нүд томтой, шүд нь адууных шиг тэгжгэр бөгөөд бие тагдгар ийм эр жингийн цувааны дундыг барин хөдөлжээ. (Д.Н)

彼の次はドルジで、顔色が焦げ茶色で頬骨が広く、目が大きくて歯が馬の歯のように幅広く角張り、体がずんぐりしたこんな男が隊列の真ん中を保ちながら出発した。

477. ТЭНИЙ-

1. [物の表面：なめらか、平ら、広げる]（「きちんと」、「しわ一つない」）
2. [人や動物の体の一部（手の指、足の関節など）：真っ直ぐ、伸びる]（「ぴんと」）
3. [場所（平原など）：広い、平ら、無限]（「見渡す限り」、「広々とした」）

1. Хонгион дотор хуйлж хийсэн бичгийг тэнийлгэн, салганасан гараар их л хичээж бичсэн үгнүүдийг уншлаа. (Ж.Д)
   薬きょうの中に丸めて入れた書き物をきちんと伸ばして広げ、震える手で一生懸命に書いた言葉の数々を読んだ。

2. Би мориныхоо хөлийг тэнийлгэж, эмээл хазаарыг нь салгаад, аятайхан засч хэвтүүллээ. (Ж.Д)
   私は、馬の足をぴんと伸ばし、鞍と馬勒をはずして、きちんと整えて横たえた。

3. ... Тэнэгэр говийн тэмээчин бүсгүй, сайн байна аа ... (Д.П)
   …見渡す限りのゴビのラクダ飼いの女性の私は、元気です…。

478. ТЭНТИЙ-

[人や動物の体：（マイナスイメージで）大きい、肉付きのよい、厚い]（「ずんぐりむっくり」）

Тэнтгэр тарган биед нь таарах цамц олдохгүй зовжээ.
ずんぐりむっくりした彼の体に合うシャツが見つからず困っていた。

479. ТЭСГИЙ-

[人の体、体の一部（太ももなど）：（マイナスイメージで）太い、大きい、肉付きのよい]（「ぽてっ」、「ぽてぽて」、「ぶくぶく」）

Сандал дээр <u>тэсгийсэн</u> биетэй хүн сууж харагдав.
椅子の上で、ぽてっとした体の人が座っているのが見えた。

У

480. УГНАЙ- → УНХАЙ-

481. УЛАЙ-

1. ［人の体の一部（皮膚、顔、目など）：（暑さ、寒さ、恥ずかしさなどで）赤くなる］（「ぱっ」、「赤らむ」、「赤面する」）
2. ［物（炎など）：燃える、際立つ、赤く見える］（「めらめら」、「赤々と」、「真っ赤」）

1. Ханшин архи гурван аягыг тогтоосны дараа түшмэлийн царай час <u>улайж</u> үг хэл нь ялимгүй ээдрэн ... (Б.Н)
中国酒を三杯飲んだ後、役人の顔が真っ赤になり、言葉が少しもつれて…。

2. Эгц өмнө нь <u>улалзаж</u> харагдсан нөгөө цогууд, чонын нүд биш, харин хүний гараар ассан авралт улаан галын жинхэнэ цог байлаа. (Б.Н)
真正面に赤々と見えたたくさんのあの炎は、狼の目ではなくて、人間の手で点った救いの赤い火の本物の炎だった。

482. УЛБАЙ-

1. ［飲食物：味のない、味の薄い、食欲をそぐ］（「水っぽい」、「まずい」）
2. ［生地（絹など）：きめの粗い、薄い、質の悪い］（「粗悪な」）
3. （転）［人の体調：弱々しい、引きしまっていない、体力のない］（「締まりのない」、「たるんだ」、「ぐったり」）
4. （転）［体の一部（目など）：元気のない、（涙で）浸る、膨らむ、赤い］（「腫れぼったい」）

1. Хоол голдог Билэгт өлссөндөө шөлний <u>улбагар</u> амтыг ч мэдрэхгүй

иджээ.

食事を好き嫌いするビレグトは、空腹のためにスープの水っぽい味も
わからずに食べたのだ。

2. Наадах улбагар торгыг чинь авахгүй шүү.

その粗悪な絹は買わないぞ。

3. Эмч хүүхэн Цэцэгмааг нүцгэлж түүний улбагар зөөлөн биеийг барьж
үзэв. (Ц.Д)

女性医師は、ツェツェグマーを裸にし、彼女の締まりのない柔らかな
体を触ってみた。

4. Нулимсандаа түлэгдэж хавдаад улайсан хоёр улбагар нүд Жаргал руу
ширтэв. (Ч.Л)

涙でただれ腫れて赤くなった二つの腫れぼったい目が、ジャルガルの
方を見つめた。

483. УЛЖИЙ-

1. [生地（絹など）：きめの粗い、柔らかすぎる、薄い]（「粗悪な」）
2. (転) [人の体調：弱々しい、元気のない]（「ひ弱な」、「虚弱な」）

1. Ийм улжгар материалаар дээл хийхэд хэцүү.

こんな粗悪な生地でデールを作るのは難しい。

2. Улжгар биетэй хүүхэд амархан ханиад хүрдэг.

ひ弱な体の子供は、風邪をひきやすいものだ。

484. УЛХАЙ- → УЛБАЙ-

485. УЛЦАЙ-

1. [人の目：湿る、涙のよく出る、赤っぽい]（「うるうる」、「涙目の」）
2. (転) [人の傷：湿る、汁の出る、治らない]（「じゅくじゅく」）
3. (転) [生地（絹、布など）：薄い、著しい、目の粗い]
   （「ぺらぺら」、「薄っぺら」）
4. (転) [人の体調：元気のない、弱る、体力のない]
   （「へなへな」、「しゃきっとしない」）

1. Хашир өвгөн өтгөн буурал хөмсгөө сөхөж, улцан нүдээ жартайлган,

олныг тойруулж хараад ... (Б.Н)

老練な老人は、濃い白髪の眉を上げ、涙目を細めながら皆を見回してから…。

2. Шарх нь улцайгаад нэг л хачин байна.

傷口がじゅくじゅくして、どうもおかしい。

3. Өврөөсөө нэг улцгар дурдан алчуур гаргаж өгөв. (Д.Н 4)

自分の懐から一枚の薄っぺらなちりめんのスカーフを取り出して渡した。

4. Өөрийн минь бие улцайж улбайгаад, яах ч гэж байгаа нь мэдэгдэхгүй. (Б.Б)

私自身の体がへなへなとぐったりして、どうなるかもわからない。

486. УМАЙ-

1. ［人や物の口：狭い、小さい］（「きゅっ」、「すぼむ」）

2. (転)［皮（人、家畜に対して）：(熱や乾燥で)しわの寄る、縮む］
   （「しわくちゃ」）

3. (転)［人の行為（умайлгах という動詞で）：(布類を)縫う、下手に］
   （「しわくちゃ」、「くちゃくちゃ」）

4. (転)［空間（部屋など）：狭い、小さい］（「猫の額ほど」）

1. Балжуу хөгшин уруулаа умалзуулан маани уншиж эхлэв. (Б.Н)

バルジョー婆さんは、唇を何度もきゅっとすぼめながら、念仏を唱え始めた。

2. Нойтон нэхийг наранд дэлгэж тавьснаас болж умайж хатжээ.

生皮を太陽の下で広げて置いたせいで、しわくちゃに縮んで乾いてしまった。

3. Ямар ч хамаагүй өнгийн утсаар даруулж умайлгаад явж байна. (С.У 2)

どれでも構わない色の糸で適当に縫って、しわくちゃにしている。

4. Бид оюутны байрны умгар өрөөнд амьдардаг байв.

私たちは、学生寮の猫の額ほどの部屋に住んでいた。

487. УНЖИЙ-

1. ［物の先端：垂れる、下がる］（「だらん」、「ぶらん」、「垂れ下がる」）

2. (転)［人の姿：元気のない、弱々しい、気落ちする］

（「がっくり」、「しょぼん」、「うなだれる」）

1. Тэрхүү цэцгийн толгой нь <u>унжгар</u> ажээ. (Б.Б 3)
   まさにその花の先端がだらんと垂れ下がっていた。

2. Батмөнхийн хажууд аюулгүйн техникийн байцаагч <u>унжгар</u> шар хүн
   суудна. (С.Л 2)
   バトムンフの横に、安全技術調査員のしょぼんとした顔の黄色い人が
   座っている。

488. УНХАЙ-

［人の姿：元気のない、落ち込む、寂しい］（「しょんぼり」、「しょぼん」）
Түүнийг би анх манай эгч шиг л дуугүй, <u>унхайсан</u> хүүхэд, тоглохыг
мэддэггүй байх гэж бодож байсан юм. (Ш.Г 2)
彼のことを僕は、最初まるでうちの姉さんのように無口なしょんぼり
した子で、遊ぶことを知らないだろうと思っていたんだ。

489. УРВАЙ-

1. ［生地（布類など）：きめの粗い、薄い、伸びる、質の悪い］（「粗悪な」）
2. （転）［人の姿：元気のない、弱々しい、気落ちする］
   　　　　（「がっかり」、「しょんぼり」）

1. Ийм <u>урвагар</u> дурдангаар юу ч хийж болохгүй гэнэ.
   こんな粗悪なちりめんでは何も作れないそうだ。

2. Явчихсан гээд <u>урвайж</u> сууж болохгүй, хойноос нь оч. (П.Л 2)
   行ってしまったからといって、がっかりしていてはいけません。後を
   追って行きなさい。

Y

490. ҮЛБИЙ-

1. ［飲食物：味のない、味の薄い、食欲をそぐ］（「水っぽい」、「まずい」）

2. [人や動物の姿：弱々しい、衰える、元気のない]
（「ぐったり」、「生気のない」、「ひ弱な」）

3. [フェルト：質の悪い、圧縮不足]（「けばけば」、「劣悪な」）

4. (転)［人の体調：衰弱する、気持ちの悪い、吐き気のする］
（「気分がすぐれない」、「具合が悪い」、「むかむか」）

1. Наранд халсан <u>үлбэгэр</u> задгай уснаас тэмээг услахад цангаа нь гардаггүй. (Ж.С)
太陽の熱で暖まったまずい、開けた場所の水をラクダに飲ませると、のどの渇きが取れないものだ。

2. Сумын даргыг үг хэлж дөнгөж дуусахтай зэрэг хажуунаас нь хөх торгон дээлтэй, <u>үлбэгэр</u> зэвхий царайтай, туранхай хүн босож шүүмжлэл тавьж эхлэв. (Ц.Д)
ソム長がやっと話し終わると同時に、そのそばから青い絹のデールを着た、生気のない青ざめた顔のやせた人が立ち上がって批判し始めた。

3. Дондогийн хийсэн эсгий <u>үлбэгэр</u> болж гээд гологдчихлоо.
ドンドグの作ったフェルトは、けばけばしていると欠陥品扱いされてしまった。

4. Уушгины ханиадтай бие нь <u>үлбэгэр</u> явсан хүн, мөглөнг яаж даах вэ дээ. (Б.Н)
肺炎を患った体の衰弱した人が、木製の監禁箱の刑にどうやって耐えられるというのか。

491. ҮЛХИЙ-

1. [縄、ひもなど：ねじれのゆるい、丈夫でない、質の悪い]（「ゆるゆる」）

2. [飲食物：味のない、味の薄い、食欲をそぐ]（「水っぽい」、「まずい」）

3. (転)［人の姿：弱々しい、元気のない、見かけの悪い］
（「へなへな」、「だらしない」）

1. Нэлээн <u>үлхгэр</u> дээс болсон байна даа.
かなりゆるゆるのひもになっているね。

2. Ийм <u>үлхийсэн</u> цай дахиж бүү чанаарай!
こんな水っぽいお茶を二度と沸かさないでね。

3. Өглөөнөөс үдэш болтол үсээ ч нэг олигтойхон илчихгүй, бүсээ ч

チャンガラード бүсэлчихгүй, нэг л үлхийсэн юм явдагсан. (Д.Э 5)
（彼女は）朝から晩まで髪の毛もきちんととかさず、帯もしっかりと
締めず、何だかだらしない格好でいつもいたなあ。

492. ҮРЧИЙ-

1. ［物（皮など）：（マイナスイメージで）なめらかでない、しわのできる、
   乾く］（「しわくちゃ」、「くしゃくしゃ」）
2. ［人の皮膚など：なめらかでない、しわのできる］
   （「しわくちゃ」、「しわしわ」、「しわだらけ」）
3. （転）［生地（絹、ちりめんなど）：ひだのできる、柔らかい］
   （「ひだひだ」、「くしゃくしゃ」）
4. （転）［人の行為（主に顔に対して）：しわを寄せる、故意に、不機嫌］
   （「顔をしかめる」、「しかめっ面をする」）

1. ... арьсны олонх нь хатаж үрчийн нугалаасаараа хөгцөрчээ. (Л.С 3)
   …皮革の大半は、干からびてしわくちゃになり、折れ目部分にカビが
   生えていた。
2. Дөчин долоон настай үс нь бууралтаж, магнай нь үрчийсэн энэ хүн уг
   нь эрүүл чийрэг биетэй, зангирч овойсон булчинтай. (Б.Н)
   四十七歳の髪が白髪になり、額にしわができたこの人は、元々健康で
   丈夫な体をした、硬くて盛り上がった筋肉の持ち主だ。
3. Дурдан хөшиг салхинд үрчилзэн харагдана.
   ちりめんのカーテンが風でひだひだになって見える。
4. Уйлах дүр үзүүлэн үрчгэнэж уруул өмөлзүүлжээ. (Ц.Д)
   泣くふりをして顔をしかめ、唇をもぐもぐさせた。

X

493. ХААДАЙ- → ХААХАЙ-

494. ХААХАЙ-

1. ［人の胸：（マイナスイメージで）大きい、広い、頑丈］
   （「がっちり」、「がっしり」、「肩幅が広い」、「いかり肩」）

2. （転）［人の態度（хаахалзах という動詞で）：うぬぼれる、傲慢、歩く］
   （「肩を怒らせる」、「肩で風を切る」）

1. Час улаан цамц өмссөн нь түүнийг улам хаахгар харагдуулна.
   真っ赤なセーターを着たのが彼をもっとがっしりと見せる。

2. Харуул бидний хаахалзаж явдаг цаг өнгөрсөн нь үнээн. (Б.Н)
   国境警備の我々が肩で風を切って歩く時期が過ぎ去ったのは事実だ。

495. ХАВТАЙ-

1. ［隆起物の上部（土地など）：全体的に押される、平ら、低い］
   （「平坦な」、「起伏のない」）

2. ［物（木板、金属板など）：薄い、なめらか、凹凸のない］
   （「平らな」、「平たい」、「平べったい」）

3. ［人の体の一部（鼻、顔、頭、足の裏など）：低い（薄い）、凹凸の少ない］
   （「平たい」、「平べったい」、「ぺたんこ」、「ぺったんこ」）

4. （転）［人の行為（хавтганах, хавталзахという動詞で）：恐れる、心配する、
   非常に］（「びくびく」、「おどおど」）

1. Плиоцений эцсээр уул тогтоох альпийн хүчтэй хөдөлгөөний нөлөөгөөр
   монголын дунд төрмөлийн элэгдлийн гадаргад эрс өөрчлөлт орж,
   элэгдэж хавтайсан уулт өндөрлөгүүд сэргээгдэн, дахин сүндэрлэн тус
   орны нийт гадаргын төрх ондоо болжээ. (Бат)
   鮮新世末期に、アルプスによる山を形成する強力な活動の影響により、
   中生代のモンゴルの風化された地表に急激な変化が生じ、風化され平
   坦になった山岳高地が復活し、再びそびえ立って当国の地表全体の形
   が一変したのだ。

2. Хавтгай модоо аваад ир.
   平らな木の板（まな板）を持ってきなさい。

3. ... цагаан шүдтэй, хавтгайдуу нүүр, дунд зэргийн хамартай ажээ. (Ж.Д)
   …白い歯、やや平べったい顔、中位の鼻をしていた。

4. Өөрийнх нь тухай хэлэх вий гэхээс Давст хавтганан суув.

彼自身について言われはしないかとダブストは、びくびくしながら
座っていた。

496. ХАВЧИЙ-

1. ［場所（部屋など）：狭い、小さい、細長い］（「狭小な」、「所狭い」）
2. ［空洞の物（人の鼻、円筒形の煙突など）：両側から押される、細く薄
   い、中が狭い］（「鼻筋の通った」、「すっと通った鼻」、「細い鼻」）
3. (転)［人や動物の体：やせる、疲れる、元気のない］
   　　　（「骨と皮でぺちゃんこ」、「がりがり」）
4. (転)［人や動物の行為（хавчганах という動詞で）：落ち着きのない、
   　　　恐れる、縮まる］（「そわそわ」、「おたおた」）

1. Гэвч хавчигхан хөндийг өгсөөд явчихав. (Л.Т 2)
   しかし、かなり狭小な谷を登って行ってしまった。

2. Туранхай өндөр биетэй, хавчиг нарийхан хамартай, тэгш цагаан шүдтэй
   ажээ. (Ш.Н)
   やせて背の高い、すっと通った細い鼻をした、そろった白い歯の人だっ
   た。

3. Тэнхэл олигтой авахгүй байгаа бол бие нь хавчгар, үс ноос нь
   бүрзгэрдүү, нүд нь хонхор байдаг. (Ж.С)
   体力を十分につけないでいると、体が骨と皮でぺちゃんこになり、毛
   並みが悪く、目がくぼんでしまうものだ。

4. Арандал тэсч ядан хавчганаж, гэргий рүүгээ ээлж дараагүй хялмалзавч
   ер тус болсонгүй. (Б.Н)
   アランダルは我慢できずそわそわし、奥さんの方を何度となくちらち
   ら見たが、全く効果がなかった。

497. ХАВШИЙ-

［空洞の物（円筒形の煙突、ストーブなど）：両側から押される、細く
薄い、変形する］（「ぺしゃんこ」、「ぺちゃんこ」）
Газар тавьсан яндан дээр гишгээд хавшийлгачихжээ.
地面に置いた煙突を踏んで、ぺしゃんこにしてしまっていた。

498. ХАЗАЙ-

1. [物（荷物など）：傾く、一方へ]（「斜めの」、「傾斜した」）
2. (転)［人の歩行：傾く、一方へ、不ぞろい]（「びっこ」、「ちんば」）
3. (転)［言葉の意味：ゆがむ、正しくない]（「歪曲する」）

1. Хазгай газар майхнаа шаачихсан байдаг байх шүү. (Н.Б)
   傾斜地にテントを張ってしまっているんだよ。

2. Арандал таяг тулан хазалзах нь цаанаа нэг л сүртэй аж. (Б.Н)
   アランダルが杖をついてびっこを引いて歩くのは、実際に何だか威厳があるのだ。

3. Утга учрыг хазайлгах нь сонины уг зорилго болжээ. (Зу.мэ)
   意味を歪曲するのが新聞の元来の目的となったのだ。

499. ХАЙВАЙ-

1. [物：(全体が) 傾く、一方へ、少し]（「斜めの」、「傾斜した」）
2. (転)［人や動物、車の歩行（хайвганах という動詞で）：揺れる、左右に、弱々しい]（「ゆらゆら」、「ぐらぐら」、「よぼよぼ」）

1. Тэд зүүн талын хайвайсан гэрт орцгоожээ.
   彼らは、東側の傾斜したゲルに入ったのだ。

2. Өвгөжөөр зарцын хайвганан алхах алхаа юманд хүрч байгаа гар хурууны хөдөлгөөн нь нэгэн ёсны уран ажил мэт харагдана. (С.У)
   年配の使用人の左右にゆらゆら揺れて歩く歩き方や、物に触れている手や指の動きが、一種の巧みな仕事のように見える。
   Нэг морь тэрэг ирсэн нь жигтэйхэн муу, гажсан хоёр дугуй нь хайвганан хяхтнана. (Д.Нам 2)
   一台の馬車が届いたが、それは非常に劣悪で、歪んだ二つの車輪がぐらぐらし、きしむ音を立てている。

500. ХАЛБАЙ-

1. [服（デールなど）：大きい、幅広い、きつくない]
   （「だぶだぶ」、「ゆったりした」）
2. [人や動物の体：大きい、幅広い、肉付きのよい]
   （「ぶよぶよ」、「ぶくぶく」、「ぼてぼて」）

1. Бат өвөл өмсөхөөр нэг халбагар дээл оёулж авчээ.
   バトは冬着るために、だぶだぶのデールを一着縫ってもらった。

2. ... намрын тарган тарвага шиг халбалзан мөлхөж байхыг харав. (Ч.Л)
   …秋の太ったタルバガのように、体をぶよぶよさせて這っているのを
   見た。

501. ХАЛБИЙ-

1. [物：大きい、幅広い、平ら]（「だだっ広い」、「幅広の」）
2. [人や動物の体：大きい、幅広い、肉付きのよい、たるむ]
   （「ぶよぶよ」、「ぶくぶく」、「ぽてぽて」）

1. Тэр банз халбилзан далбилзан урсаж байлаа. (Ц.Д)
   その板は幅広で、ゆらゆら流れていた。

2. Халбилзсан бор авгай ирж, хоол хийж өгсөн.
   ぶよぶよした顔の浅黒い夫人がきて、料理を作ってくれた。

502. ХАЛЗАЙ-

1. [人の頭：なめらか、髪のない、光る]
   （「つるつる」、「てかてか」、「はげ」、「丸坊主」）
2. [家畜や動物の毛色（額、鼻面など）：まだら、混じる]
   （「額にぶちのある」）
3. (転)[自然（森林、山など）：草木のない、部分的に]（「はげ山」）
4. (転)[タイヤ：（口語で）なめらか、滑る、刻み目のない]
   （「つるつる」、「すり減った」）

1. Халзан толгойгоо илж Христосын хөрөгтэй булан руу ширтэн гөлрөв.
   (Б.Н)
   はげ頭をなでて、キリストの肖像画のある隅の方をじっと見つめた。

2. Миний хэнз хурга Магнай халзан зурвастай ... (Д.Н)
   私の遅生まれの子羊、額に細長いぶちあり…。

3. Монголчууд модгүй уулыг халзан уул ч гэдэг.
   モンゴル人は、木のない山のことを「はげ山」とも言う。

4. Ийм халзан дугуйтай мөсөн дээр явж чадахгүй шүү.
   こんなつるつるのタイヤでは、氷の上を走れないよ。

503. ХАЛТАЙ-

［人の体の一部や物（顔、手、服など）：汚れる、清潔でない］

（「黒ずんだ」、「薄汚い」、「泥だらけ」、「泥んこの」）

Гэрийн эзэгтэй гэдэс дотор цэвэрлэн, таван халтар хүүхэд нь эхээ тойроод баярлан дэвхцэнэ. (Б.Н)

家の女主人は、羊の内臓をきれいに洗い、五人の泥んこの子供たちは、母親を取り囲んで、喜んで跳びはねている。

504. ХАЛХАЙ-

［物（服など）：大きい、幅広い、きつくない］

（「だぶだぶ」、「ゆったりした」）

Орлов халхгар том өвөртөө үсэрхэг гараа шургуулан ... нэг юм гаргаж ирээд ширээн дээр түсхийтэл тавилаа. (Б.Н)

オルロブは、だぶだぶの深い懐に毛深い手をもぐり込ませ…何か出してきて、机の上にバンと置いた。

505. ХАЛЦАЙ-

［物（草木、毛など）：少ない（全くない）、部分的に］

（「まばら」、「ぱらぱら」）

Малын хөлөөр гишгэгдэж халцгай болдог тул бэлчээр усны зай холдож явалт ихсэж, идээшлэх хугацаа нь багасна. (Ж.С)

家畜の足に踏まれて草がまばらになるので、牧草地と川の距離が遠くなり移動が増えて、草を食む時間が短くなる。

506. ХАЛЧИЙ-

1. ［物（紙、布など）：薄い、著しい、目の粗い、粗末］

   （「薄手の」、「薄っぺら」、「ぺらぺら」）

2. (転)［人の行為（халчганах という動詞で）：恐れる、不安、落ち着かない］（「おどおど」、「びくびく」）

1. Салхитай өдөр дан дээл халчганаад сэрүүхэн байлаа. (И.Д)

   風のある日に、単衣のデールは薄っぺらで涼しかった。

2. Ажлын алдаа гаргасан залуу халчганан зогсож байв.

仕事で失敗した若者は、おどおどして立っていた。

507. ХАМШИЙ-

1. [空洞の物（円筒形の煙突、ストーブなど）：両側から押される、細く薄い、変形する]（「ぺちゃんこ」、「ぺしゃんこ」）
2. [人や動物の体の一部（鼻など）：低い、平たい、小さい]（「ぺたんこ」、「ぺちゃんこ」、「低い鼻」）

1. Дарагдаж хамшийсан хувин.
   押しつぶされてぺちゃんこになったバケツ。
2. Галуу ... хавтгай хамшгар урт хошуутай ... нүүдлийн шувуу. (МУШУА)
   雁は…平らで、ぺたんこな長い嘴をした…渡り鳥だ。

508. ХАНАЙ-

1. [人の胸：（プラスイメージで）大きい、広い、落ち着きのある]（「がっちり」、「がっしり」、「肩幅が広い」、「いかり肩」）
2. [物（山、草原、橋など）：大きい、広い、心地のよい]（「広々とした」、「見渡す限り」、「巨大な」）
3. (転)[人の暮らし：豊か、満足、落ち着く]（「何不自由ない」、「満足げな」）

1. Тэр ханайсан бөх чинь Бат-Эрдэнэ аварга.
   あのがっちりした力士が横綱バト・エルデネだよ。
2. Ханагар нуман гүүрний тэнүүн зоо дээгүүр, харуулын цагдаагийн өндөр малгай шоволзоно. (Б.Н)
   巨大なアーチ橋の広い歩道の上で、見張りの警備員の山高帽子がつんつん突き出ている。
3. Хөдөөгийн малчид одоо ханагар амьдардаг болсон.
   田舎の牧民たちは、今や何不自由なく暮らすようになった。

509. ХАНХАЙ-

1. [人や動物の胸：大きい、広い、頑丈]（「がっちり」、「がっしり」、「肩幅が広い」）
2. [家の中（ханхай という名詞で）：家具のない、より広い、大きい]

（「がらん」、「空っぽの」）

3. （転）［家の中（ханхайх という動詞で）：父親不在、より広い、寂しい］
（「がらん」、「広く感じる」）

4. （転）［人の態度（主に男性に対して）（ханхалзах という動詞で）：う
ぬぼれる、傲慢、振舞う］（「肩を怒らせる」、「肩で風を切る」）

1. Гэвч түүний сэтгэлд гадаа ажил хийж байгаа <u>ханхар</u> эрийн дүр улам бүр
тодрон торгонд ямар ч сонирхол байсангүй. (Ч.Л)
しかし、彼女の心には、外で仕事をしている肩幅が広いがっちりした
男の姿がますますはっきり現れ、絹には何の興味もなかった。

2. Эрдэнэ хүүтэйгээ <u>ханхай</u> гэрт оров. (Ч.Л)
エルデネは、息子と一緒にがらんとしたゲルに入った。

3. Аав байхгүйд гэр <u>ханхайх</u> агаад нэг л эвгүй. (С.П)
父親が留守の時、家はがらんとして何だか居心地が悪い。

4. ... Дамиран хоршооны дарга даамал шиг <u>ханхалзан</u> ... (Б.Н)
…ダミランは、店長のように肩を怒らせ…。

510. ХАНХИЙ-

［人や動物の体：やせる、背の高い、骨ばる］
（「ぎすぎす」、「やせて骨ばった」）

<u>Ханхигар</u> хүрэн зээрд морь унасан залуу ирэв. (Б.Б 4)
ぎすぎすにやせた褐色の栗毛馬に乗った若者がやってきた。

511. ХАРЗАЙ-

［人や動物の体：やせる、細る、著しい、骨の見える］
（「がりがり」、「やせこけた」、「骨と皮ばかり」、「骨だらけ」）

Ханхай цээж <u>Харзайх</u> хавирга ... (Тууль)
がっちりとした広い胸、がりがりに見える肋骨…。

512. ХАРЧИЙ-

［人や動物の体：やせる、細る、著しい、弱々しい］
（「がりがり」、「やせこけた」、「骨と皮ばかり」）

<u>Харчийсан</u> өвгөн дагуулж ирэв.

がりがりにやせた老人を連れてきた。

513. ХОЖИЙ-

1. [人の頭：髪の少ない、生えない]（「薄毛」、「はげ頭」）
2. (転)[自然（森林、山など）：草木の少ない、まばら]
   （「すかすか」、「はげ山」）

1. Долоон зүйл инээдэмтэй хэмээгч нь <u>хожгор</u> хүн малгайгаа буулгаад халзан хүнийг элэглэх нь инээдэмтэй. (Зуун)
   七つの事柄が滑稽と言うのは、薄毛の人が帽子の耳当てを下ろして、はげ頭の人をからかうのが滑稽だ。

2. Дүүрэн модтой байсан тэр ойг сайн хамгаалаагүйгээс <u>хожгор</u> төгөл болж хувирчээ.
   木が一杯に茂ったその森をしっかり保護しなかったせいで、すかすかな雑木林と化してしまった。

514. ХОЛБИЙ-

1. [物（積み荷など）：傾く、一方へ]（「ぐらり」、「傾斜した」）
2. [物（船など）：傾く、揺れる、横に]（「ゆらゆら」、「横揺れ」）

1. Шинэхэн авсан опел дугуйны дээр бөгсөө <u>холбилзуулж</u> сиймхий торгон оймсны дээгүүр гуяа гялалзуулсан хөдөөний гэхэд гоёмсог, хүрээний гэхэд урьд үзэгдээгүй хүүхэн усны гудамжийг уруудан, ухаангүй жийж явна. (Д.Н)
   新しく買ったオペル社の自転車の上にお尻を何度も横に滑らせ、透けたシルクの靴下の上に太股をあらわにした、田舎というとおしゃれな、クーロンというと以前見たことのない女性がオスニー・ゴダムジ（「水通り」）を下って、必死に自転車をこいで行く。

2. Завь <u>холбилзон</u> дайвалзахад бүсгүй балмагдан сандарч царай нь цайхыг өвгөн ажиглав. (Д.М 4)
   小舟が横にゆらゆら揺れると、女性はあわてふためき顔色が白くなるのに老人は気づいた。

515. ХОМБОЙ-

1. ［容器の口（茶碗、鍋など）：小さい、狭い、内側に］（「内側にすぼむ」）
2. （転）［馬の蹄：整う、きれい、丸い］（「丸っこい」、「Ｕ字型」、「円錐形」）

1. Хомбогор тогоонд хоёр ямааны толгой багтахгүй (Зүйр)

   口がすぼんだ鍋に、二匹の山羊の頭は入らない（諺）

2. ... Холын газрыг товчлоод байдаг, Хомбон туурайтай морь долоон жил ... (Дуу)

   …遠き所を縮めたる、円錐形の蹄ある馬、第七の年…。

516. ХОМОЙ-

［容器の口（茶碗、鍋など）：小さい、狭い、内側に］（「内側にすぼむ」）

Хомгор амтай саванд хийгээрэй.

口がすぼんだ容器に入れなさい。

517. ХОНХОЙ-

1. ［地面など：落ち込む、筒状に、部分的に］（「へこむ」、「くぼむ」）
2. （転）［人や動物の目：やつれる、くぼむ、奥に］（「奥目」、「目がくぼむ」）

1. Голдоо хонхор том хавтгай чулуун цар дээр будаагаа хийв. (Ж.Д)

   真ん中がくぼんだ平型の石の大皿に穀物を入れた。

2. Хөөрхий морины минь уруул унжиж, нүдний нь аяга ширгэн хонхойсон харагдав. (Д.М 3)

   かわいそうに、わが馬の唇は垂れ、眼孔がやつれくぼんで見えた。

518. ХООХОЙ-

1. ［人の態度：傲慢、うぬぼれる］（「いい気になる」、「調子に乗る」）
2. （転）［人の行為（хоохолзох という動詞で）：嫌になる、続かない、関心のない］（「あきあき」、「うんざり」、「目もくれない」）

1. Тагтаанууд хоохолзон гүвтнэлдэж, болжморууд сандран гүйлдээд нэг л биш. (Р.Э)

   ハトたちはいい気になり、ポッポーと一斉に鳴き、スズメたちはあわて走り回って、どうも普通じゃない。

2. Сонин дээрээ соохолзох, Сониноо буурахаар хоохолзох (Зүйр)

珍しいときはうずうず、興味が失せるとあきあき（諺）

519. ХОРЧИЙ-

1. ［人や動物の体：やせる、細る、元気のない］
（「がりがり」、「ひょろひょろ」、「やせこけた」）
2. （転）［物（皮など）：（マイナスイメージで）なめらかでない、しわの
寄る、乾く］（「しわくちゃ」、「しわしわ」）

1. ... гэнэт давхийн <u>хорчгор</u> түшмэлийн хоёр эгэмээс базаж аваад туулай
шүүрсэн бүргэд мэт хэд сэгсэрч орхилоо. (Б.Н)
…いきなり飛び上がり、がりがりの役人の両胸ぐらをつかみ取り、ウ
サギをわしづかみした鷲のように、数回揺さぶってしまった。
2. <u>Хорчийсон</u> арьс элдүүлж авчээ.
しわくちゃになった皮をなめしてもらった。

520. ХОТОЙ-

1. ［平らで厚みのある物（板、橋など）：落ち込む、弓状に、部分的に］
（「弓状にくぼむ」）
2. ［人や動物の体の一部（腰など）：弓状に、くぼむ、見事］（「弓状に反る」）

1. Төв аймгийн Борнуур сумын гүүр үерт автаж <u>хотойжээ</u>. (AG)
トゥブ県のボルノール・ソムの橋が洪水に遭って、弓状にくぼんでし
まった。
2. Уг нь түхгэр цээжтэй <u>хотгор</u> нуруутай өндөрхөн биетэй бүсгүй байжээ.
(С.Э)
元々はと胸で、腰の反った、かなり背の高い女性だった。

521. ХӨВСИЙ-

［物（髪、カシミヤ、綿、パンなど）：膨らむ、柔らかい、弾力のある］
（「ふわふわ」、「ふかふか」、「もふもふ」）
Хөх тэнгэр цэлмэж, Хөвөн үүл <u>хөвсийхөд</u> ... (Ц.Д)
青空が晴れて、綿雲がふわふわ浮かぶと…。

172

522. ХӨВХИЙ-

1. [物（板類、布類など）：軽い、柔らかい、弾力のある]
   (「ふかふか」、「ふわふわ」、「ぺこぺこ」)

2. (転)［人の気持ち（хөвхөлзөх という動詞で）：落ち着かない、動揺する]
   (「どぎまぎ」、「おたおた」、「そわそわ」)

1. Модон эдлэлийн фанер нь хуурч гадагшаа хөвхийсөн бол олон давхар
   цаас тавиад халуун индүүгээр индүүдээрэй. (Меб.эд)
   木製品のベニヤ板がはがれ、外側にぺこぺこしたら、何枚も重ねた紙
   を当てて、熱いアイロンでアイロンがけしてください。

2. Дэмий байлгүй гээд Бадарчийг ханцуй шамлан босоход ноён бачуудаж
   хиа нь халж ядан хөвхөлзөнө. (З.Б)
   「無駄じゃないのか」と言って、バダルチが袖をまくり立ち上がると、
   領主はあわてて、従者は近づけず、どぎまぎしている。

523. ХӨГЛИЙ-

[自然（山、森林など）：黒っぽい、密生、重みのある)]
(「うっそう」、「こんもり」、「どっしり」)

Арандал даарч чичрээд хяраас буужи, хөглөгөр уулын өвөр хунх дахь
хуурай ширэнгэний дэргэд ирж зогсов. (Б.Н)
アランダルは、寒くてぶるぶる震えながら山の尾根から下り、こん
もりした山の南斜面の窪みにある乾燥した密林のそばに来て、立ち止
まった。

524. ХӨМИЙ-

1. [物の端（毛皮など）：曲がる、内側に、真ん中がへこむ]
   (「内側に曲がる」、「内側に反り返る」)

2. (転)［自然（山、岩、平原など）：風よけ場、くぼんだ所、温かい]
   (「くぼ地」)

1. Дондог гуай хөмийсөн арьс ширийг тоолон хураажээ.
   ドンドグさんは、端が内側に曲がった皮を数えて積み上げた。

2. Хүйтэнд даарч цайсан царайтай Дагва хоёр нөхрийн хамтаар үүр
   хаяарахын хэрд тал дундадас тогоо адил жижиг хөмөг хонхорхойд шагай

адил бөөгнөрөн зогссон хонин сүргийн дээрээс санамсаргүй орж гайхах,
баярлах зэрэгцжээ. (Д.Га)
寒さに凍え青白くなった顔のダグワは、二人の友達とともに、夜が明
け地平線が白む頃、草原の真ん中にある鍋のような小さなくぼ地に、
くるぶしの骨のように群がり立った羊の群れの中に偶然入り、驚きと
喜びが共存した。

525. ХӨНХИЙ-

1. [人や動物の目：くぼむ、奥に、生来] (「奥目」、「くぼ目」)
2. [容器（お椀など）：底、深い、下に] (「底が深い」)

1. ... Магсаржавын өмнөөс хөнхөр ногоон нүдээрээ цавчилгүй харав. (Ч.Л)
…マグサルジャブに向かって、くぼんだ緑色の目で瞬きせずに見た。

2. ... хөнхөр аяганы ёроолд хэлээ хүргэж ядан аарц долоож суугаа ач
хүүдээ хандан ... (Б.Н)
…底が深いお椀の底に舌をつけられずアールツをなめて座っている孫
息子に向かって…。

526. ХӨРЗИЙ-

[人の皮膚（顔など）：暗い、なめらかでない、乾く]
(「ざらざら」、「ごわごわ」)
Унтсандаа Жигжидийн нүд нь хавдаж, царай нь хөрзийжээ. (Д.Бат)
寝たために、ジグジドは目が腫れ、顔がざらざらしていた。

527. ХӨХИЙ-

1. [人の顔色：暗い、疲れる、目に隈のできる]
(「顔がさえない」、「表情が暗い」、「疲れ気味」)
2. [天気：悪い、荒れる、不安定] (「崩れる」、「悪天候」)

1. Одоо ан ан гээд л хөхийж явах болжээ. (Д.Э)
今は「狩りだ、狩りだ」とだけ言って、疲れ気味の顔つきで出かける
ようになったんだ。

2. Тэгэхдээ усархаг аадар бороо, шаагих мөндөр гэнэт бөмбөрдөж,
хөхөлзөх шуурга гарч, хурц нар төөнөх гээд байгалийн ер бусын үзэгдэл

бэрхшээл дунд малчид малаа адгуулна. (С.Р)

しかし、雨量の多い豪雨や激しい雹が突然叩きつけるように降り、吹き荒れる嵐が起こり、まぶしい太陽が照りつけるなど、自然の異常現象や厳しさの中で、牧民たちは家畜の世話をしている。

528. ХУЖИЙ-

［人の顔色、物の色など：悪い、白っぽい、色あせる］

(「青ざめた」、「顔色が悪い」、「血の気のない」、「つやのない」)

... цус дутагдсанаас болоод зүс царай нь хужийж байгаа хүмүүс лийрийг илүүхэн идэж байвал царай чинь өнгө орж эрүүл саруул болох юм. (Zuv)

…貧血のせいで顔色が青ざめた人たちは、梨を多めに食べていれば、顔色が良くなり健康的になるのだ。

529. ХУЛАЙ-

［人や動物の耳：小さい、すぼむ、内側へ］

(「短く変形した」、「つぶれた」、「餃子耳」)

... Хулгар Батын Тамжид гэгч бүсгүйтэй сээтгэнэн, бүр сүүлдээ гэрт нь орогнох болов. (Б.Н)

…つぶれ耳バトの娘タムジドという女性といちゃいちゃして、結局のところ彼女の家に身を寄せるようになった。

530. ХУЛМАЙ-

1. ［動物の耳（特に馬など）：すぼむ、引く、後ろへ］
   (「耳を後ろに伏せる」、「耳を絞る」)

2. (転)［人の態度（хулмалзах, хулмаганах という動詞で）恥じる、悔やむ、怖がる］(「おどおど」、「おじおじ」、「尻込みする」)

1. Туулын эргэнд тулж ирмэгцээ хонгор морь сулхан үүрссэнээ ус руу чихээ хулмайлган дайрав. (Б.Н)
   トール川岸に突き当たるやいなや、栗毛の馬は低くヒヒーンといなないてから、川の方へ耳を後ろに伏せて突進した。

2. Өглөө нь Должид бэрийнхээ нүүрийг харахад нэг л хэцүү санагдаад хулмалзаж байхад цаадах нь хэнэг ч үгүй инээд алдсан хөөрхөн

аашаараа л байх аж. (Д.Э)

その朝ドルジドは、自分の嫁の顔が何か直視しがたく思われおじおじ
していたが、向こうの方は、気にもせず笑顔で、愛想の良いままであった。

531. ХУЛЧИЙ-

［人の行為：恐れる、不安、落ち着かない］

（「おどおど」、「びくびく」、「ひやひや」）

Богдод мөргөх гэж яваад шал согтуу ирсэндээ гэмшиж, Итгэлт зэмлэж
магад гэж хулчийж байлаа. (Ч.Л)

ボグドに叩頭しに行って、すっかり酩酊して帰ってきたことを後悔し、
イトゲルトに叱られるかもとひやひやしていた。

532. ХУМАЙ- → ХУМИЙ-

533. ХУМБАЙ-

1. ［容器の口（茶碗、鍋など）：小さい、狭い、内側に］（「内側にすぼむ」）
2. ［平たい物の端（葉、掌など）：縮まる、丸まる、内側に］
   （「内側にすぼむ」）
3. （転）［馬の蹄：整う、きれい、丸い］（「丸っこい」、「U字型」、「円錐形」）

1. Алив май гээд эргэж хумбан шаазан дүүрэн сүү мэлтэлзүүлэн хийж
   барилаа. (Д.Ма 2)

   「さあ、どうぞ」と言って、向こうを向いて、口がすぼんだ陶器のお
   碗一杯にミルクをなみなみに入れて差し上げた。

2. Том гараа хумбайлган, ус хутган нүүр гараа угааж гарав. (Ж.Б)

   開いた大きな手をすぼめ水をすくって、顔と手を洗い出した。

3. Алсын аян замд баахан сульдаж, хумбан дөрвөн туурай нь балбажээ.
   (Д.Ц)

   遠い旅路にずいぶん疲れ、円錐形の四つの蹄はただれて炎症を起こし
   た。

534. ХУМИЙ-

1. ［容器の口（茶碗、鍋など）：小さい、狭い、内側に］（「内側にすぼむ」）

176

2. (転) [物の端（毛皮など）：曲がる、内側に、乾く、しわが寄る]
（「しわくちゃ」、「くしゃくしゃ」）

1. Дэлчгэр чихээ <u>хумийтал</u> дарж, тосон толбот тоорцог өмссөн бөгөөд хөлс дааварласан хар царайтай хүн байв. (С.Э)
ばかでかい耳をすぼむほどに押えつけ、油のしみのついた丸型帽子をかぶった、汗がにじみ出た顔の黒い人だった。

2. Нэг <u>хумигар</u> арьс газар дэвссэн байлаа.
一枚のしわくちゃの皮を地面に敷いていた。

535. ХУРНИЙ-

[人の顔色：元気のない、弱々しい、一時的に]
（「生気がない」、「顔色がさえない」、「浮かぬ顔」）

... лам нар, хурал номоо ч хурахаа болиод, <u>хурнигар</u> царайлан үймэн сандарч байгаа ажээ. (Ц.У)
…ラマ僧たちは読経するのもやめて、さえない顔つきで、あわてふためいているのだった。

536. ХҮЛХИЙ-

1. [物（服など）：大きい、幅広い、きつくない]（「だぶだぶ」、「ゆったり」）
2. (転) [ゲルの覆いなど：余る、上へ、しわが寄る]
（「だぶだぶ」、「しわくちゃに膨らむ」）

1. Энэ газрын залуучууд нь голдуу нэг размер томдсон юм уу гэмээр <u>хүлхийсэн</u> пальто, куртка өмсөнө. (Б.Т)
この地域の若者たちは、主にワンサイズ上の大きすぎかと言えそうなだぶだぶのコートやジャンパーを着ている。

2. Гэрийн цагаан бүрээс салхинд <u>хүлхэгнэж</u> гарлаа.
ゲルの外側の白い布製の覆いが、風で何度もしわくちゃに膨らみだした。

537. ХҮНХИЙ-

1. [地形（雨裂など）：底、深い、くぼむ、下に]（「底深い」、「奥深い」）
2. (転) [人や動物の目：くぼむ、奥に、生来]

（「奥目」、「くぼ目」、「奥まった目」）

3.（転）［鏡（表面など）：くぼむ、中低、円い］（「凹面」）

1. Цунхлийн ... хана нь эгц биш, дотогшоо <u>хүнхэр</u>, бумбын амсар шиг ажээ. (Ж.Д 2)
   小峡谷の壁は、急ではなく中に奥深く、吸い玉の口縁部のようだ。

2. Хээр халзан нь, эзнийхээ уяран баярласныг мэдсэн мэт ... омголон цог бадарсан <u>хүнхэр</u> нүдээ гялбалзуулав. (С.Э 5)
   栗毛で額が白斑の馬は、自分の主人が感動し喜んだのを知ったかのように…勇ましくて威光を放った奥まった目をきらきら輝かせた。

3. Толин гадаргуу нь дотор талдаа бол <u>хүнхэр</u> толь гэнэ. (Ш.Э)
   鏡の表面（反射面）が内側にあれば、凹面鏡という。

538. ХҮРЛИЙ-

1.［人の顔色：黒っぽい、日焼けした、健康的］
   （「小麦色の」、「こんがり焼けた」、「浅黒い」）

2.（転）［人の顔色：（怒り、痛みで）暗い、不機嫌］
   （「顔が曇る」、「顔をしかめる」、「顔をゆがめる」）

1. Царайг нь ажвал <u>хүрлэгэр</u> бараан, зэрвэс харсан хүнд бол инээвхийлээд ч байгаа юм шиг санагдмаар. (Д.Но)
   顔色をよく見ると、小麦色で浅黒く、ちらっと見た人には少しほほ笑んでもいるかのように思われるほどだ。

2. Нөгөө хүн улам ч цухалдаж царайгаа аймаар <u>хүрлийлгэн</u> ... (Б.Н)
   あの人は、ますますいらいらして、顔をひどく曇らせ…。

539. ХЭВИЙ-

1.［地形（地面など）：傾く、一方へ、少し］（「斜めの」、「傾斜した」）

2.（転）［天体の位置（太陽など）：斜めになる、逸れる、時間の遅い］
   （「日が傾く」、「正午を過ぎる」、「夜中を過ぎる」）

1. Өгсүүр <u>хэвгий</u>, цастай мөстэй зам шүү дээ. (Б.Б 2)
   登りの傾斜した、雪や氷で覆われた道だよ。

2. Шөнө <u>хэвийлгээд</u> буцахад бороо орж эхэлжээ. (Б.Б 2)
   夜中を過ぎて帰る時、雨が降り始めた。

540. ХЭЛБИЙ-

1. [物（荷物など）：傾く、一方へ]（「斜めの」、「傾斜した」）
2. (転)［天体の位置（太陽、星など）：斜め、逸れる、時間の遅い］
   （「日が傾く」、「正午を過ぎる」）

1. Машин дээрх ачаа хойшоо хэлбийсний засч ачлаа.
   トラックの上の荷物が、後ろへ傾いたのを積み直した。

2. Тэр хоёр удсангүй тэрэг дүүрэн хуурай гишүү ачиж тэргээ хөллөн
   явахад үд хэлбийж байгаа нар араас нь бүлээн илчээр жигнэж үл мэдэг
   зөөлөн салхи өмнөөс нь үлээнэ. (Ч.Л)
   彼ら二人は、間もなく荷車一杯に乾燥した枝を積んで、荷車につない
   で行くと、正午を過ぎている太陽が彼らの後ろから暖かい熱で暖め、
   ほんのわずかなそよ風が前から吹いている。

541. ХЭЛТИЙ-

1. [物（荷物、靴のかかとなど）：傾く（すり減る）、一方へ]
   （「斜めの」、「傾斜した」）
2. (転)［騎乗の人：（姿勢が）斜め、（鞍の上で）座る]（「斜め座りの」）

1. Даамал гозгор оройтой булган малгайгаа хэлтгийхэн дарж өмсчээ. (Ж.П)
   管理人は、天辺がとがったミンクの帽子をやや斜めに目深にかぶって
   いた。

2. Эрдэнэ эмээл дээрээ ялимгүй хэлтгий сууж, ямар нэгэн гүн бодолд
   дарагдан явна. (Ч.Л)
   エルデネは、鞍の上で少し斜めに座り、何か深い考え事をしながら進
   んでいる。

542. ХЭЛХИЙ-

1. [物（服など）：大きい、幅広い、きつくない]（「だぶだぶ」、「ゆったり」）
2. (転)［人や動物の腹：大きい、太い、垂れる]（「ぽっこり」、「でっぷり」）

1. Хэлхгэр бүдүүн өмднийхөө түрийг цагаан даавуугаар ороосон байлаа.
   (С.Даш 2)
   だぶだぶの大きなズボンの裾を白い布で巻いていた。

2. Манай сумын наадамд үл таних хэлхийсэн эр, даагаа уралдуулав.

うちのソムのナーダムに、腹がでっぷりした見知らぬ男が、自分の二歳馬を競馬に出場させた。

543. ХЭРЗИЙ-

1. [人や動物の体：やせる、細る、著しい、骨の見える］
（「がりがり」、「やせこけた」、「骨と皮ばかり」、「骨だらけ」）

2. (転) [建物の骨組みなど：（マイナスのイメージで）突き出る、細い、目立つ］（「ごつごつ」、「がたがた」）

1. Арандал чийрэг гараараа туранхай хэрзгэр цээжий нь тас тэврэхэд цаадах нь сандран өндөлзөж ... (Б.Н)
アランダルは、力強い手でやせてがりがりな彼女の胸をぎゅっと抱きしめると、彼女はあわてて何度も起き上がり…。

2. ... эртний сүмийн үзэгдэл аймаар муухай арзайж хэрзийн үзэгдэж билээ. (УЗУ)
…昔のお寺の姿がひどくみっともなく、骨組みががたがたでごつごつして見えていたのだ。

544. ХЭХИЙ- → ХЭЭХИЙ-

545. ХЭЭХИЙ-

1. [人の体の一部（胸など）：突き出る、前に、少し］
（「胸を突き出す」、「胸を張る」）

2. (転) [人の行為（хээхэлзэх という動詞で）：気取る、反り返る、歩く］
（「肩で風を切る」、「ふんぞり返って歩く」）

1. Яагаад хээхийгээд байна?
なぜ胸を突き出しているのか。

2. Барилдахаасаа таахалзах нь, Хийхээсээ хээхэлзэх нь (Зүйр)
相撲を取るよりも威張って歩く方が、何かをするよりも気取って歩く方が（諺：「吠える犬は嚙みつかぬ」の意）

546. ХЯЛАЙ-

1. [人の目：見る、嫌う、横に、故意に］（「横目でにらむ」）

2. [人の目：不ぞろい、異なる、片寄る]
（「斜視」、「やぶにらみ」、「ひんがら目」、「ロンパリ」）

3. (転) [人の行為：ひどく嫌う、憎しみを抱く]（「目の敵にする」）

1. Сэрээнэнгийн засуул лам, Жамбалыг хялайн харах ёстой байтлаа, их
шударга хүний дүр үзүүлэн ая тал засаж гэнэн залууг асрынхаа доор
урьж аваачаад хул дүүрэн айраг барьжээ. (Б.Н)
セレーネンの介添人のラマ僧は、ジャンバルのことを横目でにらんで
見るべきなのに、真正直な人間のふりをして取り入り、無邪気な青年
を自分たちの大天幕の下に招き入れて、お碗一杯の馬乳酒を差し上げ
た。

2. "Хялар хатан" гэдэг жүжиг нь домгоос сэдэвлэсэн бүтээл гэдэг.
「斜視の妃」という劇は、伝説から考案した作品だそうだ。

3. Түүнийг нүд үзүүрлэн хялайсаар байв. (МУШУА)
彼のことをひどく嫌い、ずっと目の敵にしていた。

547. ХЯЛМАЙ-

1. [人の皮膚、動物の毛など：色素欠乏、光に弱い、先天性]
（「白子（しらこ）症」、「アルビノ」）

2. (転) [人や動物の行為（хялмалзах という動詞で）：見る、用心する、
恐れる、あちこち]（「きょろきょろ」、「ちらちら」）

1. Хялман цоохор мориныхоо цулбуурыг өргөн барив. (М.Ч)
真っ白な斑の馬の引き綱を差し上げた。

2. Болцуу гэрийн үүд рүү хялмалзан байж ... (Б.Н)
ボルツォーは、ゲルの扉の方をきょろきょろ見ながら…。

548. ХЯМСАЙ-

[人の顔の表情：ゆがめる、不機嫌、見かけの悪い]
（「顔をしかめる」、「しかめっ面をする」）

Балжуу бүр ч хямсайж өргөн шүтээнээ нэг ажиглаад ... (Б.Н)
バルジョーはもっと顔をしかめ、霊験あらたかな崇拝物に一瞬目を
やって…。

Ц

549. ЦАВЦАЙ-

［物（雲、雪、塩など）：白い、混じり気のない、厚い］
（「真っ白な」、「純白の」）

... царан тавгууд дээр цавцайтал мөлжсөн цагаан яснууд овоорч эхэлтэл Шагдар туслагч ороод иржээ. (Б.Н)

…平底の大皿の上には、真っ白になるまで肉をかじり取った白い骨が山積みになり始めると、補佐官シャグダルが入ってきた。

550. ЦАЙ-

［人の顔色、物の色など：白い、色あせる］（「白くなる」、「白っぽくなる」）

... сэтгэлийн нь гүнд айдас, түгшүүр, ичингүйрэл харшилдан царай нь хоромхон зуур гурван өнгөөр хувиран улайж цайж бас хөхрөв. (Б.Н)

…心の底で恐怖と不安と羞恥心が交錯し、彼の顔色が一瞬で三色に変化し、赤くなり白くなり、さらに青くなった。

Ихэс нуурын шувууд аян замдаа зэхэн сүрэглэн нисч нуурын нөгөө захад цайлзан буудаг. (С.П 3)

イヘス湖の渡り鳥たちは、旅路の用意をし群れをなして飛び、湖の反対岸に白くなって舞い下りている。

551. ЦАЙВИЙ-

［人の顔色、物の色など：白い、色あせる］
（「白っぽい」、「白みがかった」、「青白い」）

Цайвгар царайтай, хамрын нь нүх сарталзан, дайчин эрийн төмөр мэт зэвүүн нүд гялталзан харагдана. (Б.Ня)

青白い顔をして、鼻の穴をぷくぷく膨らませ、戦士の鉄のようないやらしい目がきらきらして見える。

... нүдний нь үзүүрт Тогоохүүгийхний хот айл цайлалзан харагдахад ... (Д.Бат)

…視線のはるか先に、トゴーフー家のゲル集落が白っぽくちかちかして見えると…。

552. ЦАЙЛИЙ- → ЦАЙВИЙ-

553. ЦАЛАЙ-

1. ［容器の口：開く、大きい、外へ］（「口の広い」、「広口の」）
2. ［動物の角：広がる、曲がる、両側へ］（「両側に広がった」）
3. （転）［ドア、窓など：開ける、大きく］（「開けっぴろげ」）

1. Дэлгүүрт <u>цалгар</u> амтай хувин байвал авъя.
   店に広口バケツがあれば買おう。

2. <u>Цалгай</u> эвэртэй үнээгээ тугалтай нь туугаад ир!
   角が両側に広がった雌牛を子牛と一緒に追ってきなさい。

3. Өрөөнийхөө хаалгыг юунд <u>цалайтал</u> нээж орхио вэ?
   部屋のドアをどうして開けっぴろげにしておいたのか。

554. ЦАРДАЙ-

［人や動物の腹：突き出る、大きい、張る］（「ぽっこり」、「太鼓腹」）
Эмчийг үзэхэд хүүхдийн гэдэс дүүрсэн бололтой <u>цардгар</u> байжээ.
医者が診察すると、子供のお腹が張ったようで、ぽっこりしていた。

555. ЦИЙЛИЙ-

1. ［場所（平原、部屋など）：広い、大きい、明るい］
   （「広大な開けた」、「広々とした」、「見渡す限り」）
2. ［物の色（月、太陽、空、目など）：白っぽい、青い、大きい、弱々しい］（「薄青みがかった」、「青白い」）
3. （転）［人や動物の目（цийлгэнэх, цийлэлзэх という動詞で）：涙、たまる、一杯］（「うるうる」、「涙があふれる」）
4. （転）［天気：曇る、不安定、降り出しそう］
   （「どんより」、「ぐずぐず」、「雨曇りの」）

1. <u>Цийлийсэн</u> талд хүрээд ирлээ.
   広大な開けた平原にやってきた。

2. Цагаан буурал аргалийн цийлгэр том нүд бүлээн нулимсандаа угаагдан тув тунгалаг болсон байв. (Ш.В 2)

白毛に赤みがかった野生羊の青白い大きな目は、温かい涙に洗われ全く透き通っていた。

3. ... нүдэнд нь нулимс цийлгэнэвч дусаалгүй шингээж гарлаа. (Ч.Л)

…目に涙がうるうるしても、流さずにしみ込ませた。

4. Тэнгэр цийлийгээд нэг л биш боллоо. (И.Д)

空がどんよりして、どうも怪しくなった。

556. ЦОГНОЙ-

1. ［人や動物の行為：上半身を上げる、首を伸ばす、見る］
（「頭をもたげる」）

2. ［蛇の首、頭：上げる、高く］（「鎌首をもたげる」）

1. Бүх хонины нь нүд түгшүүртэй бүлтгэнэн гялалзаж, толгой цогнойлгон Цадмид руу харж хуухчаад эгээ л чононд хөөгдөж цойлсон мал мэт. (Ц.До)

すべての羊は、目が不安げでぱちくり輝き、頭をもたげながらツァドミドの方をながめ鼻を鳴らして、まるで狼に追われて逃げ出した家畜のようだ。

2. ... хар эрээн могой толгойгоо цогнолзуулан гарч ирснээ элсэн дээгүүр хүйтэн мөр татуулан мөлхөж оров. (С.П 2)

…黒の斑模様の蛇が、何度も鎌首をもたげて出てきたが、砂の上に不気味な跡をつけながら這って中に入った。

557. ЦОДОЙ-

［人や動物の腹：突き出る、少し、膨らむ］（「ぽっこり」、「ぽこっ」）

... хэдэн адууны хамгийн сүүлд нэг цодойсон хул даага явж байсан юм. (Сэт)

…数頭の馬の一番後ろに、お腹がぽっこりした一頭の栗毛の二歳馬が付いていた。

558. ЦОЗОЙ- → ЦОДОЙ-

559. ЦОЙРИЙ-

［人の足：細い、長い、著しい］

（「ひょろっ」、「ひょろ長い」、「ひょろひょろ」）

Пээ, яасан цойргор охин бэ.

あらまあ、何と足のひょろ長い娘なの。

560. ЦОЙЦИЙ-

［人や物の足：内側に変形、不ぞろい］

（「足の曲がった」、「片ちんば」、「びっこ」）

Ганц цойцон сандал л үлдсэн.

一つ足の曲がった椅子だけが残った。

561. ЦОМБОЙ-

1. ［容器（茶碗、鍋など）：整う、小型、直立］（「こぢんまり」、「抹茶碗」）
2. ［馬の蹄：整う、きれい、丸い］（「丸っこい」、「円錐形」）
3. （転）［人の姿：まとまる、小さい、座る］（「ちょこん」、「ちんまり」）

1. Цомбон шаазанд цай хийж барив. (Ж.П)
   こぢんまりした陶器にお茶を入れて差し上げた。
2. “Цомбон туурайтай хүрэн” гэдэг монгол ардын дуу байдаг.
   「円錐形の蹄をした褐色馬」というモンゴル民謡がある。
3. Сая гэрлэж байгаа энэ хоёр залуу, олон хүний ширтсэн нүдний бай болж
   энд цомбойн суухын оронд, гадаа гэрийн ард буюу байшингийн хажууд
   хоёулхан зогсож байгаасан бол хичнээн их жаргалтай байх билээ. (Ц.Д)
   今しがた結婚式を挙げたこの二人の若者は、大勢が見つめた注目の的
   となって、ここでちょこんと座るよりも、外でゲルの後ろか、あるい
   は建物の横で二人きりで立っていたなら、どれだけ幸せであろうか。

562. ЦОМЦОЙ-

1. ［物：整う、小型、直立、縮む］（「こぢんまり」、「ちんまり」）
2. （転）［人の姿：まとまる、小さい、座る］（「ちょこん」、「ちんまり」）

1. Дунд нь ганц <u>цомцгор</u> гэр барьсан нь содон харагдана.
真ん中に一つだけこぢんまりしたゲルが建っているのが際立って見える。

2. Хар хүн дагалдан ороод, зүүн хойно <u>цомцойн</u> суув. (Ц.Д)
男の人が一緒について入ってきて、(ゲルの)北東にちょこんと座った。

563. ЦОНДОЙ-

1. [人や動物の腹：突き出る、丸い、かわいい] (「ぽっこり」、「ぽこっ」)
2. (転) [袋、カバンなど：膨らむ、入れる、たくさん] (「ぽこっ」)

1. Нялх хурга гэдсээ <u>цондойтол</u> эхийгээ хөхжээ.
幼い子羊は、お腹がぽっこり出るまで母親のおっぱいを吸った。

2. <u>Цондойтол</u> нь юм чихсэн цүнх барьсан байлаа.
ぽこっとふくらむほど物を詰め込んだカバンを手に持っていた。

564. ЦОНХИЙ-

[人の顔色：白い、生気のない、血の気のない]
(「青白い」、「青ざめた」、「顔面蒼白な」)

Дорлиг: ... <u>Цонхийгоод</u> ... Нээрээ ч би их туржээ. (Ц.Д)
ドルリグ：…顔が青ざめて…本当に僕はとてもやせたなあ。

565. ЦОРВОЙ-

[唇：突き出る、垂れる、前へ] (「口をすぼめる」、「口を尖らす」)
Хөгшрсөн юм уу мэдэхээ болиод төөрөх нь их болсон байна билээ гэж Ням өврөөсөө нандигнан хэлхсэн есөн зоосоо гаргаж шившин үлээхдээ зарвмдаа нүдээ аньж, зарвмдаа хошуугаа <u>цорвойлгон</u> их л дүвчин дүр үзүүлэв. (Ч.Л)
「年を取ったせいか、わからなくなって占いが当たらなくなることが多くなったんだ」と言って、ニャムは、懐から大切にしている、糸を通した九つの貨幣を取り出し、占いを唱え息を吹きかける時、時には目を閉じ、時には口を尖らせて、ひどく得道者のふりをした。

566. ЦОРДОЙ- → ЦҮРДИЙ-

567. ЦӨДИЙ- → ЦҮДИЙ-

568. ЦӨМИЙ-
1. ［人や物の口：狭い、小さい、内側に］（「内側にすぼむ」）
2. （転）［物の表面：くぼむ、内側に］（「ぺこぺこ」、「へこむ」）

1. Шаймий зуултын үед нүүрний гадна төрх өөрчлөгдсөн (эрүү урагш байрласан, дээд уруул цөмийсөн, доод уруул дээд уруулыг даваж ...) (MNS)
しゃくれあごの噛み合わせ時に、顔の外形が変形した（あごが前に突き出て、上唇が中にすぼみ下唇が上唇より出て…）。

2. Нярай хүүхдийн зулай битүүрээгүйгээс гараараа зөөлөн дарахад цөмөлздөг.
赤ちゃんのひよめきがふさがっていないため、手でやさしく押すとぺこぺこする。

569. ЦӨМЦИЙ-
1. ［物：整う、小型、直立、縮む］（「こぢんまり」、「ちんまり」）
2. （転）［人の姿：まとまる、小さい、座る］
　　　（「ちょこん」、「ちんまり」、「縮こまる」）

1. Дэлгүүрээс хэдэн цөмцгөр аяга авав.
店でこぢんまりしたお椀を何個か買った。

2. Өвгөн дээш цөмцийн сууггад хажууд хэвтсэн морин толгойтой хуурыг авч, ийн дуулан хуурдана. (Д.Н)
老人は、ちょこんと座り直して、そばに置いてあった馬頭琴を手に取り、次のように歌いながら弾く。

570. ЦӨРИЙ- → ЦЭРИЙ-

571. ЦУЛЦАЙ-
　　［人の体の一部（頬など）：大きい、太い、柔らかい］
　　（「ぽっちゃり」、「ぽちゃっ」）

<u>Цулцгар</u> цагаан хацартай. (П.Х)
ぽっちゃりした白い頬をしている。

572. ЦУХУЙ-

1. [人や物の姿：出る（見える）、一部、外に]
（「ちらり」、「ちらちら」、「顔を出す」）
2. (転) [草など：生える、始める、一部]（「のぞく」、「顔をのぞかせる」）
3. (転) [人の思い、考えなど（цухуйлгах という動詞で）：表す、一部、外に]
（「漏らす」、「口外する」）

1. ... өвөөгийнхөө удаан зогсохыг Болцуу хүү гэрийн араас <u>цухалзан</u>
булталзан ажиглаж байв. (Б.Н)
…お爺ちゃんが長い間立っているのを、少年ボルツォーは、ゲルの背
後から顔をちらちらのぞかせながら、じっと見ていた。
2. Ногоо <u>цухуйж</u> эхэлсэн байлаа. (Б.Б)
草が顔をのぞかせ始めたのだった。
3. Шагдарын хэлсэн тэр ёрын мэдээг би хэнд ч <u>цухуйлгаагүй</u>. (Б.Н)
シャグダルが言ったその縁起の悪い知らせを、私は誰にも漏らさな
かった。

573. ЦҮДИЙ-

[人や動物の腹：突き出る、大きい、膨らむ]
（「ぽっこり」、「ほてっ」、「太鼓腹」）

Гэдэс нь торх шиг болтлоо <u>цүдийсэн</u> босоо дэлт янцаглан тургиж ... (Б.Н)
お腹が樽のようになるほどぽっこりした「立ったたてがみ」は、うな
りながらブルルーと鼻を鳴らし…。

Тэр нэг <u>цөдгөр</u> хар үнээ гудчаад уначихлаа! (Б.Н)
あのぽっこりお腹の黒い雌牛が、鼻から地面を突き刺して転んでし
まったよ。

Тэр <u>цөдгөр</u> хөх данжаадын чинь барааг үнээр цохиж унагаад ... (Б.Н)
あの太鼓腹の顔の青黒い中国人の店の商品を値段で負かしてしまい
…。

574. ЦYЗИЙ- → ЦYДИЙ-

575. ЦYЛХИЙ-
1. ［人や動物の腹：突き出る、大きい、膨らむ、下へ］
   （「ぽっこり」、「太鼓腹」）
2. （転）［入れ物の胴体（壺、麻袋など）：膨らむ、外側へ］
   （「ふっくら」、「ふっくら丸い」）

1. Тэр амьтан цулхийсэн гэдэстэй юм уу?
   その動物は、ぽっこりとしたお腹をしているのか。
2. Тэнд нэг цулхгэр ваар байна.
   そこに一つふっくら丸い壺がある。

576. ЦYНДИЙ-
1. ［人や動物の腹：突き出る、大きい、膨らむ］（「ぽっこり」、「太鼓腹」）
2. （転）［袋、カバンなど：入れる、一杯、詰まる］（「ぱんぱん」）

1. Доктор цүндгэр гэдсийг нь дарлаж, нөгөө хөөрхөн юмаа цээжин дээр нь
   ... тавьж чагнав. (Ч.Л 2)
   医者は、ぽっこり出た彼女のお腹を何度も押して、例のかわいい物を
   彼女の胸に…当てて聴いた。
2. Цүнхээ цүндийтэл нь юмаа чихжээ.
   カバンがぱんぱんになるまで物を詰め込んだ。

577. ЦYРДИЙ-
［人や動物の腹：突き出る、大きい、膨らむ］（「ぽっこり」、「太鼓腹」）
Өлсгөлөнд автсан цүрдийсэн гэдэстэй хүүхдүүд олон байсан гэнэ.
飢餓に見舞われ、お腹がぽっこり出た子供たちがたくさんいたそうだ。

578. ЦYРИЙ- → ЦЭРИЙ-

579. ЦYYРИЙ-
［人や動物、物の足：細い、長い、弱々しい、不安定］
（「ひょろっ」、「ひょろ長い」）

Цүүргэр хөлтэй ширээ авчээ.

脚のひょろ長い机を買ったんだ。

Тогоруунскх шиг чүүрийсэн хөлөө ачин сууж байлаа.

鶴のようなひょろ長い足を組んで座っていた。

580. ЦҮҮЦИЙ-

［人や動物、物の足：細い、小さい、短い、不安定］（「きゃしゃ」）

Цүүцгэр хөлтэй хятад авгайг анх хараад, ихэд гайхаж билээ.

小さいきゃしゃな足をした中国の夫人を初めて見て、ひどく驚いたよ。

581. ЦЭВЦИЙ-

1. ［物（雲、雪、脂など）：白い、著しい、きれい、見える］（「真っ白な」）
2. (転)［物：整う、きれい、感じのよい］
　　　（「均整のとれた」、「見栄えのする」）

1. Цэвцгэр үүлс мандуулсан сар миний ганган бүрх. (Ц.Б)
　真っ白な雲々を空に昇らせた月は、私のおしゃれなシルクハット。

2. Цэвцийсэн гоё цагаан тоосго. (Ө.Р)
　形の整ったきれいな白いレンガ。

582. ЦЭДИЙ-

1. ［人や動物の腹：突き出る、大きい、膨らむ］（「ぽっこり」、「太鼓腹」）
2. (転)［人や動物の子の体：肉付きのよい、小さい、かわいい］
　　　（「ぽっちゃり」、「小さくてころころ」）

1. Цэдийсэн гүзээтэй хүнийг дарга гэж танилцуулав.
　ぽっこりしたお腹の人が上司だと紹介してくれた。

2. Ноднингийн тугал нь цэдийсэн бяруу болсон байлаа.
　去年の一歳牛は、ぽっちゃりした二歳牛になっていた。

583. ЦЭЗИЙ- → ЦЭДИЙ-

584. ЦЭЛИЙ-

1. ［場所（平原、部屋など）：広い、大きい、明るい］

（「広々とした」、「見渡す限り」、「広大無辺」）

2. ［液体（水など）：満ちる、多い］（「なみなみ」、「うるうる」）

3. （転）［ドア、窓：開ける、大きい］（「開けっぴろげ」）

1. Дөрвөн зүг цэв <u>цэлийн</u> уйтгартай, цагаан униар тунана. (Д.Н)
四方広大無辺で、寂しげな白いもやがかかっている。

2. <u>Цэлэлзсэн</u> айрагтай хул барив. (Цог)
なみなみに注いだ馬乳酒入りの大きなお椀を差し上げた。

3. ... Тамжид Гомбынхоос буцаж ирээд хаалгаа <u>цэлийтэл</u> нээж орхив. (Б.Н)
…タムジドは、ゴンボの家から戻ってきて、自分の家のドアを開けっ
ぴろげにしておいた。

585. ЦЭЛХИЙ-

［人や動物の体の一部（腹、瞼など）：突き出る、膨らむ、垂れる］
（「ぷくっ」、「ぶくっ」）

Ядарснаас зовхи нь <u>цэлхийжээ</u>.
疲れたせいで、瞼がぷくっと膨らんだ。

586. ЦЭЛЦИЙ-

［人の体：太い、柔らかい、脂肪の多い］（「ぶくぶく」、「ぶよぶよ」）

Царай муутай <u>цэлцгэр</u> шар хүүхэн байсан юм. (Ц.Д)
顔が不細工で、ぶくぶくした体の顔の黄色い女性だった。

587. ЦЭМБИЙ- → ЦЭМЦИЙ-

588. ЦЭМЦИЙ-

1. ［物：整う、きれい、乱れのない］（「きちんとした」、「整然とした」）

2. ［人の姿：きれい、整う、気持ちのいい］
（「おしゃれ」、「こぎれい」、「身なりの整った」）

3. （転）［人の態度：身だしなみのよい、几帳面］（「きれい好きな」）

1. Ор дэр нь <u>цэмбийж</u> харагдана. (П.Х 2)
寝具がきちんと整って見える。

2. Хүрээний <u>цэмцгэр</u> авгай байв. (Н.Б)

クーロン（現在のオラーンバータル）のおしゃれな夫人だった。

Харин энэ цэмбэгэр өвгөн чинь хэн билээ. (Ж.Б)

ところで、このおしゃれな老人は誰だったかな。

3. Бас ганган Раднаа гэж цэмцгэнэсэн хархүү бий. (С.О)

さらに、おしゃれなラドナーというきれい好きな若者もいる。

589. ЦЭНДИЙ-

1. ［人や動物の腹：（マイナスイメージで）突き出る、大きい、膨らむ］（「ぽっこり」、「太鼓腹」）

2. （転）［入れ物（袋、カバンなど）：入れる、一杯、詰まる］（「ぱんぱん」）

1. Цэндийсэн тарвага дошин дээрээ хэвтэнэ.

お腹がぽっこり出たタルバガが、穴にできた盛り土の上で横たわっている。

2. Шуудайгаа цэндийтэл нь ноос чихжээ.

麻袋がぱんぱんにふくらむまで羊毛を詰め込んだ。

590. ЦЭРДИЙ-

［人や動物の体（腹など）：突き出る、膨らむ、小さい］（「ぽこっ」、「太鼓腹」）

... эгдүү хүрмээр цэрдгэр голионууд гарч эсс, ссс... эсс... эсс гэж исгэрнэ. (Д.Д)

…嫌気が差すような腹がぽこっと突き出たコオロギたちが現れ、りりりりりーと鳴いている。

591. ЦЭРИЙ-

［人や動物の腹：突き出る、大きい、一時的に］（「腹一杯」、「満腹」）

Буянцай хүү гэдсээ цөрийтөл ус залгилаад ... (Б.Н)

若者ボヤンツァイは、腹一杯になるまで水をがぶ飲みして…。

Хүүхдүүд нь тараг ээдмэг гүзээгээ цүрийтэл уугаад ... уруу өөдөө харан унацгаав. (Б.Н)

子供たちは、ヨーグルトやエードメグをお腹一杯になるまで飲んで…うつ伏せや仰向きになって寝転んだ。

... өвгөн цэрийсэн гэдэс, элгэн дээрээ тавиад нөмөрсөн дээлээрээ хучжээ. (Г.Н 2)

…老人は、ぽっこり張ったお腹の上に（その子犬を）置いて、羽織っていたデールで覆いかぶせた。

592. ЦЭХИЙ-

1. ［物の色：白い、淡い］（「白っぽい」、「白みがかった」）
2. ［人や動物の目：（時には病気で）白い、濁る、生気のない］
   （「白濁した」、「半透明の」）
3. （転）［人の行為：（マイナスイメージで）見る、嫌う、冷たい］
   （「にらみつける」、「じろじろ見る」）

1. Сайн чанарын цагаан будаа нь цэхэр, тунгалаг шаргал өнгөтэй байдаг гэнэ. (Л.Бу)
   良質の米は、白っぽく透明な淡黄色だそうだ。

2. ... хөгшин Аргалийн цэхийсэн нүднээс сувдын хэлхээ бөмбөрөн ... (Г.Ш)
   …年取った野生羊の白濁した目から、涙の粒がぽろぽろ落ちて…。

3. Яагаад хайртай хүн рүүгээ хялайж, цэхийж хараад байгаа юм. (А.Б)
   なぜ自分の愛する人を、横目でにらみつけて見ているんだ。

Ч

593. ЧАДАЙ-

［人や動物の乳房：膨らむ、硬い］（「ぱんぱん」、「（胸や乳房が）張る」）

Түүний чинэрч чадайсан хөхнөөс төдөхнөө шиврээ бороо мэт сүү асгаран газарт тунарав. (Ш.В 2)

それ（雌の野生羊）の腫れてぱんぱんに張った乳房から、すぐにしとしと雨のように乳がこぼれ落ちて地面にたまった。

594. ЧАДХАЙ-

1. [人や動物の体：細い、ゆるみのない]（「ぎゅっ」、「引き締まった」）

2. (転)［衣服：窮屈、すき間のない]（「きちきち」、「ぴちぴち」）

1. Их чадхагар биетэй хүүхэд юм.
   体がぎゅっと引き締まった子だ。

2. Ноднин хийсэн дээл хүүд нь чадхайчихжээ.
   去年作ったデールは、その子にはきちきちになってしまった。

595. ЧАРДАЙ-

[子供の体：やせる、裸]（「がりがり」、「やせこけた」、「裸でやせた」）
Чардгар хүүхэд гэж бодох болов. (Б.Б 3)
がりがりにやせた子だと思うようになった。

596. ЧАТХАЙ- → ЧАДХАЙ-

597. ЧИЛИЙ-

1. [物（鉄、皮、アーロール（乾燥凝乳）など）：乾く、硬い、平ら]
   （「かちかち」、「かちんかちん」、「かさかさ」、「からから」）

2. (転)［人や動物の肩、脇腹の辺り：（プラスイメージで）横に広い、
   縦に長い、真っ直ぐ]（「すらり」、「すらっ」）

1. Нөгөө талаар болсон сүүний бяслаг тослог багатай учир хэтэрхий
   чилгэр хатаж, дэвтэхдээ муу тул төдийлөн хатааж нөөцөлдөггүй. (МГТ)
   一方、沸かした牛乳から作ったチーズは脂肪分が少ないので、ひどく
   かちかちに乾いてふやけにくいため、そんなに乾かして保存しないも
   のだ。

2. Юндэн чилгэр нуруугаа цэхэлж, толгойгоороо тооно тулан зогсоод ... (Б. Н)
   ユンデンは、すらりとした背中を真っ直ぐにし、頭がゲルの天窓につ
   かえて立ち…。

598. ЧИЛДИЙ-

1. [物（皮など）：乾く、硬い、平ら、質の悪い]（「ごわごわ」、「がさがさ」）

2. (転)［人の体の全体、一部（ふくらはぎなど）：細い、長い、ゆるみ

のない]（「ぎゅっ」、「引き締まった」）

1. Чилдгэр арьс бол авч хэрэггүй шүү.
   ごわごわした皮なら、買ってもしょうがないよ。

2. Багачууд горхины усанд өдөржин булхсаар чилдийсэн хөх юмнууд
   болчихсон жирийж явдагсан. (Х.Б)
   小さい子供たちは、小川で一日中水浴びしながら、体のぎゅっと引き
   締まった青黒い者たちとなって走り回っていたんだなあ。

599. ЧӨРДИЙ-

［人や動物の体：やせる、細る、著しい、弱々しい］
（「がりがり」、「やせこけた」、「骨と皮ばかり」）

... энгэрт нь чөрдгөр чөрдгөр хар хүүхдүүд ... (Г.Нэ)
…（夫人たちの）胸元には、がりがりにやせこけた顔の黒い子供たち
が…。

600. ЧӨРИЙ-

［人や動物の体：やせる、細る、弱々しい］
（「がりがり」、「やせこけた」、「棒のよう」）

Чөргөр гараараа ор тулж хүчлэн өндийгөөд ... (Б.Н)
がりがりの手をベッドについて、力一杯に体を起こし…。

601. ЧӨРЧИЙ-

［人や動物の体：やせる、細る、著しい、弱々しい］
（「がりがり」、「やせこけた」、「骨と皮ばかり」）

Чөрчийсөн туранхай гараараа зааж хэлэв. (Б.Б 3)
がりがりのやせた手で指して言った。

602. ЧӨЧИЙ-

［人や動物の体：やせる、細る、弱々しい］
（「がりがり」、「やせこけた」、「棒のよう」）

Дээхэн үед чөчийсөн хүүхэд олон байсан гэж сонссон.
少し以前は、がりがりにやせた子供が多かったと聞いた。

603. ЧҮҮРИЙ- → ЦҮҮРИЙ-

Ш

604. ШААЛАЙ-

1. [服装（主にズボンに対して）：大きい、幅広い、きつくない]
　（「だぶだぶ」、「ぶかぶか」、「ゆったり」）

2. [人の体：太い、背の低い]（「ずんぐりむっくり」）

1. Саяхан авсан өмд нь <u>шаалайж</u> орхижээ.
　つい最近買ったズボンがだぶだぶになってしまった。

2. <u>Шаалгар</u> биетэй хүү шүү.
　体のずんぐりむっくりした子だわ。

605. ШАЙМИЙ-

[人の顎：先の突き出る、前へ、長い]（「しゃくれた」、「しゃくれ」）

Тэр ламын нэр <u>шаймий</u> гэдэг Пунцаг бөгөөд туйлын ядуу айл байв. (Ц.Д)
そのラマ僧の名は、「しゃくれ」というあだ名のポンツァグであり、
非常に貧乏な家庭であった。

606. ШАГНАЙ-

[人や動物の鼻：突き出る、上へ、短い、低い]
（「上向き鼻」、「しゃくれ鼻」、「ひしゃげた鼻」）

Хуа мэй хамраа <u>шагнайж</u> инээн өгүүлрүүн ... (В.И)
ホア・メイは、鼻をつんと上に向けて笑いながら言うには…。

607. ШАЗАЙ-

1. [物の覆い：一部ない、見える、見かけの悪い]
　（「むき出しの」、「露出した」）

2. [人の唇：開く、歯茎の見える、見かけの悪い]

（「唇が開く」、「口元がだらしない」）

3. (転)［家畜（馬など）：喉が渇く、口が開かない、水を飲めない］
　　（「過度の喉の渇きで脱水状態になる」）

1. Хүйт даасан гэрийнхээ ялимгүй <u>шазгар</u> өрхний завсраар сэнгэнэх
хүйтэн жаварт эгдүүцэх мэт тооно өөдөө харж ... (Со.П 5)
寒く感じるゲルの少しむき出しになった天窓の覆いのすき間から入る
ひんやりした冷風に嫌気がさすかのように天窓の方をながめ…。

2. Балжуу уруулаа <u>шазайлган</u>, хүйтнээр инээмсэглээд ... (Б.Н)
バルジョーは唇を開きながら、冷ややかにほほ笑んで…。

3. <u>Шазайсан</u> адуу ус шимэх боловч залгиж чадалгүй хамрынхаа нүхээр
эргүүлэн гоожуулдаг болохоор тохирсон арга заслал хийхгүй бол усны
дэргэд ирээд туслмж авч чадалгүй үхэж болох талтай. (МЭН)
過度の喉の渇きで脱水症状になった馬は、水を吸うが飲み込めず、鼻
の穴から戻してこぼしてしまうので、適切な処置をしなければ、水の
そばに来ても助けを得ることができず、死に至ることがある。

608. ШАЛАЙ-

1. ［服装（主にズボン）：大きい、幅広い、垂れる］
　　（「だぼだぼ」、「だぶだぶ」）

2. ［結んだ紐（ゲルの縛り縄など）：ゆるむ、垂れる］
　　（「ゆるゆる」、「ひもが垂れる」）

1. Өмдөө зориуд <u>шалайлгаж</u> өмсөх нь орчин үеийн моод юм гэнэ дээ.
ズボンをわざとだぼだぼにして履くのは、現代の流行だそうだね。

2. Гэрийн бүслүүрийг чангалж уяхгүй бол нэг мэдэхэд <u>шалайж</u> орхино
шүү!
ゲルの縛り縄を強く結ばなければ、気がつくとゆるゆるになって垂れ
てしまうぞ。

609. ШАЛБАЙ-

1. ［土壌：（雪、雨などで）濡れる、柔らかい、粘りのある］
　　（「ぐしょぐしょ」、「びしゃびしゃ」、「どろどろ」）

2. ［服、紙、毛髪など：（汗、雨などで）濡れる、形の崩れる、著しい］

197

（「びしょびしょ」、「びっしょり」、「びしょ濡れ」）

3.（転）［人の体調：すぐれない、衰える、元気のない］

（「しゃきっとしない」、「覇気がない」、「ひ弱な」）

1. Хайлсан цасанд газар шалбайж, явган явахад бэрх боллоо.
溶けた雪に地面がぐしょぐしょになり、歩行するのに困難となった。

2. ... шиврээ бороо түүнийг аажим норгохын хэрээр үс нь шалбайж, шанааг
нь даган борооны ус дусална. (Э.Y)
…小雨が彼を徐々に濡らすにつれて、彼の髪はびしょ濡れになり、頬
骨を伝って雨水がぽたぽた落ちている。

3. Настай хүн чинь бие нь цаанаа нэг улбагар шалбагар харагддаг даа. (Л.Б 2)
年寄りは、体が何となく弱々しく、しゃきっとしないように見えるも
のだね。

610. ШАЛБИЙ-

1.［服など：（雨水で）濡れる、浸る、著しい］

（「びしょびしょ」、「びっしょり」、「ずぶ濡れ」）

2.［帽子など：濡れる、形の崩れる、張りのない］（「よれよれ」、「へなへな」）

1. Дүү хүү ч бүр шалбийтлаа нороод, осгож үхэх нь шив. (Т.Б 2)
おまえは、すっかりずぶ濡れになって、凍え死にしそうだね。

2. Норж шалбийсан малгайгаа толгой дээрээ тавьж үзэв.
濡れてよれよれになった帽子を頭の上にかぶってみた。

611. ШАЛХАЙ-

1.［服装：大きい、幅広い、垂れる］（「だぼだぼ」、「だぶだぶ」）

2.［人や動物の腹：（冷やかしの意で）大きい、突き出る、垂れる］

（「ぶよぶよ」、「ぶくぶく」）

1. ... моод загвар нь хоцрогдож, мөр, ханцуй нь шалхайсан костюмтой хоёр
монголын хөлөөс нь толгой руу хүртэл ажигласаар байжээ. (Ц.До)
…デザインが古めかしく、肩と袖がだぶだぶしたスーツを着た二人の
モンゴル人の足元から頭までをじっと見つめていた。

2. ... тарган шалхгар мөртлөө бадриун тэр эрийг гэрийнхээ гадаа зогсохыг
үзээд зогтусав. (Л.Т)

…太ってお腹がぶよぶよなのに、体のがっちりしたその男が、彼自身のゲルの外に立っているのを見て、（私は）ふと立ち止まった。

612. ШАЛЧИЙ-

1. [膨らんだ物（風船など）：空気の抜ける、平たい、薄い]
   （「ぺたんこ」、「ぺしゃんこ」）
2. [物：ひどく濡れる、浸る、柔らかい]
   （「びしょびしょ」、「ぐしょぐしょ」、「びちゃびちゃ」）
3. (転)［物（草、毛髪、たてがみなど）：細い、量感のない、平たい］
   （「ぺちゃんこ」、「ぺたんこ」）
4. (転)［物（布、生地など）：薄い、目の粗い、軽い］
   （「ぺらぺら」、「薄っぺら」、「薄手の」）
5. (転)［人の行為：恐れる、不安］（「おどおど」、「びくびく」）

1. Хийлсэн мэт пэмбийж байсан тэр түрийвч хий нь гарсан мэт
   шалчийсныг санан, өөрийн эрхгүй өврөө нэг дарж үзжээ. (Д.Ц)
   空気を入れたようにぱんぱんに膨らんでいたその財布が、空気が抜け
   たかのようにぺしゃんこになったのを思い出し、思わず懐を一度押し
   てみた。
2. Булган чиг нударгаа шалчийтал уйлав аа хө. (Дуу 2)
   ミンクの袖の折り返しが涙でぐしょぐしょになるまで泣いたわ。
3. Нарийн ширхэгтэй, шалчгар шингэн үсэнд зориулсан шампунь гэж
   тайлбар бичсэн байна.
   「細毛でぺちゃんこな薄い髪用シャンプー」と説明が書いてある。
4. Халуунд өмсөх гэж нэг шалчгар тэрлэг хийлгэж авлаа.
   暑い時に着ようと思って、薄手の夏用デールを一着作ってもらった。
5. Ингэхлээр лав л ноён Най, нэлээн шалчийж байгаа болов уу. (Ж.П)
   そのため、きっと領主ナイは、かなりおどおどしているだろう。

613. ШАМБИЙ-

1. [人や動物の唇：厚みのない（薄い）、閉じる、横に]
   （「口を真一文字に結ぶ」、「薄っぺらな唇」）
2. (転)［物：変形する、へこむ、見かけの悪い］

（「ぺちゃんこ」、「ぺしゃんこ」）

1. Харин сэргэлэн шийдэмгий нүдээ ёжтой гэгч жортойлгон, шамбигар уруулынхаа завьжаар мушилзан инээмсэглэж байлаа. (С.Э 2)
しかし、聡明で意を決した目を皮肉たっぷりに細め、薄っぺらな唇の両端に少し笑みを浮かべながら、ほほ笑んでいた。

2. Хонхойж шамбийсан машиныг ч өө сэвгүй сайхан болгож чадна.
へこんでぺちゃんこになった車でさえ無傷できれいにする事ができる。

614. ШАМШИЙ-

1. ［人や動物の唇、鼻など：厚みのない（薄い）、へこむ］
（「ぺしゃんこ」、「平べったい」）

2. （転）［物：変形する、へこむ、平たい］（「ぺちゃんこ」、「ぺしゃんこ」）

1. Усаар дутагдаж байгаа унаганы хамрын самсаа нь хонхойн шамшийж нустаж битүүрсэн, нүд нь нуухтай өнгө муутай байдаг. (Ж.С)
水が不足している子馬は、小鼻がへこみぺしゃんこになり、鼻水が出て詰まり、目やにが出て毛色はさえないのだ。

2. Тэд лаазыг зориуд гишгэж, шамшийлгаж хаядаг.
彼らは、缶をわざと踏みつけ、ぺちゃんこにして捨てている。

615. ШАНТАЙ-

1. ［人や動物の鼻：突き出る、尖る、上へ、顔をしかめる］
（「しゃくれ鼻」、「鼻をつんと上に向ける」）

2. （転）［人の態度（шантганах という動詞で）：見下す、不機嫌、冷淡］
（「つん」、「つんつん」、「つっけんどん」、「そっぽを向く」）

1. Итгэлт хураалттай торгоны доод талаас барьж үзээд ялзарч эхэлсниийг мэдэж, ёжтой инээмсэглээд хамраа шантайлган шиншлэв. (Ч.Л)
イトゲルトは、重ねてある絹の下側から触ってみて腐り始めたのを知ってほくそ笑んでから、鼻をつんと上に向けながら、においを嗅いだ。

2. Миний найз шантганасан зантай ч зөөлөн сэтгэлтэй.
私の友達は、性格がつんつんしていても心が優しい。

616. ШАРМИЙ-

1. [物（紙、皮など）：極薄、硬い、もろい]（「ぺらぺら」、「薄っぺら」）
2. (転) [人の姿：細い、弱い、顔の白っぽい]（「きゃしゃ」、「か細い」）

1. ... эрхэм шүүгчийнхээ өмнө тайлбар хийх гээд шалчийж шармийсан
хуудаснуудыг сар сар эргүүлэн сандарч байсан шүү. (Zin)
…裁判官殿の前で説明しようとして、ぺちゃんこでぺらぺらな数枚の
ページをかさかさめくって、あわてていたぞ。

2. ... бүдүүн өвсөнд бүдрэх мэт нэг шармийсан шар залууд ойччихжээ. (С.Д 5)
…「（力士も）太い草につまずく」が如く、体がきゃしゃで顔の黄色
い若者に負けてしまったのだ。

617. ШИРВИЙ-

[人の口髭：整う、硬い、こわばる]（「ぴんと張った」、「ごわごわと硬い」）
Ширнэндоржийн ширвэгэр хар сахлын үзүүр татганан Сүхбаатар өөд
хялайн харсан боловч түүний хурц нүдтэй учраад ширэв татан зайлав.
(Ч.Л)
シルネンドルジのぴんと張った黒い口髭の先端がぴくぴくし、スフ
バータルの方をじろりとにらみつけたが、彼の鋭い目と合って横目で
ちらっと見て、その場を去った。

618. ШОВОЙ-

1. [物の先（屋根など）：突き出る、尖る、直立]
（「つん」、「つんつん」、「にょきっ」、「にょきにょき」）
2. (転) [人の体（特に若者に対して）：細い、やせる、背の高い]
（「ひょろっ」、「ひょろり」、「ひょろひょろ」）

1. Ногоон модоор бүрхэгдсэн олон уулын дотор цагаан Фүжияма шовойж
байх нь ногоон талын дунд барьсан ганц цагаан гэр шиг байна. (Ц.Д)
緑の木で覆われた多くの山々の中で、白い富士山がにょきっと突き出
ているのは、緑の草原の中に建てた唯一の白いゲルのようである。

2. ... гялалзсан хар нүдтэй шовгор бор залуу тулганы баруун талд дэвссэн
гудас дээр цомцойн сууж байлаа. (Б.Н)
…きらきらした黒い目の、ひょろっとした顔の浅黒い若者が、五徳の

西側に敷いたマットレスの上にちょこんと座っていた。

619. ШОВХОЙ-

［物の先（屋根など）：突き出る、より尖る、直立］

（「つん」、「つんつん」、「つんと尖った」）

Урц гэдэг нь шургаагны нэг үзүүрийг холбон босгож, дээрээс нь холтос, эсгий, бугын арьсаар хучсан шовхгор овоохой юм. (Вик 4)

オルツ（ツァータン族の円錐型住居）というのは、丸太の一方の先を結んで建て、その上から樹皮、フェルトやトナカイの皮で覆った、先がつんと尖った小屋である。

620. ШОДОЙ-

1. ［物（尾、男の弁髪など）：細い、短い、見かけの悪い］

    （「ちょこんと短い」、「かっちりと短い」）

2. （転）［人の行為（若い人に対して）（шодгонох という動詞で）：落ち着きのない、軽率、振舞う］

    （「ふらふら」、「ふわふわ」、「そわそわ」）

1. Эрхэм гэсгүйн айлддаг зүйл худал биш билээ гэж нэг шодон гэзэгтэй хар хүн хэлж орхисноос болж чи, би дээ тулсан хэрүүл дэгдэж нэг нь нөгөөгөөсөө хортой үг хэлэхийг хичээн шуугилдав. (Ч.Л)

「尊敬すべき修道僧のおっしゃる事は嘘ではないんだよ」と、一人のちょこんと短い弁髪男が言ってしまったせいで、ひどくいがみ合ったけんかが起こり、一方が他方よりもとげのある言葉を言おうとして大騒ぎした。

2. Ер нь алийн болгон годгонож шодгоносон охин байхав. (С.Л)

一体いつまで落ち着きのないふらふらした女の子でいられようか。

621. ШОЛБОЙ-

1. ［人や動物の姿：（水、雨などで）濡れる、浸る、著しい］

    （「びしょびしょ」、「ずぶ濡れ」、「濡れネズミ」）

2. ［人の筋肉など：弱る、やせる、垂れる］

    （「しぼむ」、「しなびる」、「しわくちゃ」）

1. Намрын хүйтэн бороонд шолбойтлоо нэвт цохиулав. (Д.Т)
   秋の冷たい雨にずぶ濡れになるまで打たれた。

2. Эмч жижиг шилтэй тариа гарган, өвгөний туранхай гарын шолбогор
   булчинд шахаад ... (Со.П 2)
   医者は、小さなガラス容器に入った注射液を取り出し、老人のやせ
   た腕のしぼんだ筋肉に打って…。

622. ШОЛХОЙ- → ШАЛХАЙ-

623. ШОЛЧИЙ-

［膨らんだ物（風船など）：空気が抜ける、平たい、薄い］
（「ぺたんこ」、「ぺしゃんこ」）

Ло дахин гутарсан янзтай үглээд, гэнэт шолчийчихсон ууттай тамхиа
гар дээрээ дэнслэн толгой сэгсрэв. (Цог)
ローは、再び悲しげな様子でぶつぶつ言って、突然ぺしゃんこになっ
た袋に入ったタバコを手の上で量りながら、頭を横に振った。

624. ШОМБОЙ-

1. ［人や物の先（頭、嘴など）：尖る、小さい、円錐形］
   （「つん」、「つんと尖った」、「にょきっ」）

2. （転）［人の姿：まとまる、小さい、座る］（「ちょこん」、「ちんまり」）

1. Уулын дээгүүр онгоцны хошуу шиг шомбогор цагаан орой цухуйх нь
   Отгонтэнгэр уул. (МШӨ)
   山の上空を、飛行機の先端のように、つんと尖った白い頂が顔をのぞ
   かせているのが、オトゴンテンゲル山だ。

2. Тэд орныхоо өнцөгт шомбойтол суучихаад түүнийг атаархан харна. (Д.Э)
   彼らは、ベッドの角にちょこんと座って、彼のことをうらやましそう
   に見ている。

625. ШОНТОЙ-

［人や動物の鼻：尖る、高い、小さい、真っ直ぐ］
（「つんと尖った鼻」、「鼻先の尖った」、「鼻筋の通った」）

Шавар шороо болсон шонтгор хамартай юм. (Б.Б 2)
泥や土のついたつんと尖った鼻をしている。

626. ШОНХОЙ-

［人や動物の鼻：突き出る、尖る、真っ直ぐ］

（「つんと尖った鼻」、「鼻先の尖った」）

"Зүүн талын адгийн нэгийн дээр сууж байсан, шонхорхон хамартай, ёнхорхон шар ламыг гэж айлтга" гэж хэлэв. (Ц.Д)
「左側の端から二番目に座っていた、つんと尖った鼻をした、げっそりとこけた黄色い顔のラマ僧のことだと申し上げなさい」と言った。

627. ШООРОЙ-

1. ［動物の角：突き出る、尖る、細長い］（「つんと伸びた」）
2. (転)［人の足など：真っ直ぐ、細長い］（「ひょろ長い」、「ひょろひょろ」）

1. Чамд соотон чих, надад шооргор эвэр байна. (Б.Бад)
おまえにぴんと立った耳が、おれにつんと伸びた角がある。
2. Зарц нь эв эгц хоёр шооргор хөлөө залхуутайяа зөөсөөр цаашаа явж
одлоо. (Г.Нэ)
使用人は、真っ直ぐな二本のひょろ長い足を面倒くさそうに運びながら、向こうへ行ってしまった。

628. ШОРОЙ-

1. ［岩：突き出る、尖る、直立する］（「つん」、「つんと尖った」）
2. ［動物の角：突き出る、尖る、細長い］（「つんと伸びた」）

1. Шоргор хадан цохио элбэгтэй газар байлаа.
つんと切り立った岩山の多い所だった。
2. Шорон эвэртэй ямаанууд мөргөлдөнө.
つんと伸びた角をもつ山羊たちが頭で突き合っている。

629. ШӨВИЙ-

1. ［物の先（靴など）：突き出る、尖る、長い］（「つんと尖った」）
2. (転)［人の態度（主に若者に対して）（шөвгөнөх という動詞で）：攻

撃する、傲慢、冷淡]

（「つんつん」、「つっけんどん」、「突っかかる」）

1. Тэр хүн гол төлөв монгол дээлтэй орос <u>шөвгөр</u> хар гуталтай ... явдагсан. (Д.Г)

あの人は、主にモンゴルデールを着て、ロシア製の先のつんと尖った黒い靴を履いて…いつも出かけていたんだ。

2. ... намайг "Эр юм байж <u>шөвгөнөөд</u>" гэдэг байсан юм. (У.Ц)

…僕のことを「男のくせにつんつんして」と言っていたのだ。

630. ШӨВХИЙ-

［物の先：突き出る、より尖る、長い］（「つんと尖った」）

"Манга"-д насанд хүрсэн хүнийг дүрслэхдээ жижиг нүдтэй <u>шөвхгөр</u> эрүүтэй зурдаг гэнэ.

「漫画」で成人した人間を描写する時は、小さな目で、つんと尖ったあごで描くそうだ。

631. ШӨМБИЙ-

［動物の口や物の先：尖る、小さい、円錐形、かわいい］

（「先が丸く尖った」）

Эсгий гутлынх нь хоншоор <u>шөмбөгөр</u> ажээ.

彼のフェルト製の靴のつま先は、丸く尖っている。

632. ШӨНТИЙ-

1. ［人や動物の鼻、頬骨など：尖る、高い、真っ直ぐ］

（「つんと尖った」、「尖った鼻」）

2. ［物の先（靴など）：尖る、円錐形、真っ直ぐ］

（「つんと尖った」、「先が丸く尖った」）

1. Зовиурлаж шаналснаасаа болоод шанааны яс нь <u>шөнтийн</u>, чамархайны судас нь бараг гогдож болохоор гүрэлзэх өвгөн хэрзгэр цээжнийхээ ... (До.Ц 4)

病気の苦痛のせいで、頬骨がつんと尖り、こめかみの血管がまるで指で引っ掛けられるほどに浮き上がった老人は、がりがりにやせた胸の

…。

2. … гутлын шөнтгөр хошуунд гаансны толгойг тог тог цохин галыг
унагаав. (П.Х)

…靴のつんと尖ったつま先に、キセルの頭をとんとんたたいて火を落
とした。

633. ШӨРВИЙ-

［物（毛髪、髭、羽など）：逆立つ、まばら、四方八方へ］

（「ちくちく」、「つんつん」）

Энд тэндээ шөрвөгөр цагаан сахалтай … шар өвгөн байлаа. (Л.Т 5)

あちこちちくちくした白い髭の…黄色い顔の老人だった。

634. ШУВТАЙ-

［人の肩など：狭い、細い、下がる］（「なで肩」、「先細り」）

… туранхай шувтгар биедээ үргэлж томдосхийсэн хамгийн сүүлийн
үеийн костюм өмсч, хурц өнгийн зангиа зүүнэ. (С.Э 3)

…やせたなで肩の体に、いつも少し大きめの最新のスーツを着て、鮮
やかな色のネクタイをしている。

Э

635. ЭМСИЙ-

［人の前歯：先の欠ける、すき間のできる］

（「前歯の欠けた」、「歯先の欠けた」）

Үүдэн шүд нь эмсгэр хүн ирсэн билээ. (С.Л 3)

前歯の欠けた人がやって来たのだ。

636. ЭРВИЙ-

1.［自然（岩山など）：先が尖る、硬い、突き出る］

（「ごつごつ」、「でこぼこ」）

2. ［毛状の物（まつ毛、草など）（эрвэгэнэх, эрвэлзэх という動詞で）：揺
れる、少し、連続的に］（「ひらひら」、「ゆらゆら」）

3. （転）［人の感覚（喉など）（эрвэгэнэх という動詞で）：違和感のある、
かゆみのある］（「いがいが」、「むずむず」）

1. ... тэртээ уулын орой эрвийн сэрвийн үзэгдэнэ. (Д.Н 2)
…はるか向こうの山の頂がごつごつ突き出て見える。

2. Дараах хурамд түүний урт буурал хөмсөг босчихсон эрвэгэнэн хөдөлж
байна уу даа гэхээр сүртэй харагдаж байлаа. (МШӨ)
次の瞬間、彼の長い白髪の眉毛が逆立って、まるでゆらゆらと動いて
いるのかなと言えるほど堂々と見えた。

3. Ханиалгах гээд байгаа юм шиг санагдаж, хоолой эрвэгэнээд байвал
цайны халбаганд оливийн тос дүүргээд уучих. (Тонш)
咳き込みそうな感じで喉がいがいがしているなら、小さじ一杯にオ
リーブ油を入れて飲みなさい。

637. ЭРЖИЙ- → ИРЖИЙ-

638. ЭРИЙ- → ИРИЙ-

639. ЭРТИЙ-

［物の先（靴、敷物など）：曲がる、上へ、少し］
（「反り上がった」、「反り返った」）

Эртгэр хошуутай гутал байна даа.
先が反り上がった靴だね。

640. ЭТИЙ-

1. ［靴の先：曲がる、上へ、大きく］（「反り上がった」、「反り返った」）

2. ［動物の角、人の顎：曲がる、上へ］（「つんと上を向いた」）

1. Арьсан гутал этийнэ. (Ж.Да)
皮靴は上に反り返る。

2. Энд цөм этгэр эвэрт чамайг магтан сайшааж байна. (Б.Б 3)

207

ここでは皆が、つんと上を向いた角を持つ君をほめたたえている。

641. ЭЭТИЙ-

［靴の先：曲がる、上へ、大きく］（「反り上がった」、「反り返った」）

Банди нар нөхрийнхөө ээтэн гуталтай хөлд ширвүүлэхээс айгаад Лутбаярт ойртож чадахаа болилоо. (Б.Н)

小坊主たちは、自分らの仲間が（ロトバヤルに捕まり振り回され）、先が反り上がった靴を履いた足にぶつけられるのを恐れて、ロトバヤルに近づくことができなくなった。

Ю

642. ЮЛХИЙ- → ЕЛХИЙ-

Я

643. ЯГЖИЙ-

1. ［人や動物の体：低い、やや太い、力強い］
   （「ずんぐり」、「ずんぐりむっくり」）
2. （転）［人の態度：考えを変えない、わがまま］
   （「頑固な」、「強情な」、「意地っ張り」）

1. Ягжийсан эмгэн залуучуудаас дутахгүй ажиллана.
   ずんぐりしたお婆さんは、若者たちに引けを取らずに仕事をしている。

2. ... Ёнхор гэгч ийм нэгэн ягжгар хар өвгөн уг нь бүхний мэдэх хар гэртээ хаан, бор гэртээ богд сон. (С.Э 8)
   …ヨンホルというこんな一人の意地っ張りな顔の黒い老人は、そもそ

もみんなが知っている「黒いわが家では王様、灰色のわが家では聖人」
だったんだ。

644. ЯГЗАЙ-

1. [人や動物の歯：見せる、感じの悪い]（「歯をむき出す」）
2. (転)［人の態度：素直でない、わがまま]（「へそ曲がり」、「意固地な」）

1. Нохой нь ягзайн сууж байлаа.
   犬は歯をむき出しにして座っていた。
2. Тэр хүн нэлээн ягзгар зантай хүн байгаа юм.
   あの人は、かなりへそ曲がりな性格の人間なんだ。

645. ЯГНАЙ-

1. [人の鼻：突き出る、短い、低い、上へ]
   （「しゃくれ鼻」、「上向き鼻」、「鼻をつんと上に向ける」）
2. (転)［人の態度：見下す、不機嫌、冷淡]
   （「つん」、「つんつん」、「そっぽを向く」）

1. Хамраа битгий ягнайлга.
   鼻をつんと上に向けるな。
2. Нэг авгай ягнайсхийн тамхи татна.
   一人の夫人が少しつんとして、タバコを吸っている。

646. ЯЗАЙ-

1. [物の覆い：一部ない、見える、見かけの悪い]
   （「むき出しの」、「露出した」）
2. [人や動物の唇：開く、歯茎が見える、見かけの悪い]
   （「唇がぽかんと開く」、「口元がだらしない」）
3. (転)［縫い目：見える、はっきり、見かけの悪い]
   （「ぎざぎざ」、「ジグザグ」、「縫い目が笑う」）

1. Гэрийн бүрээс нь таарахгүй язайж орхив.
   ゲルの外側の覆いはサイズが合わず、むき出しになってしまった。
2. Ядарч цонхийсон нүүр, язайсан уруул харагдав. (Б.Н)
   疲れて青白くなった顔、ぽかんと開いた唇が見えた。

3. Бариу цамцных нь оёо язайж байв.
きちきちのシャツの縫い目がぎざぎざに見えていた。

647. ЯЙВИЙ-

1. ［人の顎：突き出る、前に、長い］（「しゃくれた」、「顎が長い」）
2. （転）［物（かごなど）：変形する、壊れる、古い、見かけの悪い］
   （「形の崩れた」、「古くて変形した」）
3. （転）［靴の先：長い、反る、見かけの悪い］
   （「先がしゃくれた」、「つま先の長い」）

1. Шүдний дотор талаар орсон яйвгар урт эрүүтэй хүн байв. (Ц.У 2)
   歯の内側に入り込んだ、しゃくれた顎の長い人間だった。
2. Яйвгар араг үүрч явав.
   形の崩れたアルガル（乾燥牛糞）入れのかごを背負って行った。
3. Тэр яйвийсан хар гутал өмссөн байлаа.
   彼は、先がしゃくれた黒靴を履いていた。

648. ЯЙЖИЙ-

［物（主に家具、木製品）：変形する、不安定、古い、見かけの悪い］
（「がたがた」、「ぐらぐら」、「古くて変形した」）
Дөрвөн эр яйжгий ширээ тойрон сууцгаав. (Б.Н)
四人の男は、がたがたの机を囲んで座った。

649. ЯЛБАЙ-

［固形物（生肉、果物など）：（マイナスイメージで）形が崩れる、柔
らかい、汁の出る］
（「ねばねば」、「べとべと」、「ねとねと」、「にちゃにちゃ」）
Найман ширхгийг зүсэж үзэхэд зөвхөн нэг л слив өтгүй байсан бөгөөд
нэг тал нь нялцайж ялбайсан байсан аж. (Ж.Т)
八個切ってみると、一個だけスモモに蛆虫がいなかったが、片面がど
ろどろでねばねばしていたのだった。

650. ЯЛБИЙ-

[物（帽子、靴など）：変形する、大きい、平ら、たるむ］
(「よれよれ」、「くたびれた」、「型崩れした」)

Бадарч ханцуйгаа засаад, орон дээр тавьсан ялбигар хилэн малгайгаа нүдний булангаар харлаа. (Ч.Л)

バダルチは自分の袖を直してから、ベッドの上に置いたよれよれのビロードの帽子を横目で見た。

651. ЯЛТАЙ-

[入れ物（皿など）（ялтгар, ялтан という名詞で）：厚みのない、広い、平たい］（「平べったい」、「薄べったい」)

Ялтгар тавгаа авахаа мартуузай!

平べったい皿を持って行くのを忘れないで。

652. ЯЛХАЙ-

1. ［人や動物の体：締まりのない、肉付きのよい、大きい］
   (「ぶくぶく」、「ぶよぶよ」)
2. （転）［泥：柔らかい、粘り気のある］
   　　（「ねとねと」、「ねばねば」、「べとべと」)

1. Манай даргаар ааш муутай ялхгар залуу ирсэн.
   うちの上司として性格の悪い、ぶよぶよした体の若者がやってきた。

2. Машинаа яагаад энэ ялхайсан шаварт оруулчихаа вэ?
   どうして車を、このべとべとした泥にはまらせてしまったのか。

653. ЯЛЦАЙ-

[固まる物（小麦粉、泥など）：粘る、水分の多い、溶ける］
(「ねばねば」、「どろどろ」、「べとべと」、「にちゃにちゃ」)

Цавуулаг сайтай гурил ялцайгаад уусаад байдаггүй. (iTo)

粘着性の強い小麦粉は、ねばねばして溶けることはない。

654. ЯМБИЙ-

[物（車、バケツ、鞍、家具など）：変形する、古い、質の悪い］

211

(「ぼろぼろ」、「おんぼろ」)

... Чи очоод мэднэ ээ гэж чичирхийлсэн аймхай дуугаар өчөөд хавтгайрч ямбийсан хувингаа бөмбөр дэлдэх мэт ... (Н.Ба)

「…おまえは行ってからわかるよ」とぶるぶる震えたおびえた声で言って、平たくぼろぼろになったバケツを太鼓を叩くように…。

655. ЯНДАЙ- → ЯНТАЙ-

656. ЯНТАЙ-

1. [人の顔の表情：ゆがめる、不機嫌]
   (「顔をしかめる」、「しかめっ面をする」)
2. (転) [人の態度（янтганах という動詞で）：うぬぼれる、傲慢、振舞う]
   (「横柄な」、「威張った」)

1. Ямаан толгой ямбанд ордоггүй, Янтгар хатан зарга шүүдэггүй (Зүйр)
   山羊の頭は特別食に入らない、しかめっ面の妃は訴訟を裁けない（諺）

2. Долгор дуугарч ядан яндганасаар гараад явчихлаа.
   ドルゴルは、話しかねて横柄な態度を取りながら、出て行ってしまった。

657. ЯНХИЙ-

1. [人や動物の体：やせる、骨ばる、背の高い]
   (「ぎすぎす」、「やせて骨ばった」)
2. [物（机など）：大きい、著しい、見かけの悪い]
   (「ばかでかい」、「どでかい」、「やたら大きい」)

1. "... Заяын хүрээний идэх махыг залгуулж байдаг яргачин Доёд гэгч янхир хар хүн нүдээ гялалзуулан босож ... " (Ч.Л)
   「…ザイン・フレーの食用肉を供給している屠殺人ドヨドというぎすぎすした体の俗人男は、目をぎらぎらさせながら立ち上がり…」。

2. Янхигар модон ширээ, мөнгөний ширмэн шүүгээ, нүүрэнд нь хоёр толгойтой нэг титэмтэй бүргэдийн дүрс бий ажээ. (Л.Т 3)
   ばかでかい木の机と鋳鉄の金庫があり、金庫の正面には、双頭の冠をかぶった鷲の姿があるのだった。

658. ЯРАЙ-

1. [物：並ぶ、整然、鮮明、多い]（「ずらり」、「ずらっ」）

2. [人の歯：（プラスイメージで）並ぶ、整然、きれい、多い]
   （「きらり」、「きらっ」、「歯並びが良い」）

3. (転) [人や動物の動き（яралзах という動詞で）：そろう、動く、速い、
   一斉に]（「一斉にさっと」）

1. Үнэтэй эрээн хивс, гадаад хийцтэй ширээ сандал шүүгээ ярайж шил
   толь шиг гялалзаж байлаа. (Ц.Д)
   高価な色とりどりのじゅうたん、外国製のテーブルや椅子、洋服ダン
   スがずらりと並び、ガラスや鏡のようにきらきら光っていた。

2. Чухам даа гээд Эрдэнэ том цагаан шүдээ яралзуулан инээснээ ... (Ч.Л)
   「もっともだ」と言って、エルデネは、大きな白い歯をきらりと見せ
   て笑ったが…。

3. Сүрэг загас өмнүүр нь яралзан өнгөрөхөд чулуу аваад шидвэл бужигнан
   дөрвөн зүг найман зовхист бутрав. (Ч.Л)
   ひと群れの魚が彼の前を一斉にさっと通り過ぎる時、石を取って投げ
   ると、入り乱れて四方八方へ散らばった。

659. ЯРВАЙ-

1. [人の顔の表情：ゆがめる、不機嫌、見かけの悪い]
   （「顔をしかめる」、「しかめっ面をする」）

2. (転) [人の態度：傲慢、冷淡、振舞う]（「つん」、「つんつん」）

1. Богд нүүрээ үрчийлгэн ярвайснаа ... (Ч.Л)
   ボグドは、顔をしわくちゃにしかめてから…。

2. Нанзад: Ер нь ямар их зантай ярвагар нөхөр вэ дээ. (МШЖ)
   ナンザド：そもそも何と横柄で、つんとしたやつなんだ。

660. ЯРДАЙ-

[細長い物（釘など）：（マイナスイメージで）突き出る、（多くの中か
ら）一つだけ、目立つ]（「にょきっ」、「にゅっ」）

Наад ярдайсан хадаасаа нуга цохь.
そのにょきっと突き出た釘を、ぐにゃっと曲がるまで打て。

661. ЯРЗАЙ-

1. ［人や動物の歯：見える、感じの悪い］（「歯をむき出す」）
2. （転）［縫い目：見える、はっきり、見かけの悪い］
   （「ぎざぎざ」、「ジグザグ」、「縫い目が笑う」）

1. Бадарч инээх гээд чадсангүй шүдээ ярзайлгав. (Ч.Л)
   バダルチは笑おうとしたが笑えず、歯をむき出した。

2. Сайн оёхгүй бол оёдол нь ярзайгаад, муухай шүү.
   しっかり縫わないと、縫い目がぎざぎざして、みっともないよ。

662. ЯРТАЙ-

［人の顔の表情：ゆがめる、不機嫌、見かけの悪い］
（「顔をしかめる」、「しかめっ面をする」）

Нэлээн яртайсан царайтай хүн байсан.
かなりしかめっ面をした人だった。

663. ЯХИЙ-

［人の体（特に年配の人に対して）：やせる、骨ばる、曲がる］
（「ぎすぎす」、「やせて骨ばった」）

Олны дунд нэг яхийсан хар өвгөн алхаж байв.
大勢の中を、一人のぎすぎすした体の顔の黒い老人が歩いていた。

214

第三章
モンゴル語の擬音語

　モンゴル語は、世界の多くの言語と同様、数多くの擬音語を有するが、一般に A. 人間に関するもの、B. 動物に関するもの、C. 虫に関するもの、D. 鳥に関するもの、E. 事物に関するもの、F. 自然に関するものの 6 つに大別される。

　ここでは、そのうちモンゴルの日常生活の中で、比較的頻度の高い擬音語を取り上げ、以下簡単に紹介することにする。

A. 人間に関するもの

1. 笑う

   xa xa（わはは、あはは）〜 гэх, 〜 инээх
   → 大声で明るく笑う声

   хи хи / ки ки（ひひひ、くっくっ、くすくす）〜 гэх, 〜 инээх
   → 1. 特に子供や女性の笑い声に対して　2. ずる賢く笑う様子

   хэ хэ（へへへ）〜 гэх, 〜 инээх
   → 卑屈な笑い声

   тас тас（げらげら）〜 гэх, 〜 инээх
   → 特に女性が愉快に笑う声

   хүд хүд（はははは）〜 гэх, 〜 инээх
   → 男性の低い声で笑う声

   жиг жиг / жаг жиг（けけけ、ほほほ）〜 гэх, 〜 хийх, 〜 инээх
   → 子供や女性がひそかに笑う声

   ход ход（きゃっきゃっ）〜 гэх, 〜 инээх
   → 幼い子供の笑う声

2. くしゃみをする

   айтший / айтшуу（はくしょん）〜 гэх

3. 食べる

   намь намь / нямь нямь（まんままんま、うまうま）〜 хийх
   → 幼児語

4. 噛む

   шир шир / ширд ширд / хирд хирд（がりがり）〜 гэх, 〜 хийх, 〜 зажлах
   → 硬い物を食べる時に出る音

   шалир шалир / шал шал（むしゃむしゃ）〜 гэх, 〜 хийх, 〜 зажлах

→ かなり音を立てて噛んだり食べたりする様子

жалир жалир（むしゃむしゃ）~ гэх, ~ хийх, ~ зажлах

→ 少し音を立てて噛んだり食べたりする様子

5. 飲み込む

гүд гүд（ごくごく、がぶがぶ）~ гэх, ~ хийх, ~ залгих

→ 液体を一気に大量に飲む音

6. 吸う

шов шов /шоб шоб / шоп шоп（ちゅっちゅっ）~ гэх, ~ хийх, ~ хөхөх

→ 赤ん坊がミルク等を飲む音

7. 寝る

гохон гохон / гохх гохх/ гухх гухх（ごろり、ねんね）~ гэх, ~ хийх

→ 寝ることを表すオノマトペ

8. いびきをかく

хуррр хуррр（ぐーぐー、がーがー）~ гэх, ~ хийх

→ 大きないびきの音

9. 吹く

фүү фүү（ふーふー）~ гэх, ~ үлээх

→ 1. 熱い食事を冷ますために息を吹く音

2. 子供に対するまじないで、怪我などが早く治るようにと息を
吹く時の音

пүү / пүү пүү（ふー、ぷー）~ гэх, ~ үлээх

→ 埃を落としたりろうそくの火を消したりする時に息を強く吹く音

10. 唾を吐く

түй / пүй（ぺっ、ぺっぺっ）~ гэх

→ 1. 口に入った異物を吐き出す音

2. 嫌悪や怒りを表す時に息を吹き出す音

11. 鼻水をすする

шор шор（ずるずる、じゅるじゅる）~ гэх, ~ хийх, ~ татах

→ 鼻水をすする音

12. うがいをする

хор хор（がらがら、ごろごろ）~ гэх, ~ хийх, ~ хоржигнох, ~ зайлах

→ うがいをする時の音

13. 腹が鳴る

горрр горрр / гуррр гуррр （ぐーぐー） ～ гэх, ～ хийх, ～ дуугарах,

～ хоржигнох / хуржигнах

→ 空腹で腹が鳴る音

14. 話す

дүнгэр дүнгэр / дүнгэр дангар （ぼそぼそ、ぶつぶつ） ～ гэх, ～ хийх,

～ ярих

→ 遠くで話し声がぼんやりと聞こえる様子

гангар гунгар （わいわい、がやがや） ～ гэх, ～ хийх

→ 親しげに話し合う様子

шивэр авир / шивэр шивэр （ひそひそ） ～ гэх, ～ хийх, ～ ярих

→ 他の人に聞こえないように小さい声で話す様子

жиг жуг / жив жув （こそこそ） ～ гэх, ～ хийх, ～ ярих

→ 陰で話す様子

даль даль / таль туль / шал шал （しどろもどろ） ～ гэх, ～ хийх

→ 酔っ払いの話す様子

ян ян （がみがみ） ～ гэх, ～ хийх

→ 口やかましく文句を言う様子

15. 口論、喧嘩

тар тур / түр тар （ごたごた、いざこざ） ～ гэх, ～ хийх

→ 双方が喧嘩をする様子

цор цор / цод цод （かっか、かりかり、食って掛かる） ～ гэх, ～ хийх

→ 子供が大人に口答えする様子

яр яр （がたがた、がやがや） ～ гэх, ～ хийх, ～ хэрэлдэх

→ 他の人が喧嘩をする様子

16. 咳をする

цор цор （こんこん、ごほごほ） ～ гэх, ～ хийх

→ 幼い子供が軽い咳をする音

гохон гохон （ごほんごほん） ～ гэх, ～ хийх

→ 大きく咳をする音

17. 媚びる

наль наль / нял нял （すりすり、にゃんにゃん、猫なで声） ～ гэх, ～ хийх

→ 人が媚びる時に出す甘えた声

18. 泣く

уваа уваа（おぎゃあおぎゃあ）~ гэх, ~ уйлах

→ 赤ん坊の泣き声

ий ий / ээн нээ（えんえん）~ гэх, ~ уйлах

→ 声を出して泣く声

19. 痛い

ёо ёо（あいたた）~ гэх, ~ болох

→ 1. 肉体的痛みを伴う際に発する声

2. 幼児語で「いたい、いたい」の意味

20. 歩く

товор товор（すたすた、てくてく）~ алхах

→ 元気よく歩く時の音

тог тог（こつこつ、かつかつ）~ гэх, ~ хийх

→ ハイヒールで歩く時の音

тэп тэп（ばたばた、どたばた）~ гэх, ~ алхах

→ 特に男の人が歩く時の激しい足音

сэв сэв（ひょこひょこ）~ гэх, ~ алхах

→ 人が軽快に歩く様子

21. 飛び跳ねる

пид пад / пэд пад（どんどん、とんとん）~ гэх, ~ хийх

→ 人が音を立てて走る様子

22. 叩く

тас（ぴしゃっ、ぴしっ）~ гэх, ~ хийх

→ 打ったり叩いたりする時の音

23. 剃る

шар шар（じょりじょり）~ гэх, ~ хийх, ~ хусах

→ 髪、髭などを剃る時の音

B. 動物に関するもの

1. ийхохохо ийхохохо（ひひーん、ひんひん）~ гэх, ~ янцгаах

→ 馬のいななき声

2. буөөваа буөөваа （ほおおほおお） ~ гэх, ~ буйлах
   →　ラクダの鳴き声

3. өмбүү өмбүү / үмбүү үмбүү / мөө мөө / мүү мүү （もーもー） ~ гэх,
   ~ мөөрөх
   →　牛の鳴き声

4. май май （めーめー、めぇーめぇー） ~ гэх, ~ майлах
   →　羊の鳴き声

5. май май / бэ бэ бээ （めーめー、めぇーめぇー） ~ гэх, ~ майлах
   →　山羊の鳴き声

6. хав хав / хов хов / хөв хөв （わんわん） ~ гэх, ~ хуцах
   →　犬の鳴き声

7. мяу мяу / миау миау （にゃんにゃん、にゃーにゃー） ~гэх,
   ~ дуугарах
   →　猫の鳴き声

8. час час / жү жү жү （ちゅーちゅー、ちゅっ） ~ гэх, ~ хийх,
   ~ дуугарах
   →　ネズミの鳴き声

9. хиго хого / хого хого （ぴーぴー） ~ гэх, ~ хошгирох
   →　タルバガの鳴き声

10. аауу аауу / ааүү ааүү （うおーん） ~ гэх, ~ улих
    →　オオカミの鳴き声

11. хүр хүр （がおー、ぶおー） ~ гэх, ~ дуугарах, ~ хүржигнэх
    →　クマの鳴き声

12. нгаххх нгаххх / хард хард / харрр хурр （ぶーぶー） ~ гэх,
    ~ дуугарах
    →　ブタの鳴き声

13. ийгоо гоо ийгоо гоо （ひーほー、ひーはー） ~ гэх, ~ дуугарах,
    ~ орилох
    →　ロバの鳴き声

14. арррр арррр （がおー） ~ гэх, ~ архирах
    →　ライオンの鳴き声

15. вааг вааг （けろけろ、げろげろ） ~ гэх, ~ вааглах

→　カエルの鳴き声

16.　ссс ссс / иссс иссс（しゅー、しゃー）~ гэх, ~ исгэрэх
　　　→　ヘビの鳴き声

17.　ширд ширд（むしゃむしゃ）~ гэх, ~ хийх, ~ зажлах
　　　→　馬などが草を食む音

18.　сэв сэв（ちょこちょこ、のこのこ）~ гэх, ~ хийх, ~ явах
　　　→　動物が音を立てずに密かに歩く様子

C. 虫に関するもの

1.　бүнн бүнн / дүнн дүнн（ぶーん）~ гэх, ~ дүнгэнэх
　　　→　ハエ、マルハナバチの羽音

2.　ззз ззз ззз（ぶんぶん、ぶーん）~ гэх, ~ дүнгэнэх
　　　→　蜂の羽音

3.　эсс ссс эсс ссс（ころころ、りりりり）~ гэх, ~ исгэрэх
　　　→　コオロギの鳴き声

4.　цар цар（じーじ、じきじき）~ гэх, ~ дуугарах
　　　→　バッタの鳴き声

D. 鳥に関するもの

1.　гүг гүүг гүг гүүг（かっこーかっこー）~ гэх, ~ донгодох
　　　→　カッコウの鳴き声

2.　бөббүүб бөббүүб / бүббүүб бүббүүб（ぽぽぽ）~ гэх, ~ дуугарах
　　　→　ヤツガシラの鳴き声

3.　шаг шаг（かしゃかしゃ）~ гэх, ~ шагшрах
　　　→　カササギの鳴き声

4.　шааг шааг（ぴーちくぱーちく）~ гэх, ~ дуугарах
　　　→　ひよこ、鳥などが大勢で鳴く声

5.　жив жив / жир жир（ちっちっ、ちゅっちゅっ、ぴーちく）~ гэх,
　　　~ жиргэх
　　　→　小鳥の鳴き声

6.　жив жив（ちゅんちゅん）~ гэх, ~ жиргэх
　　　→　スズメの鳴き声

7. жив жив（ぴよぴよ）～ гэх, ～ дуугарах
   →　ひよこの鳴き声

8. го го гоого го го гоого（こけこっこー、こっこっ）～ гэх, ～ донгодох
   →　ニワトリの鳴き声

9. гүрр гүрр（ぐーぐー、くっくー、ぽーぽー）～ гэх, ～ дуугарах
   →　ハトの鳴き声

10. гийс гийс（ぴー）～ гэх, ～ янцгаах
    →　ワシの鳴き声

11. эсий хөөргө эсий хөөргө（ぴーひょろろー）～ гэх, ～ унгалдах
    →　トンビの鳴き声

12. хүг хүг / хүүе хүүе（ほーほー）～ гэх, ～ дуугарах
    →　フクロウの鳴き声

13. гуаг гуаг / гуага гуага / хон хон（かーかー）～ гэх, ～ гуаглах
    →　カラスの鳴き声

14. гаага гаага（がーがー）～ гэх, ～ ганганах
    →　白鳥、あひるの鳴き声

15. гаррр гүррр / гүррр гүррр（こーかっか、くーかっか）～ гэх,
    ～ дуугарах
    →　ツルの鳴き声

16. гангар гунгар（がっがっ）～ гэх, ～ гунганах
    →　渡り鳥の鳴き声

17. сүр сар / сар сүр（ぱたぱた）～ гэх, ～ хийх
    →　鳥が飛ぶ時の羽の音

E. 事物に関するもの

1. чаг чаг / чиг чаг（ちくたく、かちかち、かちこち）～ гэх, ～ хийх,
   ～ дуугарах
   →　時計の音

2. жин жин / жин жан（りんりん、ちりんちりん、ちりりん）～ гэх,
   ～ хийх, ～ дуугарах, ～ жингэнэх
   →　鈴の音

3. топр топр（りんりん、ちゃりん、じゃらじゃら）～ гэх, ～ хийх,

222

~ дуугарах

→ 幼い子供の靴に付けた鈴の音

4. дүн дан / дан дан（かーん、かんかん、ごーん）~ гэх, ~ хийх,

~ дуугарах

→ 鐘の音

5. дин дон（ぴんぽん、ぶー）~ гэх, ~ хийх, ~ дуугарах

→ チャイムの音

6. дийд дийд / дүүд дүүд（りんりん、ぷるるる）~ гэх, ~ хийх,

~ дуугарах

→ 電話の音

7. чик чик / түр түр（がたんごとん、だだんどどん）~ гэх, ~ хийх,

~ дуугарах

→ 列車の走る音

8. дүүдн дүүдн / үүд нь үүд нь / ийд нь ийд нь（ぶーぶー、ぶーん、

びゅーん）~ гэх, ~ дуугарах

→ 車の走る音

9. зиссс зиссс（きーっ）~ гэх

→ 車の止まる時の音

10. дийдийд дийдийд（ぶっぶー）~ гэх, ~ хийх, ~ дуугарах

→ 車のクラクションの音

11. тог тог / түг түг / тон тон / түн түн（こんこん、とんとん、どんどん）

~ гэх, ~ хийх, ~ тогших

→ ドアをノックする音

12. шав / шав шав / шав шув（ぴしっ、ぴしゃん）~ гэх, ~ хийх,

~ ороолгох

→ 家畜などを枝、なめし革紐、鞭などで打つ音

13. пад пад（ぱんぱん、ばんばん）~ гэх, ~ хийх, ~ цохих

→ 厚い布類を平たいもので叩く音

14. пад пад / пид пад（ぱんぱん、ばんばん）~ гэх, ~ хийх, ~ цохих

→ ボールを続けて強く打つ音

15. тон тон（とんとん、がんがん、こつこつ）~ гэх, ~ хийх, ~ тогших

→ 木を突く、打つ音

16. тас няс / тар няр（がちゃん、がしゃん、ぱりん）～ гэх, ～ хийх,
    ～ дуугарах
    → ガラス、陶器類が割れる音

17. ширчиг ширчиг（さらさら、かさかさ）～ гэх, ～ хийх, ～ дуугарах
    → 木の葉が風に擦れる音

18. пан / пүн / тас（ばん、ばーん、ばきゅーん）～ гэх, ～ хийх
    → 銃声

19. шар шар（ばりばり）～ гэх, ～ хийх, ～ дуугарах, ～ шаржигнах
    → 紙を破る音

20. түг түг（どきどき）～ гэх, ～ хийх, ～ цохилох
    → 心臓の音

21. лүг лүг / лүк лүк（どくどく）～ гэх, ～ хийх, ～ цохилох
    → 脈拍の音

22. под под（ぽたぽた）～ гэх, ～ хийх, ～ дусах
    → 水、涙など液体が滴る音

23. пор пор（ぐつぐつ、ことこと）～ гэх, ～ хийх, ～ буцлах
    → 液体が沸騰する音

24. пол / пол пол（ぽちゃん）～ гэх, ～ хийх
    → 1. 小物が水に落ちる音　2. 小魚が水を飛び跳ねる音

25. цүл（ぽとん）～ гэх, ～ хийх
    → 深い水の中に石など物が落ちる音

26. цүл цүл（ぴしゃぴしゃ）～ гэх, ～ хийх
    → 液体が容器の中で波打ってはねる音

27. шал пал / чал чол（ばしゃばしゃ、びしゃびしゃ）～ гэх, ～ хийх,
    ～ дуугарах
    → 水たまりを歩く音

28. шад шад / шад пад（ぱちぱち）～ гэх, ～ хийх, ～ дуугарах
    → 木、薪などが燃える音

29. түн тан（からんころん、からんからん）～ гэх, ～ хийх, ～ дуугарах
    → 金属製の薄い鍋などが転がり落ちる時の鈍い音

30. хан ян / ян ян（かん、かんかん）～ гэх, ～ хийх, ～ дуугарах
    → 金属製の斧などが打つ、落ちる、振動する時の音

31. хангир жингэр（かちゃかちゃ、がちゃがちゃ）～ гэх, ～ хийх,
    ～ дуугарах
    → 金属の容器などが摩擦する音
32. шигэр шигэр（りんりん）～ гэх, ～ хийх, ～ дуугарах
    → 特に女性の髪や服の飾りが動きに合わせ鳴る音
33. хүн хүн（ごんごん、ごーごー）～ гэх, ～ хийх, ～ дуугарах
    → 煙突など金属製の空洞の物が風などで鳴る音

F. 自然に関するもの

1. 風
    сэв сэв（そよそよ）～ гэх, ～ хийх, ～ салхилах, ～ үлээх
    → 風が静かに心地よく吹く音
    сэр сэр / сшш сшш（そよそよ、さわさわ）～гэх, ~хийх, ~салхилах
    → 涼しい風がさわやかに吹く音
    ууг ууг ууг（ぴゅーぴゅー、びゅーびゅー）～ гэх, ～ хийх, ～ исгэрэх
    → 風が激しく吹く音
2. 雨
    под под（ぽつぽつ、ぱらぱら）～ гэх, ～ дуслах, ～ хаялах
    → 雨が降り始める時の音
    шивэр шивэр（しとしと）～ орох, ～ шиврэх
    → 雨が静かに降る様子
    шаагин шуугин（ざーざー）～ орох
    → 雨が激しく降る時の音
3. 川
    шор шор / хор хор（さらさら、ちょろちょろ）～ гэх, ～ хийх,
    ～ шоржигнох, ～ хоржигнох
    → 小川などの水の流れる音
    шаагин шуугин（ごーごー）～ урсах
    → 洪水が激しく流れる時の音
4. 雷
    хүр хүр / тас няс（ごろごろ）～ гэх, ～ хийх, ～ дуугарах, ～ буух
    → 雷が鳴る音

モンゴル語オノマトペ使用例 その4

Дэлдэн чихмэй муулай
"耳がぴんと突き出たウサギ"

Соотгор чихмэй, *Сагсгар* сүүлмэй хэрэм
"耳がぴんと立った、尾がふさふさしたリス"

Аржгар үсмэй хурга
"くるくる縮れ毛の子羊"

Хулгар чихмэй марвага
"つぶれ耳のタルバガ"

Жартгар нүдмэй үнэг
"つり目のキツネ"

Ганагар хүзүүмэй мэмээ
"首がすらりとしたラクダ"

226

補遺1：モンゴル語の形状語総索引

以下の番号は、第二章で挙げたモンゴル語の形状語の見出し語番号と一致する。

A

1. аадай-
2. аазай-
3. аатай-
4. агдай-
5. агзай-
6. ажий-
7. алцай-
8. амсай-
9. ангай-
10. андай-
11. аний-
12. арвай-
13. аржий-
14. арзай-
15. арсай-
16. архай-
17. арчий-
18. атий-

Б

19. баарай-
20. баацай-
21. бавай-
22. багвай-
23. баглай-
24. багсай-
25. бажий-
26. балтай-
27. балхай-
28. балцай-
29. бамбай-
30. бандай-
31. бантай-
32. банхай-
33. барай-
34. барвай-
35. барвий-
36. баржий-
37. барзай-
38. барсай-
39. барчий-
40. бижий-
41. биндий-
42. биржий-
43. бирчий-
44. божий-
45. болцой-
46. бомбой-
47. бондой-
48. бохий-
49. бөгвий-
50. бөгдий-
51. бөгтий-
52. бөгций-
53. бөлбий-
54. бөлтий-
55. бөлций-
56. бөмбий-
57. бөндий-
58. бөнжий-
59. бөөвий-
60. бөөдий-
61. бөөний-
62. бөөций-
63. бөрзий-
64. бөрсий-
65. бөртий-
66. бөхий-
67. бөхтий-
68. бувай-
69. бужий-
70. бултай-
71. булцай-
72. бумбай-
73. бундай-
74. бунтай-
75. буржий-
76. бурзай-
77. бүлбий-
78. бүлтий-
79. бүлций-
80. бүрзий-
81. бүрий-
82. бүрсий-
83. бүртий-
84. бүүдий-
85. бэгций-
86. бэвий-
87. бэлбий-
88. бэлций-
89. бэмбий-
90. бэндий-
91. бэржий-
92. бэрчий-
93. бээвий-
94. бээций-

198. ёлбой-
199. ёлой-
200. ёлтой-
201. ёлхой-
202. ёлцой-
203. ёмбой-
204. ёндой-
205. ёнтой-
206. ёнхий-
207. ёнхой-
208. ёрдой-
209. ёрзой-
210. ёхий-

Ж

211. жаатай-
212. жавхай-
213. жадай-
214. жайвий-
215. жайжий-
216. жалдай-
217. жарвай-
218. жартай-
219. жийтай-
220. жийхай-
221. жимбий-
222. жимий-
223. жирвий-
224. жирий-
225. жондой-
226. жоний-
227. жоотой-
228. жоохой-
229. жорвой-
230. жортой-
231. жуумай-

З

232. загзай-
233. задай-
234. зантай-
235. занхай-
236. зарай-
237. зурай-
238. зуувай-
239. зүүдий-
240. зэвий-
241. зэвхий-
242. зэгзий-
243. зэгий-
244. зэнзий-
245. зэнтий-
246. зэнхий-

И

247. ирвий
248. иржий-
249. ирий-

Л

250. лаглай-
251. ландай-
252. ланжий-
253. лантай-
254. лахай-
255. лаший-
256. логлой-
257. лохой-
258. луглай-
259. лунжий-
260. лухай-
261. лүглий-
262. лэглий-

263. лэндий-
264. лэнтий-

М

265. маадай-
266. маазай-
267. маанай-
268. маасай-
269. майжий-
270. майрий-
271. майтий-
272. малий-
273. маний-
274. мантай-
275. марзай-
276. марлий-
277. марсай-
278. матий-
279. махий-
280. минчий-
281. могдой-
282. могжий-
283. могжой-
284. могзой-
285. могцой-
286. модой-
287. можий-
288. можой-
289. мойний-
290. мондой-
291. монтой-
292. моодой-
293. монхой-
294. мөлий-
295. мөлчий-
296. мулзай-
297. мулцай-

399. сармий-
400. сарнай-
401. сартай-
402. саруй-
403. сархай-
404. сиймий-
405. согсой-
406. солжий-
407. солий-
408. сондой-
409. соотой-
410. соохой-
411. сортой-
412. сохой-
413. сөдий-
414. сөлжий-
415. сөлий-
416. сөөвий-
417. сөөсий-
418. сөрвий-
419. сөрдий-
420. сугсай-
421. сулбай-
422. сулдай-
423. сунай-
424. сунжий-
425. сүглий-
426. сүүдий-
427. сүүмий-
428. сүүтий-
429. сэвий-
430. сэвсий-
431. сэглий-
432. сэгсий-
433. сэлбий-
434. сэлдий-
435. сэрвий-

436. сэрий-
437. сэртий-
438. сээтий-

Т

439. таадай-
440. таахай-
441. тавхай-
442. тагдай-
443. тагжий-
444. тажий-
445. тайрий-
446. тантай-
447. тарвай-
448. татай-
449. тахий-
450. товой-
451. товхой-
452. тогдой-
453. тогжий-
454. тожий-
455. толий-
456. томбой-
457. тонгой-
458. тоодой-
459. тонтой-
460. тормой-
461. торой-
462. тохий-
463. төвий-
464. төмбий-
465. тугдай-
466. тумбай-
467. туяий-
468. түгдий-
469. түгжий-
470. түмбий-

471. түнжий-
472. түнтий-
473. түхий-
474. тэвхий-
475. тэгдий-
476. тэгжий-
477. тэний-
478. тэнтий-
479. тэсгий-

У

480. угнай-
481. улай-
482. улбай-
483. улжий-
484. улхай-
485. улцай-
486. умай-
487. унжий-
488. унхай-
489. урвай-

Ү

490. үлбий-
491. үлхий-
492. үрчий-

Х

493. хаадай-
494. хаахай-
495. хавтай-
496. хавчий-
497. хавший-
498. хазай-
499. хайвай-
500. халбай-
501. халбий-

607. шазай-
608. шалай-
609. шалбай-
610. шалбий-
611. шалхай-
612. шалчий-
613. шамбий-
614. шамший-
615. шантай-
616. шармий-
617. ширвий-
618. шовой-
619. шовхой-
620. шодой-
621. шолбой-
622. шолхой-
623. шолчий-
624. шомбой-
625. шонтой-
626. шонхой-
627. шоорой-
628. шорой-
629. шөвий-
630. шөвхий-
631. шөмбий-
632. шөнтий-
633. шөрвий-
634. шувтай-

Э

635. эмсий-
636. эрвий-
637. эржий-
638. эрий
639. эртий-
640. этий-
641. ээтий-

Ю

642. юлхий-

Я

643. ягжий-
644. ягзай-
645. ягнай-
646. язай-
647. яйвий-
648. яйжий-
649. ялбай-
650. ялбий-
651. ялтай-
652. ялхай-
653. ялцай-
654. ямбий-
655. яндай-
656. янтай-
657. янхий-
658. ярай-
659. ярвай-
660. ярдай-
661. ярзай-
662. яртай-
663. яхий-

補遺 2：モンゴル語の擬音語総索引

　以下、かっこの中の番号は、第三章で挙げたモンゴル語の擬音語の分類番号と一致する。

А

1. айтший (А.2)
2. айтшуу (А.2)
3. арррр арррр (В.14)
4. аауу аауу (В.10)
5. аауу аауу (В.10)

Б

6. бөөбүүб бөөбүүб (D.2)
7. буөөваа буөөваа (В.2)
8. бүббүүб бүббүүб (D.2)
9. бүнн бүнн (С.1)
10. бэ бэ бээ (В.5)

В

11. вааг вааг (В.15)

Г

12. гаага гаага (D.14)
13. гангар гунгар (А.14), (D.16)
14. гарррр гуррр (D.15)
15. гийс гийс (D.10)
16. го го гоого го го гоого (D.8)
17. горрр горрр (А.13)
18. гохон гохон (А.7), (А.16)
19. гохх гохх (А.7)
20. гуаг гуаг (D.13)
21. гуага гуага (D.13)
22. гурррр гурррр (А.13), (D.15)
23. гухх гухх (А.7)
24. гүг гүүг гүг гүүг (D.1)

25. гүд гүд (А.5)
26. гүрр гүрр (D.9)

Д

27. даль даль (А.14)
28. дан дан (Е.4)
29. дийд дийд (Е.6)
30. дийдийд дийдийд (Е.10)
31. дин дон (Е.5)
32. дүн дан (Е.4)
33. дүнгэр дангар (А.14)
34. дүнгэр дүнгэр (А.14)
35. дүнн дүнн (С.1)
36. дүүд дүүд (Е.6)
37. дүүдн дүүдн (Е.8)

Ё

38. ёо ёо (А.19)

Ж

39. жаг жиг (А.1)
40. жалир жалир (А.4)
41. жив жив (D.5), (D.6), (D.7)
42. жив жув (А.14)
43. жиг жиг (А.1)
44. жиг жуг (А.14)
45. жин жан (Е.2)
46. жин жин (Е.2)
47. жир жир (D.5)
48. жү жү жү (В.8)

З

49. ззз ззз ззз (С.2)
50. зиссс зиссс (Е.9)

И

51. ий ий (А.18)
52. ийгоо гоо ийгоо гоо (В.13)
53. ийд нь ийд нь (Е.8)
54. ийхохохо ийхохохо (В.1)
55. иссс иссс (В.16)

К

56. ки ки (А.1)

Л

57. лүг лүг (Е.21)
58. лүк лүк (Е.21)

М

59. май май (В.4), (В.5)
60. миау миау (В.7)
61. мөө мөө (В.3)
62. мүү мүү (В.3)
63. мяу мяу (В.7)

Н

64. наль наль (А/17)
65. намь намь (А.3)
66. нгаххх нгаххх (В.12)
67. нял нял (А.17)
68. нямь нямь (А.3)

Ө

69. өмбүү өмбүү (В.3)

П

70. пад пад (Е.13), (Е.14)
71. пан (Е.18)
72. пид пад (А.21), (Е.14)
73. под под (Е.22), (F.2)
74. пол (Е.24)
75. пол пол (Е.24)
76. пор пор (Е.23)
77. пүй (А.10)
78. пүн (Е.18)
79. пүү (А.9)
80. пүү пүү (А.9)
81. пэд пад (А.21)

С

82. ссс ссс (В.16)
83. сар сүр (D.17)
84. сүр сар (D.17)
85. сшш сшш (F.1)
86. сэв сэв (А.20), (В.18), (F.1)
87. сэр сэр (F.1)

Т

88. таль туль (А.14)
89. тар няр (Е.16)
90. тар тур (А.15)
91. тас (А.22), (Е.18)
92. тас няс (Е.16), (F.4)
93. тас тас (А.1)
94. товор товор (А.20)
95. тог тог (А.20), (Е.11)
96. тон тон (Е.11), (Е.15)
97. торр торр (Е.3)
98. түг түг (Е.11), (Е.19)
99. түн тан (Е.29)
100. түн түн (Е.11)

162. шор шор (A.11), (F.3)

Ф

163. фүү фүү (A.9)

Э

164. эсий хөөргө эсий хөөргө (D.11)
165. эсс ссс эсс ссс (C.3)
166. ээн ээн (A.18)

Я

167. ян ян (A.14), (E.30)
168. яр яр (A.15)

出 典

1. 書籍

Б: (Б.Б): Бааст.Б (1972) *Алтайн хөх дөнөн*, (Б.Б 2): (1965) *Алтайн цэцэг*, (Б.Б 3): (1962) *Хяруу унасан цагаар*, (Б.Б 4): (1977) *Хөвчийн бор*, (Б.Б 5): *Хоёр хун*; (Б.Бад): Бадам.Б (2008) *Ялгаагүй ээ*; (Б.Да): Даш.Б (2019) *Бодлоос гардаггүй тэр нэгэн өдөр*; (Б.Ж): Жамд.Б (1974) *Сэтгэлийн нууц*; (Б.Н): Нямаа.Б (1988) *Арандалынхан*; (Б.Ө): Өлзийсүрэн.Б (1976) *Замын хүзүү*; (Б.П): Полевой.Б (1972) *Эцсийн бүлэгт*; (Б.С): Сосорбарам.Б (1978) *Очсын хүрээлэн*; (Б.Р): Ринчен.Б (1969) *Гүнж*, (Б.Р 2): (2013) *Заан залуудай*, (Б.Р 3): (1951) *Үүрийн туяа*, (Б.Р 4): (1958) *Өмнө этгээдэд зорчсон тэмдэглэл*; (Б.Ч): Чойндон.Б (1972) *Галбын говьд*; (Б.Ш): Шүүдэрцэцэг.Б (2019) *Хулан*, (Б.Ш 2): (2015) *Улаан пальто*, (Б.Ш 3): (2010) *Шүрэн бугуйвч*, (Б.Ш 4): (2012) *Домогт Ану хатан*; (Б.Я): Явуухулан.Б (1965) *Хар ус нуурын шагшуурга*;

В: (В.И): Инжинаш.В (1957) *Нэгэн давхар асар*; (В.Ш): Шарма.В (1972) *Таван сургамж*;

Г: (Г.Б): Батаа нар.Г (1972) *Онцгой даалгавартан*; (Г.Г): Гантогтох.Г (2011) *Буриад аялгууны толь*; (Г.Д): Дүйнхэржав.Г (1975) *Арилшгүй мөр*; (Г.Ж): Жамьян.Г (1974) *Гал атгасан гар*; (Г.Н): Нямаа.Г (1998) *Цагаан хэрээ*;

Д: (Д.Б): Болдхуяг.Д (2010) *Сэтгэлийн зарлиг*; (Д.Бат): Батбаяр.Д (1984) *Цахилж яваа гөрөөс*; (Д.Г): Гонгор.Д нар (1988) *Д. Сүхбаатарын тухай дурдатгалууд*; (Д.Га): Гармаа.Д (1985) *Араншин*; (Д.Гар): Гарамжав.Д (1973) *Нэгэн өглөө*; (Д.Д): Дожоодорж.Д (1962) *Зүүний сүвэгч*; (Д.Да): Даржаа. Д (1968) *Нөхөд*; (Д.Н): Нацагдорж.Д (1966) *Бүрэн түүвэр*, (Д.Н 2): (1961) *Зохиолууд*, (Д.Н 3): (1933) *Миний нутаг*, (Д.Н 4): (1932) *Цагаан сар ба хар нулимс*, (Д.Н 5): (1931) *Хөдөө талын үзэсгэлэн*; (Д.М): Мягмар.Д (1967) *Уянгын туужууд*, (Д.М 2): (1964) *Нийлэх замын уулзварт*, (Д.М 3): (1965) *Тээрэмчин*, (Д.М 4): (1967) *Үер*; (Д.Ма): Маам.Д (1977) *Газар шороо*, (Д.Ма 2): (1970) *Тэмээний тууль*, (Д.Ма 3): (1970) *Хоёр хар буурын туурь*; (Д.Мө): Мөнхзул.Д *Ижийгээ хайрлаж яваарай хүү минь*; (Д.Нам): Намдаг. Д (1987) *Түүвэр зохиол*, (Д.Нам 2): (1960) *Цаг төрийн үймээн*, (Д.Нам 3): (2017) *Хөгшин чоно ульсан нь*; (Д.С): Сэнгээ.Д (1947) *Түүвэр зохиол*; (Д.П):

Пүрэвдорж.Д (1976) Сэгс цагаан богд; (Д.Сод): Содномдорж.Д (1979) *Түм буман хүүхэд*; (Д.Т): Тарва.Д (1963) *Дахин төрсөн нь*; (Д.У): Урианхай. Д (2010) *Аав эзгүй намар*, (Д.У 2): Намрын тэнгэрт одод харвана, (Д.У 3): (2018) *Зүүд ба улаан нулимс*; (Д.Ц): Цэдэв.Д (1970) *Айргийн амт*, (Д.Ц 2): *Эмээ*; (До.Ц): Цэнджав.До (2000) Сумын төв дээр; (Дө.Ц): Цоодол.Д (1989) Харамчийнхны дууль; (Д.Цэ): Цэвэгмид.Д (1956) *Зохиолын түүвэр*; (Д.Цэр): Цэрэнсодном.Д (1989) *Монгол ардын домог үлгэр*, (Д.Цэр 2): (1982) *Монгол ардын үлгэр*; (Д.Э): Энхболд.Д (1990) Соёо, (Д.Э 2): (2003) Шар хөвийн зэрэглээ, (Д.Э 3): (2010) Ааруулын тостой бор хүүдий, (Д.Э 4): (2015) Идэрцог;

Ж: (Ж): *Жангар* тууль; (Ж.Б): Бямба.Ж (1977) *Их аяныхан*; (Ж.Д): Дамдин. Ж (1973) *Үймээний жил*, (Ж.Д 2): (1971) *Миний Монгол*, (Ж.Д 3): (1971) *Монгол бөх*; (Ж.Да): Дашдорж.Ж (1964) *Монгол цэцэн үгийн далай*; (Ж.Л): Лодой.Ж (1972) *Бүрхэг шөнө*, (Ж.Л 2): (1987) *Дайн*; (Ж.П): Пүрэв.Ж (1971) *Гурван зангилаа*; (Ж.Пи): Жинь Пинь (1980) *Мэй бичиг*; (Ж.С): Самбуу.Ж (1985) *Мал маллагааны арга туршлага*;

З: (Зуун): Дамдинсүрэн хэвлэлд бэлтгэв. Ц (1959) *Зуун билиг*; (З.Б): Баттулга.З (1964) *Уяхан Замбуутив*, (З.Б 2): (1962) *Хөх тэнгэр*, (З.Б 3): (1957) *Төвшинтөгс*, (З.Б 4): (1959) Долоон зуун наян тав дээр;

И: (И.Д): Дамбажав.И нар *Монгол үгийн дээж*; (И.С): Саньцар.И (2018) *Тооноор тольдогч сүүлт од*; (И.С.Т): Тургенев.И.С (1976) *Ангуучны тэмдэглэл*;

Л: (Л.В): Ванган.Л *Түүвэр зохиол*, (Л.В 2): *Жүжгүүд*; (Л.Д): Дашням.Л (1972) *Нялх ногоо*, (Л.Д 2): (1975) *Бурхантын цэцэг*; (Л.С): Содов.Л (1962) *Хаврын нар*, (Л.С 2): *Нөмөрт ургасан царс*, (Л.С 3): (1989) *Заяа тавилангийн орчлон*; (Л.Т): Түдэв.Л (1964) *Нүүдэл*, (Л.Т 2): (1960) *Уулын үер*, (Л.Т 3): (1969) *Улаан долгион*, (Л.Т 4): (1974) *Нүүдэл суудал*, (Л.Т 5): (1968) *Алтан гадас зүг чигийг заана*; (Л.Ч): Чойжилсүрэн.Л (1974) *Яндангийн цуурай*;

М: (М.а.ү): *Монгол ардын үлгэр*; (М.а.ү 2): Онгироо ухна ба чоно /үлгэр; (М.Д): Дэмчигжав.М (1972) *Мэдээ хүргэгч Дампил*; (MNS): МОНГОЛ УЛСЫН СТАНДАРТ MNS 5372-15:2004; (МУШУА): МУШУА (2008) *Монгол хэлний дэлгэрэнгүй тайлбар толь*; (М.Ч): Чимид.М (1972) *Алтан*

239

номын үсэг; (М.Чо): Чойжил.М (1977) *Андын нутаг алсдахгүй*; (МШЖ): Зандраабайдий.Х (1981) *Монголын шилдэг жүжиг*; (МШӨ): Дамдинсүрэн.Ц, ред (1961) *Монголын шилдэг өгүүллэг*;

Н: (Н.Б): Банзрагч.Н (2008) *Зам*; (Н.Д): Дариймаа.Н (2006) *Монгол эмэгтэйн гарын ном*; (Н.Т): Тайванжаргал.Н *Зудын жил*;

О: (О.Д): Дамдинсүрэн.О *Зэрэглээт хөндий*; (О.Ц): Цэндсүрэн.О (1986) *Халуун салхи*;

П: (П.Л): Лувсанцэрэн.П (1980) *Хаврын шувуу*, (П.Л 2): (1971) *Хөдөөгийн дуун*; (П.Х 2): Хорлоо.П (1963) *Түүвэр зохиол*;

С: (С.Б): Буяннэмэх.С (1968) *Түүвэр зохиол*; (С.Ба): Бадраа.С (1965) *Амьдрал*; (С.Д): Дашдооров.С (1965) *Миний ард түмэн*, (С.Д 2): Дашдооров. С (1976) *Говийн өндөр*, (С.Д 3): (1974) *Айлын хүүхэн Алигэрмаа*, (С.Д 4): (1976) *Хөдөөгийн баясгалан киноны дууны үг*; (С.Даш): Дашдэндэв.С (1969) *Улаан наран*, (С.Даш 2): (1971) *Үүрийн цолмон*, (С.Даш 3): (1962) *Гурван айл*; (С.Ж): Жамбалдорж. С (2000) *Морин эрдэнэ*; (С.Ж, Л.У): Жаргалсайхан. С, Удвал. Л (2006) *Чингис хааны нууц түүх*; (С.Л): Лочин.С нар (1973) *Галтай залуу нас*, (С.Л 2): (1971) *Сэтгэлийн өнгө*, (С.Л 3): (1978) *Газрын дуун*; (С.О): Оюун.С (эмхт) (2005) *Төрийн шагнал хүртсэн зохиолууд*; (С.П): Пүрэв.С (1989) *Эргүүлэг*, (С.П 2): Туурь; (Со.П): Пүрэвсүрэн.Со (2017) *Үл тасрах удам*; (С.У): Удвал.С (1973) *Их хувь заяа*, (С.У 2): (1965) *Та бид уулзана*; (С.Э): Эрдэнэ.С (1961) *Хонгор зул*, (С.Э 2), (1966) *Өгүүллэгүүд*, (С.Э 3): (1978) *Миний эх орон миний тооноот*, (С.Э 4): (2012) *Хойт насандаа учирна*, (С.Э 5): (1964) *Малын хөлийн тоос*, (С.Э 6): (2013) *Говийн хүү Ухаадай, алтан эвэрт гунан улаан угалз хоёр*, (С.Э 7): (1980) *Холбоо гурван тууж*, (С.Э 8): (1970) *Өвгөн хүн чулуу хоёр*, (С.Э 9): (2012) *Халхын заяат харгуй минь*;

Т: (Т.Б): Бум-Эрдэнэ.Т (2008) *Хувь заяаны хэлхээ*; (Т.Д): Дэчинтунгаа.Т (1972) *Өөдрөг зам*; (Т.Н): Нямдэндэв.Т (2017) Халхын цогт хун тайж;

Х: (ХАТ): *Халх ардын тууль*;

Ц: (Ц.Б): Бавуудорж.Ц (2014) Дорно зүгт өвс болно; (Ц.Д): Дамдинсүрэн.Ц (1969) *Түүвэр зохиол*, (Ц.Д 2): (1976) *Монголын нууц товчоо*, (Ц.Д 3): (1933) Хоёр настай Ро, (Ц.Д 4): (1929) *Гологдсон хүүхэн*; (Ц.До): Доржготов.Ц (2010) Алсран бүдгэрэх Бурхад; (Ц.О): Очир.Ц (1987) *Гүйдэлтэй газар*; (Ц.У):

Уламбаяр.Ц (1971) *Зовлон жаргал*, (Ц.У 2): (1963) *Хүний чанар*;

Ч: (Ч.А): Алагсай.Ч (1975) *Алтайн зам*; (Ч.Л): Лодойдамба.Ч (1971) *Тунгалаг тамир*, (Ч.Л 2): (1977) *Түүвэр зохиол*; (Ч.Лув): Лувсанжав.Ч (1969) *Дамдины бага хүү*; (Ч.Лх): Лхамсүрэн.Ч (1947) Хүрэн морь; (Ч.О): Ойдов. Ч (1963) *Их жанжин Сүхбаатар танаа*, (Ч.О 2): (1981) *Зохиолын түүвэр*; (Ч.Ч): Чимид.Ч (1962) *Хавар намар*;

Ш: (Ш.Г): Гаадамба.Ш (1957) *Элбэг дээл*, (Ш.Г 2): (1972) *Багын явдал*; (Ш.В): Ванчаарай.Ш *Нутгийн минь хун ноурандаа бий*, (Ш.В 2): (2005) *Ухаа бор*, (Ш.В 3): (2015) *Гагнаас*; (Ш.Д): Дулмаа.Ш (1972) Хүүгийн эцэгт бичсэн захидал; (Ш.Н): Нацагдорж.Ш (1981) *Мандхай цэцэн хатан*; (Ш.С): Сүрэнжав.Ш *Хөшөө ярих цагаар*; (ШХЗД): *Шог хошин зохиолын дээж* (1981) Миний төрсөн өдөр; (Ш.Ц): Цэнд-Аюуш.Ш (1989) *Далдын хар малгайт*;

(Я.Ц): Цэвэл.Я (1966) *Монгол хэлний товч тайлбар толь*;

(S.S): 塩谷茂樹、Е. プレブジャブ (2006)『モンゴル語ことわざ用法辞典』、大学書林

2. 新聞

(Г.А): Амарсанаа.Г (2018.03.13) Алтайн уулсын монголын уламжлалт ан агнуур ба хээрийн зоог "Өдрийн сонин"

(Л.Б): Батцэнгэл.Л (2017.11.22) Тэмээн гөрөөс хэмээх зэрлэг хавтгай байгаль дээр цөөрсөөр "Өдрийн сонин", (Л.Б 2): (2019.01.16) Сэндэнжавын Дулам "Хөмөргөн гурвалжин" бүжгэн жүжгийг маань ЮНЕСКО-гийн тайзнаа тавина "Өдрийн сонин"; (Л.Мө): Мөнхбаясгалан.Л (2008.4.23) С. Баярын засгийн газарт зориулсан үхлийн цохиолт "Өдрийн сонин", (Зу. мэ): "*Зууны мэдээ*" сонин; (УЗУ): "Утга зохиол урлаг" сонин; (Үнэн): "*Үнэн*" сонин; (Цог): "*Цог*" сэтгүүл;

3. 歌詞

(Дуу): "*Арван хоёр жилийн магтаал*" дууны үг; (Дуу 1): "*Навчтай мод*" дууны үг; (Д.Р): Рэнцэндорж.Д "*Бүсгүй минь чи инээмсэглэж яваарай*" дууны үг; (Дуу 2): "*Янлинхуар*" дууны үг;

4. インターネット記事

А: (А.Б): Бүдрагчаа.А, Ч.Нарантуяа: Жинхэнэ хайр мөн бол цусны бүлгээс бусад бүх зүйл өөрчлөгдөнө ...; (AG): AGUULGA.MN, Төв аймгийн Борнуур сумын гүүр үерт автаж хотойжээ; (az.mn): az.mn, Нутгийн цагаанхан онигоо; (А.Т): Тэлмэн.А, Оргилын хийморь ООДОН ХАЛТАР, (А.Т2): Хонгор морь минь хүслээр давхидаг хурдан буян;

Б: (Бат): Батсуурь, Монгол орны байгалийн газарзүйн байрлалын онцлог; (Б.Б 6): Бааст.Б, Инээмтхий хөх зурамтай хөөрөлдсөн минь, (Б.Б 7): Бэрх цаг; (Б.Бр): Баярсайхан.Б, Эх шувуу шиг жиргэх юмсан, (Б.Бр 2): Үйлийн үрийн төлөөс; (Б.Бс): Болорсүх.Б "Ардын эрх" сонин / Т. Занданмядаг, Замын-Үүдийн нэг өдөр; (Б.Д): Должинсүрэн.Б, Эмээтэй цагаан сар; (Б.Дэ): Дэлгэрцэцэг.Б, Малчдыг хахир хавар хүлээж байна; (Б.З): Золбаяр.Б, Манай сумын наадам; (Б.Но): Номинчимэд.Б, Болдоггүй "Оргодол" Монгол морьд; (Б.О): Очирхуяг.Б, Үер; (Б.Т): Туул.Б, Хүний нутгийн хавар; (Б.Э): Элбэгзаяа. Б, Үлэмж Эгшиглэн Сан; (Б.Эн): Энхмарт.Б, Нулимстай бөхөн; (Buzz): Buzznews.mn, Үхэл, амьдралын заагаас амьд үлдсэн Ц.Түмэндэлгэр;

В: (В.П): Пунцаг.В, Нэн ховордсон гуравдугаар үеийн тэмбүү гарсан нь маш аймшигтай; (Вик 4): Википедиа Чөлөөт нэвтэрхий толь, Урц;

Г: (Ган): Гангаа, Томчуулыг "амьдаар нь" харсан тухай; (Г.Ба): Бадам.Г, Гурван цагаан булаг; (go.mn): gogo news agency Явах замдаа цаг ашигла; (Г.М 2): Мэнд-Ооёо.Г Дөрвөн улаан навч; (Г.Н 2): Нямаа.Г, Дөрвөн нүдтэй халтар гөлөг; (Г.Нэ): Нэргүй.Г, Уйтан дорнын талст;

Д: (Д.Бц): Батцэнгэл.Д, Богдын тамга, Амарсанаагийн буу Увс аймагт хадгалагдаж байжээ; (Д.Ган): Гансаруул.Д, Дун буюу хорго цэвэрлэгч; (Д.Гл): Гал.Д, Тувачууд түрүүлсэн морь, бөхөө "Волга"-аар мялааж, сайхан наадлаа; (Д.До): Дорж.Д, Аварга үлэг гүрвэлүүд араатнаас өндөгөө харамлан "ӨЛСГӨЛӨН" зарладаг байжээ; (Д.Ж): Жамц.Г, Малаа барчихвал залхуу угшилтай хүмүүс яана даа; (Д.Жа): Жаргалсайхан.Д, Агаарын тээвэр; (Doo): Doodoiigo, /9 монгол хэл / Тэмээ; (Д.Но): Норов.Д, Сэрэвгэр хадны зэрэглээ, (Д.Но 2): Хонзон, (Д.Но 3): Залбирал; (Д.Нэ): Нэргүй.Д, Хүмүүс намайг хараад "Богдын хатан" мөн, биш гэж мөрийцдөг; (Д.Ө): Өлзийсайхан. Д, Ухааны "үйлдвэр" нь тархи; (Д.Цоо 2): Цоодол.Д Санжийн Пүрэв Ланжийн нь үнэн байна, (Д.Цоо 3): Нутгийн наадам; (До.Ц 2): Цэнджав.До, Элчин сайдын овсгоо Сономын Лувсан, (До.Ц 3): Нохой ална гэдэг хүний амь насанд хүрэхтэй адил; (Д.Э 5): Энхболд.Д, Жаргалмаа;

Е: (Есүс): Есүсийн хайранд өлгийгдөн гайхширахуй;

Ж: (Ж.Лх): Лхагва.Ж, Эвэр; (Ж.Т): Тагтаа.Ж, Бид хортой жимсгүйгээр амьдарч чадахгүй гэж үү;

З: (Zin): Zindaa.mn, Н.Энхбаярт зориулсан хэрэг угаах 10 төлөвлөгөө; (Зүүд): Зүүдчин, ХҮН-ЧОНО-ын авд /Хоёрдугаар хэсэг/;

И: (inet): inet, Ханиад нэг сарын дараа хөл хорив, хөдөлгөөн хаав; (iTo): iToim, Иргэд "Улаанбаатар", "Хурх" гурилд ам сайтай, "Алтантариа"-д таагүй сэтгэгдэлтэй байлаа;

К: (Ка): Каошэнь, Бурханы дээд эрхийг мэдэн, мөнгөний боол байхаа болигтун;

Л: (Л.Бо): Бор.Л, Ажил хэрэгч япончууд, амьдын диваажин байгуулжээ; (Л.Бу): Булганчимэг.Л, Сайн чанарын цагаан будаа нь цэхэр, тунгалаг шаргал өнгөтэй байдаг;

М: (Mas): Mass.mn, Арьсыг тань цэвэрлэж толигор, булбарай болгох шидтэй 10 хүнс, (М.Б): Болод.М, Мэдээний дугаар; #47787 Нэгэн онигоо; (МГТ): Монголиан Гайд Тур ХХК Зан заншил 25, Бяслаг; (Меб. эд): gogo. mn, Мебель эдлэлийг хэрхэн өнгөлж цэвэрлэх вэ?; (Mis): Miss.mn, Брокколиг боловсруулж идэх аргууд; (МХББ): МХББНУ Холбооны сайт, Эрдмийн гал шар уураг; (МЭН): Малын Эмч Нарын Залуу Үе Холбоо ТББ, Ардын мал эмнэлгийн арга туршлага;

Н: (На.Ө): Өлзийбат.На, Эсгий Сандаг; (Н.Ба): Батжаргал.Н, Чонон санаа; (Н.Бд): Бадамжав.Н, Зун иржээ; (Н.Г): Гантулга.Н, Цагааны Хэнмэдэх; (Н.Н.М): Никифорова.Н.М, Монголын мөнгөн дэвсгэртийг судлах их сонирхолтой байсан; (Н.С): Сүхдорж.Н, Ижийгээ хайрлаж яваарай хүү минь;

О: (О): Oyunbileg, Ийм нэгэн Хангай, миний халуун өлгий; (О.Цо): Цогт-Очир.О, "Од ярьж байна" ҮНЭТЭЙ МЭДЭЭ;

Ө: (Ө.Р): Рагчаасүрэн.Ө, Тоосго шүтэгч;

П: (П.Б): Батхуяг.П, "ХУЛГАР" гэдэг үгийн хувь заяа, (П.Б 2): Төмөр хөшиг; (П.Н): Нарандэлгэр.П, Тэмээ тэнгэрийн амьтан;

Р: (Р.Ж): Жаргалант.Р, Өнгө булаалдсан гоёмсог амьтад; (Р.Э): Эмүжин.Р, Ногоохон;

出典

С: (С.Бя): Бямбацогт.С, Эрх үүргээ мэддэг хүн хууль зөрчдөггүй юм; (С.Д 5): Дашдооров.С, Оосор бүчгүй орчлон; (С.П 3): Пүрэв.С, Ихэсийн нуурт шувууд чуулна; (Со.П 2): Пүрэвсүрэн.Со, Өр, (Со.П 3): Нулимстай инээд, (Со.П 4): Бүсгүй заяа, (Со.П 5): Аав, хүү хоёр; (С.Р): Рэнцэндорж.С, Унаагаа юүлсэн нь; (С.Х): Хишигсүрэн.С, Тэр;

Т: (Т.Б 2): Бум-Эрдэнэ.Т, Эргүүлэг, (Т.Б 3): Түнтүүлэй, (Т.Б 4): Олон болоорой, (Т.Б 5): Гагнаас, (Т.Б 6): Хачин намар, (Т.Б 7): Тэр надаас жаран нэг ах; (Т.Да): Давааням.Т, Нэг л гоё шинийн гурван; (Тууль): Тууль, *Хилин галзуу баатар*;

Х: (Х.Б): Болормаа.Х, Хургалахын аманд хонь хургалахаа болих нь ээ; (Х.З): Зандраабайдий.Х, Э. Оюуны олон тал; (Х.Т): Тэргэл.Х, Өргөмөл хүү; (ХХЯ): ХХААХҮЯ *Ухрийн насыг шүдээр тодорхойлох*;

Ц: (Ц.Б): Буянзаяа.Ц, Эрх чөлөө; (Ц.До 2): Доржготов.Ц, Эрхэм гишүүний тооцоог магадлаад өгөөч, (Ц.До 3): Цагаан тэмээ, (Ц.До 4): Эзгүй хээрийн өнчин суварга, (Ц.До 5): Шог зохиолч зөвлөлт анд минь;

Ч: (Ч.Ц): Цэнд-Аюуш.Ч, Хүүхэд насны зураг;

Ш: (Ш.С): Солонго.Ш, Хамаатан; (Ш.Э): Энхтуяа.Ш, Физик / Оптик-3 (Гэрэл ойх үзэгдэл);

Э: (endl): Бэхэрэ, Хулгайч; (Э.Н): Намуун.Э, Бэлчээрээс мэндлэх загвар; (Э.Ү): Үржинханд.Э, Олз;

監修者・著者紹介

塩谷茂樹 [しおたに・しげき]

石川県生まれ。

大阪大学 人文学研究科外国学専攻教授。

1991 年、京都大学大学院文学研究科言語学専攻、博士後期課程単位取得退学。

1980-82 年、モンゴル国立大学留学。

専門、モンゴル語学、モンゴル口承文芸。

『初級モンゴル語』（共著）大学書林 2001

Studies of Mongolian Morphology and Vocabulary Ulaanbaatar 2004

『モンゴル語ことわざ用法辞典』（共著）大学書林 2006

『モンゴル語ハルハ方言における派生接尾辞の研究〈改訂版〉』大阪 2009

『世界の言語シリーズ 3 モンゴル語』（共著）大阪大学出版会 2011

『モンゴルのことばとなぜなぜ話』（共著）大阪大学出版会 2014

Ya. バダムハンド [Yamaakhuu BADAMKHAND]

モンゴル国オラーンバータル出身。

国立研究開発法人 情報通信研究機構 NICT 職員。

語学教室 ANC モンゴル語講師。

2010 年 3 月、大阪大学大学院言語社会研究科言語社会専攻、博士後期課程修了。

博士号（言語文化学）取得。

専門、モンゴル語学、日本語学。

『モンゴル語文法問題集―初級・中級編―』（共著）東外大 AA 2009

『モンゴル語会話―初級・中級編―』（音声録音 CD2 枚付）東外大 AA 研 2009

『モンゴル語読解―初級・中級編―』東外大 AA 研 2009

『モンゴル語の形状語に関する研究』大阪大学言語社会学会 博士論文シリーズ
　Vol.52　2010

『初級モンゴル語練習問題集』（共著）大学書林 2011

『エルヒー・メルゲンと七つの太陽　モンゴルのいいつたえ集』
　（共著）春風社 2012

目録進呈　落丁本・乱丁本はお取替えいたします。

令和5年8月30日　ⓒ第1版　発行

モンゴル語オノマトペ用法辞典

監修者　塩　谷　茂　樹
著　者　Ya. バダムハンド

発行者　佐　藤　歩　武

発　行　所

株式会社　大学書林

東京都文京区小石川4丁目7番4号
振 替 口 座　00120-8-43740
電　話　(03) 3812-6281〜3番
郵便番号 112-0002

ISBN978-4-475-01903-3　　　　　開成印刷／常川製本

大学書林
語学参考書

小沢重男 著	現代モンゴル語辞典（改訂増補版）	A 5 判	976頁
小沢重男 著	モンゴル語四週間	B 6 判	336頁
塩谷茂樹 著 E. プレブジャブ	初級モンゴル語	B 6 判	240頁
塩谷茂樹 著 E. プレブジャブ	モンゴル語ことわざ用法辞典	B 6 判	368頁
塩谷茂樹 著 Ya. バダムハンド	初級モンゴル語練習問題集	B 6 判	296頁
小沢重男 編	モンゴル語基礎1500語	新書判	140頁
ナランツェツェグ 著	日本語・モンゴル語基礎語辞典	新書判	340頁
小沢重男 編	モンゴル語会話練習帳	新書判	188頁
小沢重男 著	モンゴル語の話	B 6 判	158頁
田中セツ子 著	現代モンゴル語口語辞典	A 5 判	392頁
鯉渕信一 著 D. ナランツェツェグ	モンゴル語慣用句用例集	B 6 判	312頁
オイドブ 作 小沢重男 訳注	蒙和対訳　道（みち）	新書判	174頁
小沢重男 訳注	モンゴル民話集	新書判	122頁
小沢重男 著	蒙古語文語文法講義	A 5 判	336頁
竹内和夫 著	トルコ語辞典（改訂増補版）	A 5 判	832頁
竹内和夫 著	日本語トルコ語辞典	A 5 判	864頁
勝田　茂 著	トルコ語文法読本	A 5 判	312頁
水野美奈子 著	全訳中級トルコ語読本	A 5 判	184頁
松谷浩尚 著	中級トルコ語詳解	A 5 判	278頁
松谷浩尚 編	トルコ語分類単語集	新書判	384頁
水野美奈子 著	トルコ語会話練習帳	新書判	238頁
勝田　茂 A. エムレ 著	トルコ語を話しましょう	B 6 判	144頁
林　徹 著 アイデン・ヤマンラール	トルコ語会話の知識	A 5 判	304頁
勝田　茂 著	オスマン語文法読本	A 5 判	280頁
松長　昭 著	アゼルバイジャン語文法入門	A 5 判	256頁
松谷浩尚 編	アゼルバイジャン語会話練習帳	新書判	168頁

― 目録進呈 ―

大学書林

語学参考書

土井久弥編	ヒンディー語小辞典	A5判	470頁
古賀勝郎著	基礎ヒンディー語	B6判	512頁
土井久弥編	ヒンディー語会話練習帳	新書判	136頁
石田英明著	実用ヒンディー語会話	B6判	302頁
土井久弥訳注	プレームチャンド短篇選集	B6判	200頁
坂田貞二訳注	ヒンディー語民話集	B6判	214頁
鈴木 斌 麻田 豊編	日本語ウルドゥー語小辞典	新書判	828頁
鈴木 斌著	基礎ウルドゥー語	B6判	272頁
鈴木 斌著	基礎ウルドゥー語読本	B6判	232頁
鈴木 斌著	ウルドゥー語文法の要点	B6判	278頁
鈴木 斌編	ウルドゥー語基礎1500語	新書判	128頁
鈴木 斌 麻田 豊編	ウルドゥー語常用6000語	B小型	416頁
鈴木 斌 ムハンマド・ライース著	実用ウルドゥー語会話	B6判	304頁
鈴木 斌編	ウルドゥー語会話練習帳	新書判	208頁
麻田 豊訳注	ウルドゥー文学名作選	B6判	256頁
石田英明著	基礎マラーティー語	B6判	368頁
石田英明著	実用マラーティー語会話	B6判	344頁
石田英明訳注	マラーティー短編選集 (I)	B6判	256頁
石田英明訳注	マラーティー短編選集 (II)	B6判	208頁
萩田 博著	基礎パンジャービー語	B6判	172頁
萩田 博編著	基礎パンジャービー語読本	B6判	144頁
溝上富夫著	実用パンジャーブ語会話集	B6判	216頁
溝上富夫著	パンジャーブ語基礎1500語	新書判	132頁
奈良 毅編	ベンガル語会話練習帳	新書判	128頁
奈良 毅編	ベンガル語基礎1500語	新書判	176頁
津曲敏郎著	満州語入門20講	B6判	172頁

― 目録進呈 ―

大学書林
～語学参考書～

著者	書名	判型	頁数
古川晴風 編著	ギリシャ語辞典	A5判	1330頁
國原吉之助 著	古典ラテン語辞典（改訂増補版）	A5判	976頁
直野 敦 著	ルーマニア語辞典	A5判	544頁
黒柳恒男 著	新ペルシア語大辞典	A5判	2020頁
黒柳恒男 著	現代ペルシア語辞典	A5判	848頁
黒柳恒男 著	日本語ペルシア語辞典（改訂増補版）	A5判	1024頁
坂本恭章 著	カンボジア語辞典	A5判	558頁
尾崎義・他 著	スウェーデン語辞典	A5判	640頁
青山秀夫 熊木 勉 編著	朝鮮語漢字語辞典	A5判	1512頁
野口忠司 著	シンハラ語辞典	A5判	800頁
野口忠司 著	日本語シンハラ語辞典	A5判	814頁
森田貞雄 監修	現代デンマーク語辞典	A5判	1520頁
中嶋幹起 著	現代廣東語辭典	A5判	832頁
松山 納 著	タイ語辞典	A5判	1306頁
松永緑彌 著	ブルガリア語辞典	A5判	746頁
大野 徹 著	ビルマ（ミャンマー）語辞典	A5判	936頁
大野 徹 著	日本語ビルマ語辞典	A5判	638頁
千種眞一 編著	ゴート語辞典	A5判	780頁
三枝礼子 編著	ネパール語辞典	A5判	1024頁
古城健志 松下正三 編著	ノルウェー語辞典	A5判	846頁
半田一郎 編著	琉球語辞典	A5判	1008頁
末永 晃 編著	日本語インドネシア語大辞典	A5判	1600頁
田澤 耕 編著	カタルーニャ語辞典	A5判	1080頁
三谷惠子 著	ソルブ語辞典	A5判	868頁
前田真利子 醍醐文子 編著	アイルランド・ゲール語辞典	A5判	784頁
兒玉仁士 編	フリジア語辞典	A5判	1136頁

― 目録進呈 ―